The
LINEAR CHUMASH

בראשית
BERESHIS

The
LINEAR CHUMASH

בראשית

BERESHIS

**translated by
Rabbi Pesach Goldberg**

*New, extensively revised edition
5752-1992*

Feldheim Publishers
Jerusalem / New York

©
Copyright by
Rabbi Pesach Goldberg
9 Ashbourne Grove
Salford M7 ODB
England

ALL RIGHTS RESERVED
ISBN 0-87306-414-3

No part of this publication may be translated, reproduced, stored in a retrieval system or transmitted, in any form or by any means, electronic, mechanical, photocopying, recording or otherwise, without prior permission in writing from the publisher.

Distributors:

FELDHEIM PUBLISHERS
200 Airport Executive Park
Nanuet NY 10954

POB 35002 / Jerusalem, Israel
www.feldheim.com

J. Lehmann
20 Cambridge Terrace
Cateshead, England NE87RP

PRINTED IN ISRAEL

לזכר נשמת

לז"נ
אבי מורי הר"ר דוב בן הר"ר שמואל ז"ל
נלב"ע בשנות השואה

אמי מורתי מרת שיינדיל בת הר"ר אפרים פישל ז"ל
נלב"ע כ"ג לחודש אדר א' שנת תרח"ץ לפ"ק

ובתם פריידא הי"ד
שנהרגה ע"י הנאצים ימ"ש

חמי הר"ר יוסף חיים בן הר"ר יצחק ז"ל
נלב"ע שב"ק יום א' דפסח שנת תשמ"ה לפ"ק

חמותי מרת פיגא בת הר"ר שלמה זלמן ז"ל
נלב"ע שב"ק א' דחוה"מ סוכות שנת תשמ"א לפ"ק

הר"ר דוד חיים בן הר"ר אלעזר ז"ל
נלב"ע ז' לחודש מרחשון שנת תשמ"ח לפ"ק

ת.נ.צ.ב.ה.

PREFACE

I am very grateful to Hashem for having given me the opportunity to help others in their study of our holy Torah. I hope that this translation will prove to be useful to teachers and their students.

I have tried to keep it as short and simple as possible, but since my primary aim was accuracy of translation, it was sometimes necessary to use words which may be too difficult for some of the younger children to understand on their own. In addition, it must be clearly understood that a translation, not being a commentary, will inevitably leave some passages obscure, and for a better understanding one has to consult the classic commentators like Rashi and others. In a linear translation, this problem becomes more acute, because of the necessity of breaking up verses and phrases. I would like to point out that this translation is based entirely on Rashi's commentary.

A short note to the reader on how to use this translation: Words in brackets [ ] are to be read as an integral part of the text, whereas those in parentheses ( ) are either an alternate translation or a commentary.

ACKNOWLEDGMENTS

First and foremost I give שבח והודאה to השי"ת for the סיעתא דשמיא which enabled me to complete this revised translation of חומש בראשית. I hope and pray that He will allow me to continue my work and complete the other volumes.

To Mr. Dovid Leitner נ"י whose "brainchild" this project is: It was he who persuaded me to undertake it.

To my son משה יודא נ"י, for his advice and for putting the first two סדרות on computer.

To my son יעקב נ"י, who put the other סדרות on computer and spent many hours together with me proofreading and making the necessary adjustments.

Last but by no means least, to my wife ביילא רחל שתח' whose loyalty and encouragement have enabled me to spend much of my time learning, and to see the completion of the first stage of this project.

ישלם ה' פעלם ותהי משכרתם שלמה

Pesach Goldberg
Manchester, England 5752

בע"ה

RABBI M. M. SCHNEEBALG
RAV OF THE
MACHZIKEI HADASS
COMMUNITIES

מנחם מענדיל שנעבאלג

אב"ד דק"ק מחזיקי הדת
מאנשעסטער

9 BROOM LANE
SALFORD
M7 0EQ
Telephone: 061-792 3063

בעזרת השי"ת

כאשר בזמנים אלו נתרבו ב"ה אנשים צמאים לדבר ד' זו תורה
ואינם מבינים בלשון הקודש ע"כ באו ונחזיק טובה לידידי
הרה"ח המופלג בתורה ויראת שמים מוה"ר פסח גאלדבערג שליט"א
אשר לקח לעצמו הטרחה לפרש דברי תורה שבכתב לפי פירש רש"י ז"ל
בלשון המדינה ויהי' בזה טובה גדולה הן לגדולים והן לקטנים ע"כ
ידי תיכון עמו שיצליח להרבות תורה ויראת שמים בתוך אמוני עם
סגולה ועל זה באתי על החתום יום א' כי תבא י"ב אלול תש"ן לפ"ק

הק' מנחם מענדיל שנעבאלג
אב"ד דק"ק הנ"ל דפה

בעזרת השי"ת

כאשר בזמנים אלו נתרבו ב"ה אנשים צמאים לדבר ד' זו תורה ואינם מבינים בלשון הקודש ע"כ באו ונחזיק טובה לידידי הרה"ח המופלג בתורה ויראת שמים מוה"ר פסח גאלדבערג שליט"א אשר לקח לעצמו הטרחה לפרש דברי תורה שבכתב לפי פירש רש"י ז"ל בלשון המדינה ויהי' בזה טובה גדולה הן לגדולים והן לקטנים ע"כ ידי תיכון עמו שיצליח להרבות תורה ויראת שמים בתוך אמוני עם סגולה ועל זה באתי על החתום יום א' כי תבא י"ב אלול תש"ן לפ"ק

הק' מנחם מענדיל שנעבאלג
אב"ד דק"ק הנ"ל דפה

Y. CH. Horowitz
RABBI OF SATMAR KEHILAH
SALFORD M7
MANCHESTER, ENGLAND

ישראל חיים הורוויץ
מ' אבדק"ק ראחוב
הרב דק"ק ויואל משה סאטמאר
מאנשעסטער יצ"ו

בס"ד

נתבקשתי מכ' ידי"נ החשוב הרה"ח המהולל בתשבחות כמו"ה פסח גאלדבערג נ"י
מיקירי בני עירנו פה מאנשעסטער יצ"ו לבוא בדברים אחדים בנוגע לפעלו הטוב
אשר ערך וסידר.
הנה כבר סמך ידיו עליו מורנו הגאב"ד הגאון הרמ"מ שנעבאלג שליט"א מרא דאתרינו
וכתב שיהי' בזה טובה גדולה לגדולים וקטנים להכי למותר להוסיף על דברי
הרב ואצטרף רק כי-הודא ועוד לקרא שרבים יחזיקו לו טובה בזה כי להני
אחב"י שאין להם הידיעה בל' המדוברת בינינו שפת אידיש, נחסר עד לחדא
פירוש הגון וביאור מקראי קודש בל' המדינה. ובכן שמחה הוא לנו שנעשה
הדבר ע"י טהר גברא וחזקה על חבר שאינו מוציא מתח"י דבר שאינו מתוקן
ואברכהו מקרב לב שיזכה לברך על המוגמר במהרה ובניקל ועל ידו יתרבה הדעת
בישראל עדי נזכה מהרה שיתקיים ומלאה הארץ דעה גו' בבגואצבב"א.
כו"י יום א' נצו"י שנת תש"נ לפ"ק פה מאנשעסטער יצ"ו
ישראל חיים הורוויץ

בס"ד

נתבקשתי מכ' ידי"נ החשוב הרה"ח המהולל בתשבחות כמו"ה פסח גאלדבערג נ"י מיקירי בני עירנו פה מאנשעסטער יצ"ו לבוא בדברים אחדים בנוגע לפעלו הטוב אשר ערך וסידר.

הנה כבר סמך ידיו עליו מורנו הגאב"ד הגאון הרמ"מ שנעבאלג שליט"א מרא דאתרינו וכתב שיהי' בזה טובה גדולה לגדולים וקטנים, להכי למותר להוסיף על דברי הרב ואצטרף רק כי-הודא ועוד לקרא שרבים יחזיקו לו טובה בזה, כי להני אחב"י שאין להם הידיעה בל' המדוברת בינינו שפת אידיש, נחסר עד לחדא פירוש הגון וביאור מקראי קודש בל' המדינה.

ובכן שמחה הוא לנו שנעשה הדבר ע"י טהר גברא וחזקה על חבר שאינו מוציא מתח"י דבר שאינו מתוקן ואברכהו מקרב לב שיזכה לברך על המוגמר במהרה ובניקל ועל ידו יתרבה הדעת בישראל עדי נזכה מהרה שיתקיים ומלאה הארץ דעה גו' בבגואצבב"א

כו"י יום א' נצו"י תש"נ לפ"ק פה מאנשעסטער יצ"ו
ישראל חיים הורוויץ

RABBI O. Y. WESTHEIM
DAYAN, MANCHESTER BETH DIN
Rav, Beis Hamedrash Zeire Agudas Yisroel Manchester

אשר יעקב וועסטהיים
דומ"ץ בבד"ץ דק"ק מנשסתר
ורב דביהמ"ד צא"י פק"ק הנ"ל

15, Broom Lane,
Salford M7 0EQ
061-792 4939

בס"ד

20th Elul 5750
10th September 1990

This work by Rabbi P. Goldberg is a most valuable and important contribution to true basic understanding of the Chumash. It is an authentic translation of the Chumash according to the commentary of Rashi, which is the primary commentary on the Torah. The commentary of Rashi is in turn based on the teachings of our Sages — Chazal — which is the only true basis for understanding the Torah. This volume will prove indispensable for teachers and students, and it is hoped that Rabbi Goldberg will achieve his ambition of completing the translation of the entire Chumash, thereby enriching the ever-growing range of Torah literature for the English-speaking public with yet another invaluable contribution.

(Dayan) O.Y. WESTHEIM

O.Y. Westheim

CONTENTS

BERESHIS	1	בְּרֵאשִׁית
NOACH	31	נֹחַ
LECH LECHO	60	לֶךְ לְךָ
VAYERO	85	וַיֵּרָא
CHAYEI SARAH	117	חַיֵּי שָׂרָה
TOLDOS	139	תּוֹלְדֹת
VAYETZE	162	וַיֵּצֵא
VAYISHLACH	194	וַיִּשְׁלַח
VAYESHEV	224	וַיֵּשֶׁב
MIKETZ	248	מִקֵּץ
VAYIGASH	280	וַיִּגַּשׁ
VAYECHI	303	וַיְחִי

BERESHIS Chapter 1   בְּרֵאשִׁית פרק א׳

1. In the beginning of
   G-d's creating
   the heavens
   and the earth.

   .1 בְּרֵאשִׁית
   בָּרָא אֱלֹהִים
   אֵת הַשָּׁמַיִם
   וְאֵת הָאָרֶץ:

2. When the earth was
   astonishingly empty
   and darkness [was]
   on the surface of
   the deep
   and the presence of G-d
   was hovering
   over the surface of the waters.

   .2 וְהָאָרֶץ הָיְתָה
   תֹהוּ וָבֹהוּ
   וְחֹשֶׁךְ
   עַל פְּנֵי
   תְהוֹם
   וְרוּחַ אֱלֹהִים
   מְרַחֶפֶת
   עַל פְּנֵי הַמָּיִם:

3. G-d said,
   "Let there be light,"
   and there was light.

   .3 וַיֹּאמֶר אֱלֹהִים
   יְהִי אוֹר
   וַיְהִי אוֹר:

4. And G-d saw
   the light
   that [it was] good
   and G-d separated
   between the light and the darkness.

   .4 וַיַּרְא אֱלֹהִים
   אֶת הָאוֹר
   כִּי טוֹב
   וַיַּבְדֵּל אֱלֹהִים
   בֵּין הָאוֹר וּבֵין הַחֹשֶׁךְ:

5. And G-d called the light
   "day,"
   and the darkness
   He called
   "night,"
   and there was evening
   and there was morning
   one day.

   .5 וַיִּקְרָא אֱלֹהִים לָאוֹר
   יוֹם
   וְלַחֹשֶׁךְ
   קָרָא
   לָיְלָה
   וַיְהִי עֶרֶב
   וַיְהִי בֹקֶר
   יוֹם אֶחָד:

6. G-d said,	6. וַיֹּאמֶר אֱלֹהִים
"Let there be an expanse	יְהִי רָקִיעַ
(let the expanse become firm)	
in the middle of the waters	בְּתוֹךְ הַמָּיִם
and let it separate	וִיהִי מַבְדִּיל
between water and water."	בֵּין מַיִם לָמָיִם׃
7. So G-d made (He put it in its proper position)	7. וַיַּעַשׂ אֱלֹהִים
the expanse	אֶת הָרָקִיעַ
and He separated	וַיַּבְדֵּל
between the waters	בֵּין הַמַּיִם
which were underneath the expanse	אֲשֶׁר מִתַּחַת לָרָקִיעַ
and the waters	וּבֵין הַמַּיִם
which were above the expanse	אֲשֶׁר מֵעַל לָרָקִיעַ
and it was so.	וַיְהִי כֵן׃
8. G-d called the expanse	8. וַיִּקְרָא אֱלֹהִים לָרָקִיעַ
"heaven,"	שָׁמָיִם
and there was evening	וַיְהִי עֶרֶב
and there was morning	וַיְהִי בֹקֶר
a second day.	יוֹם שֵׁנִי׃
9. G-d said,	9. וַיֹּאמֶר אֱלֹהִים
"Let [there] be gathered	יִקָּווּ
the waters	הַמַּיִם
[which are] underneath the heavens	מִתַּחַת הַשָּׁמַיִם
to one place	אֶל מָקוֹם אֶחָד
and let there be seen	וְתֵרָאֶה
the dry land,"	הַיַּבָּשָׁה
and it was so.	וַיְהִי כֵן׃
10. G-d called the dry land	10. וַיִּקְרָא אֱלֹהִים לַיַּבָּשָׁה
"earth,"	אֶרֶץ
and the gathering of waters	וּלְמִקְוֵה הַמַּיִם
he called "seas,"	קָרָא יַמִּים
and G-d saw	וַיַּרְא אֱלֹהִים

that it was good.	כִּי טוֹב:
11. And G-d said,	11. וַיֹּאמֶר אֱלֹהִים
"Let the earth be covered	תַּדְשֵׁא הָאָרֶץ
[with] vegetation	דֶּשֶׁא
herbs	עֵשֶׂב
producing seed	מַזְרִיעַ זֶרַע
fruit trees	עֵץ פְּרִי
producing fruit	עֹשֶׂה פְּרִי
[each] of its own kind	לְמִינוֹ
which [has] its own seed	אֲשֶׁר זַרְעוֹ
in it	בוֹ
on the earth,"	עַל הָאָרֶץ
and it was so.	וַיְהִי כֵן:
12. And the earth brought out	12. וַתּוֹצֵא הָאָרֶץ
vegetation	דֶּשֶׁא
herbs	עֵשֶׂב
producing seed	מַזְרִיעַ זֶרַע
[each] of its own kind	לְמִינֵהוּ
and trees	וְעֵץ
producing fruit	עֹשֶׂה פְּרִי
which has its own seed	אֲשֶׁר זַרְעוֹ
in it	בוֹ
[each] of its own kind	לְמִינֵהוּ
and G-d saw	וַיַּרְא אֱלֹהִים
that it was good.	כִּי טוֹב:
13. And there was evening	13. וַיְהִי עֶרֶב
and there was morning	וַיְהִי בֹקֶר
a third day.	יוֹם שְׁלִישִׁי:
14. G-d said,	14. וַיֹּאמֶר אֱלֹהִים
"Let there be luminaries (lights)	יְהִי מְאֹרֹת
in the expanse of the heavens	בִּרְקִיעַ הַשָּׁמַיִם
to separate	לְהַבְדִּיל

between the day and the night	בֵּין הַיּוֹם וּבֵין הַלָּיְלָה
and they shall be	וְהָיוּ
for signs	לְאֹתֹת
and for [fixing] festivals	וּלְמוֹעֲדִים
and for days	וּלְיָמִים
and years.	וְשָׁנִים:
15. And they shall be	15. וְהָיוּ
as luminaries (lights)	לִמְאוֹרֹת
in the expanse of the heavens	בִּרְקִיעַ הַשָּׁמַיִם
to give light	לְהָאִיר
on the earth,"	עַל הָאָרֶץ
and it was so.	וַיְהִי כֵן:
16. And G-d made	16. וַיַּעַשׂ אֱלֹהִים
the two great luminaries (lights)	אֶת שְׁנֵי הַמְּאֹרֹת הַגְּדֹלִים
the greater luminary (light)	אֶת הַמָּאוֹר הַגָּדֹל
for the rule of the day	לְמֶמְשֶׁלֶת הַיּוֹם
and the small luminary (light)	וְאֶת הַמָּאוֹר הַקָּטֹן
for the rule of the night	לְמֶמְשֶׁלֶת הַלַּיְלָה
and the stars.	וְאֵת הַכּוֹכָבִים:
17. And G-d put them	17. וַיִּתֵּן אֹתָם אֱלֹהִים
in the expanse of the heavens	בִּרְקִיעַ הַשָּׁמָיִם
to give light	לְהָאִיר
on the earth.	עַל הָאָרֶץ:
18. And to rule	18. וְלִמְשֹׁל
by day	בַּיּוֹם
and by night	וּבַלַּיְלָה
and to separate	וּלֲהַבְדִּיל
between the light and the darkness	בֵּין הָאוֹר וּבֵין הַחֹשֶׁךְ
and G-d saw	וַיַּרְא אֱלֹהִים
that it was good.	כִּי טוֹב:

19. And there was evening
   and there was morning
   a fourth day.
	19. וַיְהִי עֶרֶב
	וַיְהִי בֹקֶר
	יוֹם רְבִיעִי:

20. G-d said,
   "Let the waters swarm
   [with] creeping living beings
   and birds
   shall fly
   over the earth
   on the face of
   the expanse of the heavens."
	20. וַיֹּאמֶר אֱלֹהִים
	יִשְׁרְצוּ הַמַּיִם
	שֶׁרֶץ נֶפֶשׁ חַיָּה
	וְעוֹף
	יְעוֹפֵף
	עַל הָאָרֶץ
	עַל פְּנֵי
	רְקִיעַ הַשָּׁמָיִם:

21. And G-d created
   the great sea creatures
   and every living being
   which creeps
   [with] which the waters swarmed
   of their own kind
   and every bird with wings
   of its own kind
   and G-d saw
   that it was good.
	21. וַיִּבְרָא אֱלֹהִים
	אֶת הַתַּנִּינִם הַגְּדֹלִים
	וְאֵת כָּל נֶפֶשׁ הַחַיָּה
	הָרֹמֶשֶׂת
	אֲשֶׁר שָׁרְצוּ הַמַּיִם
	לְמִינֵהֶם
	וְאֵת כָּל עוֹף כָּנָף
	לְמִינֵהוּ
	וַיַּרְא אֱלֹהִים
	כִּי טוֹב:

22. G-d blessed them
   saying,
   "Be fruitful
   and increase
   and fill the waters
   in the seas
   and the birds
   shall increase on the earth."
	22. וַיְבָרֶךְ אֹתָם אֱלֹהִים
	לֵאמֹר
	פְּרוּ
	וּרְבוּ
	וּמִלְאוּ אֶת הַמַּיִם
	בַּיַּמִּים
	וְהָעוֹף
	יִרֶב בָּאָרֶץ:

23. And there was evening
   and there was morning
   a fifth day.
	23. וַיְהִי עֶרֶב
	וַיְהִי בֹקֶר
	יוֹם חֲמִישִׁי:

BERESHIS Chapter 1 בראשית פרק א 6

24. G-d said,	24. וַיֹּאמֶר אֱלֹהִים
"Let the earth bring out	תּוֹצֵא הָאָרֶץ
living beings	נֶפֶשׁ חַיָּה
[each] of its own kind	לְמִינָהּ
domestic animals	בְּהֵמָה
and creepers	וָרֶמֶשׂ
and the beast of the land	וְחַיְתוֹ אֶרֶץ
[each] of its own kind,"	לְמִינָהּ
and it was so.	וַיְהִי כֵן׃
25. And G-d made	25. וַיַּעַשׂ אֱלֹהִים
the beast of the land	אֶת חַיַּת הָאָרֶץ
[each] of its kind	לְמִינָהּ
and the domestic animals	וְאֶת הַבְּהֵמָה
[each] of its kind	לְמִינָהּ
and every creeper of the ground	וְאֵת כָּל רֶמֶשׂ הָאֲדָמָה
[each] of its own kind	לְמִינֵהוּ
and G-d saw	וַיַּרְא אֱלֹהִים
that it was good.	כִּי טוֹב׃
26. And G-d said,	26. וַיֹּאמֶר אֱלֹהִים
"Let us make	נַעֲשֶׂה
man	אָדָם
in Our image	בְּצַלְמֵנוּ
in Our likeness	כִּדְמוּתֵנוּ
and they shall rule	וְיִרְדּוּ
over the fish of the sea	בִדְגַת הַיָּם
and over the birds of the heavens	וּבְעוֹף הַשָּׁמַיִם
and over the domestic animals	וּבַבְּהֵמָה
and over all the earth	וּבְכָל הָאָרֶץ
and over every creeper	וּבְכָל הָרֶמֶשׂ
which creeps	הָרֹמֵשׂ
on the earth."	עַל הָאָרֶץ׃
27. And G-d created	27. וַיִּבְרָא אֱלֹהִים
the man	אֶת הָאָדָם

in His image	בְּצַלְמוֹ
in the image of G-d	בְּצֶלֶם אֱלֹהִים
He created him	בָּרָא אֹתוֹ
male	זָכָר
and female	וּנְקֵבָה
he created them.	בָּרָא אֹתָם:
28. G-d blessed them	28. וַיְבָרֶךְ אֹתָם אֱלֹהִים
and G-d said to them,	וַיֹּאמֶר לָהֶם אֱלֹהִים
"Be fruitful	פְּרוּ
and increase	וּרְבוּ
and fill the earth	וּמִלְאוּ אֶת הָאָרֶץ
and conquer it	וְכִבְשֻׁהָ
and rule	וּרְדוּ
over the fish of the sea	בִּדְגַת הַיָּם
and over the birds of the heavens	וּבְעוֹף הַשָּׁמַיִם
and over every living being	וּבְכָל חַיָּה
which creeps	הָרֹמֶשֶׂת
on the earth."	עַל הָאָרֶץ:
29. G-d said,	29. וַיֹּאמֶר אֱלֹהִים
"Behold	הִנֵּה
I have given to you	נָתַתִּי לָכֶם
every herb	אֶת כָּל עֵשֶׂב
producing seed	זֹרֵעַ זֶרַע
which is	אֲשֶׁר
on the face of all the earth	עַל פְּנֵי כָל הָאָרֶץ
and every tree	וְאֶת כָּל הָעֵץ
on which there is	אֲשֶׁר בּוֹ
fruit of the tree	פְרִי עֵץ
producing seed	זֹרֵעַ זָרַע
it shall be to you	לָכֶם יִהְיֶה
for food.	לְאָכְלָה:
30. And to every beast of the earth	30. וּלְכָל חַיַּת הָאָרֶץ
and to every bird of the heavens	וּלְכָל עוֹף הַשָּׁמַיִם

and to everything that creeps (moves)	וּלְכֹל רוֹמֵשׂ
on the earth	עַל הָאָרֶץ
which has in it	אֲשֶׁר בּוֹ
a living soul	נֶפֶשׁ חַיָּה
every green herb	אֶת כָּל יֶרֶק עֵשֶׂב
for food,"	לְאָכְלָה
and it was so.	וַיְהִי כֵן:

31. And G-d saw	31. וַיַּרְא אֱלֹהִים
all that He had made	אֶת כָּל אֲשֶׁר עָשָׂה
and behold	וְהִנֵּה
[it was] very good	טוֹב מְאֹד
and there was evening	וַיְהִי עֶרֶב
and there was morning	וַיְהִי בֹקֶר
the sixth day.	יוֹם הַשִּׁשִּׁי:

Chapter 2   פרק ב׳

1. [Thus] were completed	1. וַיְכֻלּוּ
the heavens and the earth	הַשָּׁמַיִם וְהָאָרֶץ
and all their hosts (everything in them).	וְכָל צְבָאָם:

2. G-d completed	2. וַיְכַל אֱלֹהִים
on the seventh day	בַּיּוֹם הַשְּׁבִיעִי
His work	מְלַאכְתּוֹ
which He had done	אֲשֶׁר עָשָׂה
and He rested (ceased)	וַיִּשְׁבֹּת
on the seventh day	בַּיּוֹם הַשְּׁבִיעִי
from all His work	מִכָּל מְלַאכְתּוֹ
which He had done.	אֲשֶׁר עָשָׂה:

3. G-d blessed	3. וַיְבָרֶךְ אֱלֹהִים
the seventh day	אֶת יוֹם הַשְּׁבִיעִי
and He made it holy	וַיְקַדֵּשׁ אֹתוֹ
because on it	כִּי בוֹ
He rested	שָׁבַת

from all His work	מִכָּל מְלַאכְתּוֹ
which G-d had created	אֲשֶׁר בָּרָא אֱלֹהִים
to make.	לַעֲשׂוֹת:
4. These are the generations of	.4 אֵלֶּה תוֹלְדוֹת
the heavens and the earth	הַשָּׁמַיִם וְהָאָרֶץ
when they were created	בְּהִבָּרְאָם
on the day	בְּיוֹם
[that] Hashem G-d made	עֲשׂוֹת יְהֹוָה אֱלֹהִים
earth and heavens.	אֶרֶץ וְשָׁמָיִם:
5. Any tree of the field	.5 וְכֹל שִׂיחַ הַשָּׂדֶה
was not yet	טֶרֶם יִהְיֶה
on the earth	בָאָרֶץ
and any herb of the field	וְכָל עֵשֶׂב הַשָּׂדֶה
had not yet grown	טֶרֶם יִצְמָח
because Hashem G-d had not brought rain	כִּי לֹא הִמְטִיר יְהֹוָה אֱלֹהִים
on the earth	עַל הָאָרֶץ
and there was no man	וְאָדָם אַיִן
to work the ground.	לַעֲבֹד אֶת הָאֲדָמָה:
6. A mist	.6 וְאֵד
came up	יַעֲלֶה
from the earth	מִן הָאָרֶץ
and watered	וְהִשְׁקָה
all the surface of the ground.	אֶת כָּל פְּנֵי הָאֲדָמָה:
7. And Hashem G-d formed	.7 וַיִּיצֶר יְהֹוָה אֱלֹהִים
[the] man	אֶת הָאָדָם
[out of] soil	עָפָר
from the ground	מִן הָאֲדָמָה
and He blew	וַיִּפַּח
into his nostrils	בְּאַפָּיו
the soul of life	נִשְׁמַת חַיִּים
and the man became	וַיְהִי הָאָדָם
a living being.	לְנֶפֶשׁ חַיָּה:

8. Hashem G-d planted	8. וַיִּטַּע יְהֹוָה אֱלֹהִים
a garden	גַּן
in Eden	בְּעֵדֶן
to the east	מִקֶּדֶם
and He put there	וַיָּשֶׂם שָׁם
the man	אֶת הָאָדָם
whom He had formed.	אֲשֶׁר יָצָר:
9. And Hashem G-d made grow	9. וַיַּצְמַח יְהֹוָה אֱלֹהִים
from the ground	מִן הָאֲדָמָה
every tree	כָּל עֵץ
[which was] pleasing to the sight	נֶחְמָד לְמַרְאֶה
and good for food	וְטוֹב לְמַאֲכָל
and the tree of life	וְעֵץ הַחַיִּים
in the middle of the garden	בְּתוֹךְ הַגָּן
and the tree of	וְעֵץ
knowledge of	הַדַּעַת
good and bad.	טוֹב וָרָע:
10. A river	10. וְנָהָר
came out of Eden	יֹצֵא מֵעֵדֶן
to water the garden	לְהַשְׁקוֹת אֶת הַגָּן
and from there	וּמִשָּׁם
it divided	יִפָּרֵד
and became	וְהָיָה
four heads (big rivers).	לְאַרְבָּעָה רָאשִׁים:
11. The name of one [is] Pishon	11. שֵׁם הָאֶחָד פִּישׁוֹן
that is [the one] that goes round	הוּא הַסֹּבֵב
all the land of Chaviloh	אֵת כָּל אֶרֶץ הַחֲוִילָה
where there [is]	אֲשֶׁר שָׁם
the gold.	הַזָּהָב:
12. The gold of that land	12. וּזֲהַב הָאָרֶץ הַהִוא
[is] good	טוֹב

there is the Bedolach	שָׁם הַבְּדֹלַח
and the Shoham stone.	וְאֶבֶן הַשֹּׁהַם:

13. And the name of the second river
    [is] Gichon
    that is [the one] that goes round
    all the land of Kush.

13. וְשֵׁם הַנָּהָר הַשֵּׁנִי
    גִּיחוֹן
    הוּא הַסּוֹבֵב
    אֵת כָּל אֶרֶץ כּוּשׁ:

14. And the name of the third river
    [is] Chidekel
    that is [the one] that goes
    to the east of Ashur
    and the fourth river
    is the Peros (Euphrates).

14. וְשֵׁם הַנָּהָר הַשְּׁלִישִׁי
    חִדֶּקֶל
    הוּא הַהֹלֵךְ
    קִדְמַת אַשּׁוּר
    וְהַנָּהָר הָרְבִיעִי
    הוּא פְרָת:

15. Hashem G-d took
    the man
    and he placed him
    in the Garden of Eden
    to work it
    and to guard it.

15. וַיִּקַּח יְהֹוָה אֱלֹהִים
    אֶת הָאָדָם
    וַיַּנִּחֵהוּ
    בְגַן עֵדֶן
    לְעָבְדָהּ
    וּלְשָׁמְרָהּ:

16. And Hashem G-d commanded
    the man
    saying,
    "From every tree of the garden
    you may surely eat.

16. וַיְצַו יְהֹוָה אֱלֹהִים
    עַל הָאָדָם
    לֵאמֹר
    מִכֹּל עֵץ הַגָּן
    אָכֹל תֹּאכֵל:

17. But from the tree of knowledge of
    good and bad
    you must not eat from it
    because
    on the day
    [that] you will eat from it
    you will surely die."

17. וּמֵעֵץ הַדַּעַת
    טוֹב וָרָע
    לֹא תֹאכַל מִמֶּנּוּ
    כִּי
    בְּיוֹם
    אֲכָלְךָ מִמֶּנּוּ
    מוֹת תָּמוּת:

18. Hashem G-d said,	18. וַיֹּאמֶר יְהֹוָה אֱלֹהִים
"It is not good	לֹא טוֹב
for the man to be	הֱיוֹת הָאָדָם
alone	לְבַדּוֹ
I will make for him	אֶעֱשֶׂה לּוֹ
a helper	עֵזֶר
corresponding to him."	כְּנֶגְדּוֹ:
19. Hashem G-d had formed	19. וַיִּצֶר יְהֹוָה אֱלֹהִים
out of the ground	מִן הָאֲדָמָה
every beast of the field	כָּל חַיַּת הַשָּׂדֶה
and every bird of the heavens	וְאֵת כָּל עוֹף הַשָּׁמַיִם
and He brought [them] to the man	וַיָּבֵא אֶל הָאָדָם
to see	לִרְאוֹת
what he would call each one	מַה יִּקְרָא לוֹ
and whatever the man called	וְכֹל אֲשֶׁר יִקְרָא לוֹ הָאָדָם
each living being	נֶפֶשׁ חַיָּה
that is its name.	הוּא שְׁמוֹ:
20. And the man called (gave)	20. וַיִּקְרָא הָאָדָם
names	שֵׁמוֹת
to every domestic animal	לְכָל הַבְּהֵמָה
and to the birds of the heavens	וּלְעוֹף הַשָּׁמַיִם
and to every beast of the field	וּלְכֹל חַיַּת הַשָּׂדֶה
but for the man	וּלְאָדָם
he did not find	לֹא מָצָא
a helper	עֵזֶר
corresponding to him.	כְּנֶגְדּוֹ:
21. So Hashem G-d made fall (cast)	21. וַיַּפֵּל יְהֹוָה אֱלֹהִים
a deep sleep	תַּרְדֵּמָה
on the man	עַל הָאָדָם
and he slept	וַיִּישָׁן
and He took	וַיִּקַּח
one of his sides	אַחַת מִצַּלְעֹתָיו

and He filled in flesh
in its place.

22. Then Hashem G-d built
    the side
    which He had taken
    from the man
    into a woman
    and He brought her
    to the man.

23. And the man said,
    "This time
    [it is] a bone
    from my bones
    and flesh
    from my flesh
    this [one]
    shall be called "woman"
    because from man
    was this [one] (she) taken."

24. Therefore
    a man shall leave
    his father
    and his mother
    and he shall cling to his wife
    and they shall become
    one flesh.

25. Both of them were
    naked
    the man and his wife
    and they were not ashamed.

וַיִּסְגֹּר בָּשָׂר
תַּחְתֶּנָּה׃

22. וַיִּבֶן יְהֹוָה אֱלֹהִים
    אֶת הַצֵּלָע
    אֲשֶׁר לָקַח
    מִן הָאָדָם
    לְאִשָּׁה
    וַיְבִאֶהָ
    אֶל הָאָדָם׃

23. וַיֹּאמֶר הָאָדָם
    זֹאת הַפַּעַם
    עֶצֶם
    מֵעֲצָמַי
    וּבָשָׂר
    מִבְּשָׂרִי
    לְזֹאת
    יִקָּרֵא אִשָּׁה
    כִּי מֵאִישׁ
    לֻקֳחָה זֹּאת׃

24. עַל כֵּן
    יַעֲזָב אִישׁ
    אֶת אָבִיו
    וְאֶת אִמּוֹ
    וְדָבַק בְּאִשְׁתּוֹ
    וְהָיוּ
    לְבָשָׂר אֶחָד׃

25. וַיִּהְיוּ שְׁנֵיהֶם
    עֲרוּמִּים
    הָאָדָם וְאִשְׁתּוֹ
    וְלֹא יִתְבֹּשָׁשׁוּ׃

Chapter 3

פרק ג׳

1. The snake (serpent)
was cunning
more than any beast of the field
which Hashem G-d had made
and he said
to the woman,
"Did perhaps G-d say
you may not eat
from any tree of the garden?"

1. וְהַנָּחָשׁ
הָיָה עָרוּם
מִכֹּל חַיַּת הַשָּׂדֶה
אֲשֶׁר עָשָׂה יְהֹוָה אֱלֹהִים
וַיֹּאמֶר
אֶל הָאִשָּׁה
אַף כִּי אָמַר אֱלֹהִים
לֹא תֹאכְלוּ
מִכֹּל עֵץ הַגָּן:

2. The woman said
to the snake,
"From the fruit of
the trees of the garden
we may eat.

2. וַתֹּאמֶר הָאִשָּׁה
אֶל הַנָּחָשׁ
מִפְּרִי
עֵץ הַגָּן
נֹאכֵל:

3. But from the fruit of the tree
which is in the middle of the garden
G-d said
you may not eat from it
and you may not touch it
lest you die."

3. וּמִפְּרִי הָעֵץ
אֲשֶׁר בְּתוֹךְ הַגָּן
אָמַר אֱלֹהִים
לֹא תֹאכְלוּ מִמֶּנּוּ
וְלֹא תִגְּעוּ בּוֹ
פֶּן תְּמֻתוּן:

4. The snake said
to the woman,
"You will surely not die.

4. וַיֹּאמֶר הַנָּחָשׁ
אֶל הָאִשָּׁה
לֹא מוֹת תְּמֻתוּן:

5. Because G-d knows
that on the day
you will eat from it
your eyes will be opened
and you will be like G-d
knowing
good and bad."

5. כִּי יֹדֵעַ אֱלֹהִים
כִּי בְּיוֹם
אֲכָלְכֶם מִמֶּנּוּ
וְנִפְקְחוּ עֵינֵיכֶם
וִהְיִיתֶם כֵּאלֹהִים
יֹדְעֵי
טוֹב וָרָע:

6. And the woman saw
(in her mind's eye, i.e., understood)
that the tree was good
for eating
and that it was a delight
to the eyes
and that the tree was desirable
[as a means] for becoming wise
and she took [some] of its fruit
and she ate
and she gave also to her husband
with her
and he ate.

6. וַתֵּרֶא הָאִשָּׁה
כִּי טוֹב הָעֵץ
לְמַאֲכָל
וְכִי תַאֲוָה הוּא
לָעֵינַיִם
וְנֶחְמָד הָעֵץ
לְהַשְׂכִּיל
וַתִּקַּח מִפִּרְיוֹ
וַתֹּאכַל
וַתִּתֵּן גַּם לְאִישָׁהּ
עִמָּהּ
וַיֹּאכַל׃

7. Then there were opened
the eyes of both of them
and they knew (realized)
that they were naked
and they sewed together
fig leaves
and they made for themselves
aprons.

7. וַתִּפָּקַחְנָה
עֵינֵי שְׁנֵיהֶם
וַיֵּדְעוּ
כִּי עֵירֻמִּם הֵם
וַיִּתְפְּרוּ
עֲלֵה תְאֵנָה
וַיַּעֲשׂוּ לָהֶם
חֲגֹרֹת׃

8. And they heard
the sound of Hashem G-d
(moving) walking in the garden
to the direction of
the [setting] day (sun, i.e., the West)
and the man and his wife hid
from Hashem G-d
among the trees of the garden.

8. וַיִּשְׁמְעוּ
אֶת קוֹל יְהוָֹה אֱלֹהִים
מִתְהַלֵּךְ בַּגָּן
לְרוּחַ
הַיּוֹם
וַיִּתְחַבֵּא הָאָדָם וְאִשְׁתּוֹ
מִפְּנֵי יְהוָֹה אֱלֹהִים
בְּתוֹךְ עֵץ הַגָּן׃

9. Hashem G-d called
to the man
and He said to him,
"Where are you?"

9. וַיִּקְרָא יְהוָֹה אֱלֹהִים
אֶל הָאָדָם
וַיֹּאמֶר לוֹ
אַיֶּכָּה׃

BERESHIS Chapter 3 בראשית פרק ג 16

10. And he said,
"The sound of You
I heard in the garden
and I was afraid
because I am naked
so I hid."

10. וַיֹּאמֶר
אֶת קֹלְךָ
שָׁמַעְתִּי בַּגָּן
וָאִירָא
כִּי עֵירֹם אָנֹכִי
וָאֵחָבֵא׃

11. And He said,
"Who told you
that you are naked?
From the tree
[about] which I commanded you
not to eat from it
have you eaten?"

11. וַיֹּאמֶר
מִי הִגִּיד לְךָ
כִּי עֵירֹם אָתָּה
הֲמִן הָעֵץ
אֲשֶׁר צִוִּיתִיךָ
לְבִלְתִּי אֲכָל מִמֶּנּוּ
אָכָלְתָּ׃

12. The man said,
"The woman
whom you gave
[to be] with me
she gave me
from the tree
and I ate."

12. וַיֹּאמֶר הָאָדָם
הָאִשָּׁה
אֲשֶׁר נָתַתָּה
עִמָּדִי
הִיא נָתְנָה לִּי
מִן הָעֵץ
וָאֹכֵל׃

13. And Hashem G-d said
to the woman,
"What is this
that you have done?"
and the woman said,
"The snake misled me
and I ate."

13. וַיֹּאמֶר יְהוָֹה אֱלֹהִים
לָאִשָּׁה
מַה זֹּאת
עָשִׂית
וַתֹּאמֶר הָאִשָּׁה
הַנָּחָשׁ הִשִּׁיאַנִי
וָאֹכֵל׃

14. And Hashem G-d said
to the snake,
"Because you have done this
cursed are you
more than any domestic animal

14. וַיֹּאמֶר יְהוָֹה אֱלֹהִים
אֶל הַנָּחָשׁ
כִּי עָשִׂיתָ זֹּאת
אָרוּר אַתָּה
מִכָּל הַבְּהֵמָה

and more than any beast of the field	וּמִכֹּל חַיַּת הַשָּׂדֶה
on your belly	עַל גְּחֹנְךָ
shall you go	תֵלֵךְ
and dust	וְעָפָר
shall you eat	תֹּאכַל
all the days of your life.	כָּל יְמֵי חַיֶּיךָ׃
15. And hatred	15. וְאֵיבָה
will I put	אָשִׁית
between you and the woman	בֵּינְךָ וּבֵין הָאִשָּׁה
and between your descendants	וּבֵין זַרְעֲךָ
and her descendants,	וּבֵין זַרְעָהּ
and he will pound your head	הוּא יְשׁוּפְךָ רֹאשׁ
and you shall bite his heel."	וְאַתָּה תְּשׁוּפֶנּוּ עָקֵב׃
16. To the woman He said,	16. אֶל הָאִשָּׁה אָמַר
"I will greatly increase	הַרְבָּה אַרְבֶּה
your suffering [when rearing children]	עִצְּבוֹנֵךְ
and [during] pregnancy	וְהֵרֹנֵךְ
in suffering	בְּעֶצֶב
will you bear children	תֵּלְדִי בָנִים
and to your husband	וְאֶל אִישֵׁךְ
[will be] your desire	תְּשׁוּקָתֵךְ
and he	וְהוּא
will rule over you."	יִמְשָׁל בָּךְ׃
17. To the man He said,	17. וּלְאָדָם אָמַר
"Because you listened	כִּי שָׁמַעְתָּ
to the voice of your wife	לְקוֹל אִשְׁתֶּךָ
and you ate	וַתֹּאכַל
from the tree	מִן הָעֵץ
[about] which I commanded you	אֲשֶׁר צִוִּיתִיךָ
saying,	לֵאמֹר
'and you should not eat from it,'	לֹא תֹאכַל מִמֶּנּוּ
cursed is the ground	אֲרוּרָה הָאֲדָמָה
for your sake	בַּעֲבוּרֶךָ

through suffering	בְּעִצָּבוֹן
will you eat [from] it	תֹּאכְלֶנָּה
all the days of your life.	כֹּל יְמֵי חַיֶּיךָ׃
18. Thorns	18. וְקוֹץ
and thistles	וְדַרְדַּר
will it make grow for you	תַּצְמִיחַ לָךְ
and you will eat	וְאָכַלְתָּ
the herbs of the field.	אֶת עֵשֶׂב הַשָּׂדֶה׃
19. By the sweat of your forehead	19. בְּזֵעַת אַפֶּיךָ
shall you eat bread	תֹּאכַל לֶחֶם
until you return	עַד שׁוּבְךָ
to the ground	אֶל הָאֲדָמָה
because from it	כִּי מִמֶּנָּה
you were taken	לֻקָּחְתָּ
because dust are you	כִּי עָפָר אַתָּה
and to the dust	וְאֶל עָפָר
will you return."	תָּשׁוּב׃
20. The man called	20. וַיִּקְרָא הָאָדָם
the name of his wife	שֵׁם אִשְׁתּוֹ
Chavoh	חַוָּה
because she was	כִּי הִיא הָיְתָה
the mother [of]	אֵם
all living [humans].	כָּל חָי׃
21. And Hashem G-d made	21. וַיַּעַשׂ יְהֹוָה אֱלֹהִים
for the man and for his wife	לְאָדָם וּלְאִשְׁתּוֹ
garments of skin	כָּתְנוֹת עוֹר
and He clothed them.	וַיַּלְבִּשֵׁם׃
22. And Hashem G-d said,	22. וַיֹּאמֶר יְהֹוָה אֱלֹהִים
"Behold	הֵן
the man has become	הָאָדָם הָיָה
like the One among Us	כְּאַחַד מִמֶּנּוּ

in knowing good and bad	לָדַעַת טוֹב וָרָע
and now	וְעַתָּה
in case he will stretch out his hand	פֶּן יִשְׁלַח יָדוֹ
and he will take	וְלָקַח
also from the tree of life	גַּם מֵעֵץ הַחַיִּים
and he will eat	וְאָכַל
and live forever."	וָחַי לְעֹלָם:
23. So Hashem G-d sent him away	.23 וַיְשַׁלְּחֵהוּ יְהוָֹה אֱלֹהִים
from the Garden of Eden	מִגַּן עֵדֶן
to work the ground	לַעֲבֹד אֶת הָאֲדָמָה
from where he was taken.	אֲשֶׁר לֻקַּח מִשָּׁם:
24. He drove away the man	.24 וַיְגָרֶשׁ אֶת הָאָדָם
and He stationed	וַיַּשְׁכֵּן
at the east [side] of the Garden of Eden	מִקֶּדֶם לְגַן עֵדֶן
the Keruvim	אֶת הַכְּרֻבִים
and the blade of	וְאֵת לַהַט
the turning sword	הַחֶרֶב הַמִּתְהַפֶּכֶת
to guard	לִשְׁמֹר
the way to the tree of life.	אֶת דֶּרֶךְ עֵץ הַחַיִּים:

Chapter 4 פרק ד׳

1. The man had known	.1 וְהָאָדָם יָדַע
Chavoh his wife	אֶת חַוָּה אִשְׁתּוֹ
and she conceived	וַתַּהַר
and she bore Kayin	וַתֵּלֶד אֶת קַיִן
and she said,	וַתֹּאמֶר
"I have acquired a man	קָנִיתִי אִישׁ
with Hashem."	אֶת יְהוָֹה:
2. And she continued to bear	.2 וַתֹּסֶף לָלֶדֶת
his brother Hevel	אֶת אָחִיו אֶת הָבֶל
Hevel was	וַיְהִי הֶבֶל
a shepherd of flocks	רֹעֵה צֹאן

and Kayin was	וְקַיִן הָיָה
a worker of the ground (soil).	עֹבֵד אֲדָמָה׃
3. And it was	3. וַיְהִי
at the end of [some] days	מִקֵּץ יָמִים
Kayin brought	וַיָּבֵא קַיִן
of the fruit of the ground	מִפְּרִי הָאֲדָמָה
an offering to Hashem.	מִנְחָה לַיהוָֹה׃
4. And Hevel	4. וְהֶבֶל
he also brought	הֵבִיא גַם הוּא
from the firstborn of his flock	מִבְּכֹרוֹת צֹאנוֹ
and from their best ones	וּמֵחֶלְבֵהֶן
Hashem turned	וַיִּשַׁע יְהוָֹה
to Hevel	אֶל הֶבֶל
and to his offering.	וְאֶל מִנְחָתוֹ׃
5. But to Kayin	5. וְאֶל קַיִן
and to his offering	וְאֶל מִנְחָתוֹ
He did not turn	לֹא שָׁעָה
it angered Kayin very [much]	וַיִּחַר לְקַיִן מְאֹד
and his face fell.	וַיִּפְּלוּ פָּנָיו׃
6. And Hashem said to Kayin,	6. וַיֹּאמֶר יְהוָֹה אֶל קָיִן
"Why did it anger you	לָמָּה חָרָה לָךְ
and why has your face fallen?	וְלָמָּה נָפְלוּ פָנֶיךָ׃
7. Surely	7. הֲלוֹא
if you will improve yourself	אִם תֵּיטִיב
you will be forgiven	שְׂאֵת
but if you will not improve yourself	וְאִם לֹא תֵיטִיב
at the entrance	לַפֶּתַח
sin crouches (rests)	חַטָּאת רֹבֵץ
and to you	וְאֵלֶיךָ
[will be] its desire	תְּשׁוּקָתוֹ
but you can dominate it (rule over it)."	וְאַתָּה תִּמְשָׁל בּוֹ׃

8. Kayin said	.8 וַיֹּאמֶר קַיִן
to Hevel his brother	אֶל הֶבֶל אָחִיו
and it was	וַיְהִי
when they were in the field	בִּהְיוֹתָם בַּשָּׂדֶה
Kayin rose	וַיָּקָם קַיִן
against Hevel his brother	אֶל הֶבֶל אָחִיו
and he killed him.	וַיַּהַרְגֵהוּ׃
9. Hashem said to Kayin,	.9 וַיֹּאמֶר יְהֹוָה אֶל קַיִן
"Where is Hevel your brother?"	אֵי הֶבֶל אָחִיךָ
and he said,	וַיֹּאמֶר
"I do not know	לֹא יָדַעְתִּי
am I my brother's keeper?"	הֲשֹׁמֵר אָחִי אָנֹכִי׃
10. And He said,	.10 וַיֹּאמֶר
"What have you done?	מֶה עָשִׂיתָ
The voice of	קוֹל
the blood of your brother	דְּמֵי אָחִיךָ
cries out to Me	צֹעֲקִים אֵלַי
from the ground.	מִן הָאֲדָמָה׃
11. And now	.11 וְעַתָּה
cursed are you	אָרוּר אָתָּה
more than the ground	מִן הָאֲדָמָה
which has opened up	אֲשֶׁר פָּצְתָה
its mouth	אֶת פִּיהָ
to take	לָקַחַת
the blood of your brother	אֶת דְּמֵי אָחִיךָ
from your hand.	מִיָּדֶךָ׃
12. When you work the ground	.12 כִּי תַעֲבֹד אֶת הָאֲדָמָה
it will no longer give	לֹא תֹסֵף תֵּת
its strength	כֹּחָהּ
to you	לָךְ
[constantly] moving	נָע
and wandering about	וָנָד

shall you be	תִּהְיֶה
on the earth."	בָּאָרֶץ:
13. Then Kayin said to Hashem,	13. וַיֹּאמֶר קַיִן אֶל יְהוָֹה
"Is my sin too great	גָּדוֹל עֲוֹנִי
to be forgiven?	מִנְּשׂוֹא:
14. Behold	14. הֵן
You have driven me away	גֵּרַשְׁתָּ אֹתִי
today	הַיּוֹם
from the face of the earth	מֵעַל פְּנֵי הָאֲדָמָה
and from Your face	וּמִפָּנֶיךָ
will I be hidden	אֶסָּתֵר
and I will be	וְהָיִיתִי
[constantly] moving	נָע
and wandering about	וָנָד
on the earth	בָּאָרֶץ
and it will be	וְהָיָה
anyone who finds me	כָל מֹצְאִי
will kill me."	יַהַרְגֵנִי:
15. Hashem said to him,	15. וַיֹּאמֶר לוֹ יְהוָֹה
"Therefore	לָכֵן
whoever kills Kayin	כָּל הֹרֵג קַיִן
after seven generations	שִׁבְעָתַיִם
will he be punished,"	יֻקָּם
and Hashem put a mark on Kayin	וַיָּשֶׂם יְהוָֹה לְקַיִן אוֹת
so that whoever finds him will not kill him.	לְבִלְתִּי הַכּוֹת אֹתוֹ כָּל מֹצְאוֹ:
16. Kayin went out	16. וַיֵּצֵא קַיִן
from before Hashem	מִלִּפְנֵי יְהוָֹה
and he settled in the land of Nod	וַיֵּשֶׁב בְּאֶרֶץ נוֹד
east of Eden.	קִדְמַת עֵדֶן:
17. And Kayin knew his wife	17. וַיֵּדַע קַיִן אֶת אִשְׁתּוֹ

and she conceived	וַתַּהַר
and she bore Chanoch	וַתֵּלֶד אֶת חֲנוֹךְ
and he built a city	וַיְהִי בֹּנֶה עִיר
and he called the name of the city	וַיִּקְרָא שֵׁם הָעִיר
like the name of his son, Chanoch.	כְּשֵׁם בְּנוֹ חֲנוֹךְ:
18. To Chanoch was born Irod	18. וַיִּוָּלֵד לַחֲנוֹךְ אֶת עִירָד
and Irod begot Mechuyoel	וְעִירָד יָלַד אֶת מְחוּיָאֵל
Mechuyoel begot Mesushoel	וּמְחִיָּיאֵל יָלַד אֶת מְתוּשָׁאֵל
and Mesushoel begot Lemech.	וּמְתוּשָׁאֵל יָלַד אֶת לָמֶךְ:
19. Lemech took for himself	19. וַיִּקַּח לוֹ לֶמֶךְ
two wives	שְׁתֵּי נָשִׁים
the name of one [was] Odoh	שֵׁם הָאַחַת עָדָה
and the name of the second one [was]	וְשֵׁם הַשֵּׁנִית
Tzilloh.	צִלָּה:
20. And Odoh bore Yovol	20. וַתֵּלֶד עָדָה אֶת יָבָל
he was	הוּא הָיָה
the father (the first one) of	אֲבִי
[those] who dwell in tents	יֹשֵׁב אֹהֶל
and [look after] cattle.	וּמִקְנֶה:
21. And the name of his brother was Yuvol	21. וְשֵׁם אָחִיו יוּבָל
he was	הוּא הָיָה
the father (first one) of	אֲבִי
all who handle	כָּל תֹּפֵשׂ
the harp	כִּנּוֹר
and the flute.	וְעוּגָב:
22. And Tzilloh, also she	22. וְצִלָּה גַם הִיא
bore Tuval Kayin	יָלְדָה אֶת תּוּבַל קַיִן
who sharpened	לֹטֵשׁ
all tools of	כָּל חֹרֵשׁ
copper	נְחֹשֶׁת
and iron	וּבַרְזֶל

BERESHIS Chapter 4

    and the sister of Tuval Kayin [was] Naamoh.

וַאֲחוֹת תּוּבַל קַיִן נַעֲמָה:

23. And Lemech said to his wives,
    "Odoh and Tzilloh, listen to my voice
    wives of Lemech
    give ear to my speech,
    for the man I killed
    [was it] by my [intentional] wound
    and the child
    by my [intentional] bruise?

23. וַיֹּאמֶר לֶמֶךְ לְנָשָׁיו
עָדָה וְצִלָּה שְׁמַעַן קוֹלִי
נְשֵׁי לֶמֶךְ
הַאֲזֵנָּה אִמְרָתִי
כִּי אִישׁ הָרַגְתִּי
לְפִצְעִי
וְיֶלֶד
לְחַבֻּרָתִי:

24. If [only] after seven generations
    Kayin was punished
    then Lemech
    after seventy-seven."

24. כִּי שִׁבְעָתַיִם
יֻקַּם קָיִן
וְלֶמֶךְ
שִׁבְעִים וְשִׁבְעָה:

25. And Odom knew his wife again
    and she bore a son
    and she called his name Shes,
    "Because G-d has given me
    another child
    in place of Hevel
    whom Kayin had killed."

25. וַיֵּדַע אָדָם עוֹד אֶת אִשְׁתּוֹ
וַתֵּלֶד בֵּן
וַתִּקְרָא אֶת שְׁמוֹ שֵׁת
כִּי שָׁת לִי אֱלֹהִים
זֶרַע אַחֵר
תַּחַת הֶבֶל
כִּי הֲרָגוֹ קָיִן:

26. And to Shes
    to him also
    a son was born
    and he called his name Enosh
    it was then begun
    to call [idols]
    by the name of Hashem.

26. וּלְשֵׁת
גַּם הוּא
יֻלַּד בֵּן
וַיִּקְרָא אֶת שְׁמוֹ אֱנוֹשׁ
אָז הוּחַל
לִקְרֹא
בְּשֵׁם יְהֹוָה:

Chapter 5   פרק ה׳

1. This is the account of
   the descendants of Odom
   on the day
   that Hashem created man
   in the likeness of G-d
   He made him.

   1. זֶה סֵפֶר
   תּוֹלְדֹת אָדָם
   בְּיוֹם
   בְּרֹא אֱלֹהִים אָדָם
   בִּדְמוּת אֱלֹהִים
   עָשָׂה אֹתוֹ:

2. Male and female
   He created them
   and He blessed them
   and He called their name "man"
   on the day that they were created.

   2. זָכָר וּנְקֵבָה
   בְּרָאָם
   וַיְבָרֶךְ אֹתָם
   וַיִּקְרָא אֶת שְׁמָם אָדָם
   בְּיוֹם הִבָּרְאָם:

3. [When] Odom had lived
   thirty
   and one hundred years (130 years)
   he begot
   in is likeness
   in his image
   and he called his name Shes.

   3. וַיְחִי אָדָם
   שְׁלֹשִׁים
   וּמְאַת שָׁנָה
   וַיּוֹלֶד
   בִּדְמוּתוֹ
   כְּצַלְמוֹ
   וַיִּקְרָא אֶת שְׁמוֹ שֵׁת:

4. And the days of Odom were
   after begetting Shes
   eight hundred years
   and he begot sons and daughters.

   4. וַיִּהְיוּ יְמֵי
   אַחֲרֵי הוֹלִידוֹ אֶת שֵׁת
   שְׁמֹנֶה מֵאֹת שָׁנָה
   וַיּוֹלֶד בָּנִים וּבָנוֹת:

5. All the days
   that Odom lived were
   nine hundred years
   and thirty years (930 years)
   and he died.

   5. וַיִּהְיוּ כָּל יְמֵי
   אָדָם אֲשֶׁר חַי
   תְּשַׁע מֵאוֹת שָׁנָה
   וּשְׁלֹשִׁים שָׁנָה
   וַיָּמֹת:

6. [When] Shes had lived
   five years

   6. וַיְחִי שֵׁת
   חָמֵשׁ שָׁנִים

BERESHIS Chapter 5

and one hundred years (105 years)
he begot Enosh.
וּמְאַת שָׁנָה
וַיּוֹלֶד אֶת אֱנוֹשׁ:

7. And Shes lived
after begetting Enosh
eight hundred and seven years
and he begot sons and daughters.
7. וַיְחִי שֵׁת
אַחֲרֵי הוֹלִידוֹ אֶת אֱנוֹשׁ
שֶׁבַע שָׁנִים וּשְׁמֹנֶה מֵאוֹת שָׁנָה
וַיּוֹלֶד בָּנִים וּבָנוֹת:

8. All the days of Shes were
nine hundred and twelve years
and he died.
8. וַיִּהְיוּ כָּל יְמֵי שֵׁת
שְׁתֵּים עֶשְׂרֵה שָׁנָה וּתְשַׁע מֵאוֹת שָׁנָה
וַיָּמֹת:

9. [When] Enosh had lived
ninety years
and begot Keinon.
9. וַיְחִי אֱנוֹשׁ
תִּשְׁעִים שָׁנָה
וַיּוֹלֶד אֶת קֵינָן:

10. And Enosh lived
after begetting Keinon
fifteen years
and eight hundred years (815 years)
and he begot sons and daughters.
10. וַיְחִי אֱנוֹשׁ
אַחֲרֵי הוֹלִידוֹ אֶת קֵינָן
חֲמֵשׁ עֶשְׂרֵה שָׁנָה
וּשְׁמֹנֶה מֵאוֹת שָׁנָה
וַיּוֹלֶד בָּנִים וּבָנוֹת:

11. All the days of Enosh were
five years
and nine hundred years (905 years)
and he died.
11. וַיִּהְיוּ כָּל יְמֵי אֱנוֹשׁ
חָמֵשׁ שָׁנִים
וּתְשַׁע מֵאוֹת שָׁנָה
וַיָּמֹת:

12. [When] Keinon had lived
seventy years
he begot Mahalalel.
12. וַיְחִי קֵינָן
שִׁבְעִים שָׁנָה
וַיּוֹלֶד אֶת מַהֲלַלְאֵל:

13. Keinon lived
after begetting Mahalalel
forty years
and eight hundred years (840 years)
and he begot sons and daughters.
13. וַיְחִי קֵינָן
אַחֲרֵי הוֹלִידוֹ אֶת מַהֲלַלְאֵל
אַרְבָּעִים שָׁנָה
וּשְׁמֹנֶה מֵאוֹת שָׁנָה
וַיּוֹלֶד בָּנִים וּבָנוֹת:

14. All the days of Keinon were ten years and nine hundred years (910 years) and he died.	14. וַיִּהְיוּ כָּל יְמֵי קֵינָן עֶשֶׂר שָׁנִים וּתְשַׁע מֵאוֹת שָׁנָה וַיָּמֹת:
15. [When] Mahalalel had lived sixty-five years he begot Yered.	15. וַיְחִי מַהֲלַלְאֵל חָמֵשׁ שָׁנִים וְשִׁשִּׁים שָׁנָה וַיּוֹלֶד אֶת יָרֶד:
16. Mahalalel lived after begetting Yered thirty years and eight hundred years (830 years) and he begot sons and daughters.	16. וַיְחִי מַהֲלַלְאֵל אַחֲרֵי הוֹלִידוֹ אֶת יֶרֶד שְׁלֹשִׁים שָׁנָה וּשְׁמֹנֶה מֵאוֹת שָׁנָה וַיּוֹלֶד בָּנִים וּבָנוֹת:
17. All the days of Mahalalel were ninety-five years and eight hundred years (895 years) and he died.	17. וַיִּהְיוּ כָּל יְמֵי מַהֲלַלְאֵל חָמֵשׁ וְתִשְׁעִים שָׁנָה וּשְׁמֹנֶה מֵאוֹת שָׁנָה וַיָּמֹת:
18. [When] Yered had lived sixty-two years and one hundred years (162 years) he begot Chanoch.	18. וַיְחִי יֶרֶד שְׁתַּיִם וְשִׁשִּׁים שָׁנָה וּמְאַת שָׁנָה וַיּוֹלֶד אֶת חֲנוֹךְ:
19. And Yered lived after begetting Chanoch eight hundred years and he begot sons and daughters.	19. וַיְחִי יֶרֶד אַחֲרֵי הוֹלִידוֹ אֶת חֲנוֹךְ שְׁמֹנֶה מֵאוֹת שָׁנָה וַיּוֹלֶד בָּנִים וּבָנוֹת:
20. All the days of Yered were sixty-two years and nine hundred years (962 years) and he died.	20. וַיִּהְיוּ כָּל יְמֵי יֶרֶד שְׁתַּיִם וְשִׁשִּׁים שָׁנָה וּתְשַׁע מֵאוֹת שָׁנָה וַיָּמֹת:
21. [When] Chanoch had lived	21. וַיְחִי חֲנוֹךְ

BERESHIS Chapter 5

sixty-five years	חָמֵשׁ וְשִׁשִּׁים שָׁנָה
he begot Mesushelach.	וַיּוֹלֶד אֶת מְתוּשָׁלַח:

22. Chanoch walked
    with G-d
    after begetting Mesushelach
    [for] three hundred years
    and he begot sons and daughters.

22. וַיִּתְהַלֵּךְ חֲנוֹךְ
    אֶת הָאֱלֹהִים
    אַחֲרֵי הוֹלִידוֹ אֶת מְתוּשֶׁלַח
    שְׁלֹשׁ מֵאוֹת שָׁנָה
    וַיּוֹלֶד בָּנִים וּבָנוֹת:

23. All the days of Chanoch were
    sixty-five years
    and three hundred years (365 years).

23. וַיְהִי כָּל יְמֵי חֲנוֹךְ
    חָמֵשׁ וְשִׁשִּׁים שָׁנָה
    וּשְׁלֹשׁ מֵאוֹת שָׁנָה:

24. And Chanoch walked with G-d
    [then] he was no more
    because G-d had taken him [away].

24. וַיִּתְהַלֵּךְ חֲנוֹךְ אֶת הָאֱלֹהִים
    וְאֵינֶנּוּ
    כִּי לָקַח אֹתוֹ אֱלֹהִים:

25. [When] Mesushelach had lived
    eighty-seven years
    and one hundred years (187 years)
    he begot Lemech.

25. וַיְחִי מְתוּשֶׁלַח
    שֶׁבַע וּשְׁמֹנִים שָׁנָה
    וּמְאַת שָׁנָה
    וַיּוֹלֶד אֶת לָמֶךְ:

26. Mesushelach lived
    after begetting Lemech
    eighty-two years
    and seven hundred years (782 years)
    and he begot sons and daughters.

26. וַיְחִי מְתוּשֶׁלַח
    אַחֲרֵי הוֹלִידוֹ אֶת לֶמֶךְ
    שְׁתַּיִם וּשְׁמוֹנִים שָׁנָה
    וּשְׁבַע מֵאוֹת שָׁנָה
    וַיּוֹלֶד בָּנִים וּבָנוֹת:

27. All the days of Mesushelach were
    sixty-nine years
    and nine hundred years (969 years)
    and he died.

27. וַיִּהְיוּ כָּל יְמֵי מְתוּשֶׁלַח
    תֵּשַׁע וְשִׁשִּׁים שָׁנָה
    וּתְשַׁע מֵאוֹת שָׁנָה
    וַיָּמֹת:

28. [When] Lemech had lived
    eighty-two years

28. וַיְחִי לֶמֶךְ
    שְׁתַּיִם וּשְׁמֹנִים שָׁנָה

and one hundred years (182 years)
he begot a son.
וּמְאַת שָׁנָה
וַיּוֹלֶד בֵּן׃

29. And he called his name Noach
saying,
"This one
will give us rest
from our work
and from the toil of our hands
from the ground
which Hashem has cursed."
29. וַיִּקְרָא אֶת שְׁמוֹ נֹחַ
לֵאמֹר
זֶה
יְנַחֲמֵנוּ
מִמַּעֲשֵׂנוּ
וּמֵעִצְּבוֹן יָדֵינוּ
מִן הָאֲדָמָה
אֲשֶׁר אֵרְרָהּ יְהֹוָה׃

30. And Lemech lived
after begetting Noach
ninety-five years
and five hundred years (595 years)
and he begot sons and daughters.
30. וַיְחִי לֶמֶךְ
אַחֲרֵי הוֹלִידוֹ אֶת נֹחַ
חָמֵשׁ וְתִשְׁעִים שָׁנָה
וַחֲמֵשׁ מֵאֹת שָׁנָה
וַיּוֹלֶד בָּנִים וּבָנוֹת׃

31. All the days of Lemech were
seven hundred
and seventy-seven years
and he died.
31. וַיְהִי כָּל יְמֵי לֶמֶךְ
שֶׁבַע וְשִׁבְעִים שָׁנָה וּשְׁבַע מֵאוֹת שָׁנָה
וַיָּמֹת׃

32. When Noach was
five hundred years old
Noach begot
Shem, Chom and Yefes.
32. וַיְהִי נֹחַ
בֶּן חֲמֵשׁ מֵאוֹת שָׁנָה
וַיּוֹלֶד נֹחַ
אֶת שֵׁם אֶת חָם וְאֶת יָפֶת׃

Chapter 6   פרק ו'

1. And it was
when man began
to increase
on the face of the ground (earth)
and daughters were born to them.
1. וַיְהִי
כִּי הֵחֵל הָאָדָם
לָרֹב
עַל פְּנֵי הָאֲדָמָה
וּבָנוֹת יֻלְּדוּ לָהֶם׃

2. The sons of the rulers saw	.2 וַיִּרְאוּ בְנֵי הָאֱלֹהִים
the daughters of man	אֶת בְּנוֹת הָאָדָם
that they were good	כִּי טֹבֹת הֵנָּה
and they took for themselves	וַיִּקְחוּ לָהֶם
wives	נָשִׁים
from whomever they chose.	מִכֹּל אֲשֶׁר בָּחָרוּ׃
3. And Hashem said,	.3 וַיֹּאמֶר יְהוָֹה
"My spirit shall not argue	לֹא יָדוֹן רוּחִי
because of man	בָאָדָם
for long	לְעֹלָם
since he is only flesh	בְּשַׁגָּם הוּא בָשָׂר
his days shall be	וְהָיוּ יָמָיו
a hundred and twenty years."	מֵאָה וְעֶשְׂרִים שָׁנָה׃
4. The giants	.4 הַנְּפִלִים
were on the earth	הָיוּ בָאָרֶץ
in those days	בַּיָּמִים הָהֵם
and also afterwards	וְגַם אַחֲרֵי כֵן
when the sons of rulers had come (married)	אֲשֶׁר יָבֹאוּ בְּנֵי הָאֱלֹהִים
to the daughters of man	אֶל בְּנוֹת הָאָדָם
who bore (children) to them	וְיָלְדוּ לָהֶם
they were the mighty ones	הֵמָּה הַגִּבֹּרִים
who in the [days] of old [were]	אֲשֶׁר מֵעוֹלָם
men of fame.	אַנְשֵׁי הַשֵּׁם׃
5. Hashem saw	.5 וַיַּרְא יְהוָֹה
that the wickedness of man was great	כִּי רַבָּה רָעַת הָאָדָם
on the earth	בָּאָרֶץ
and every product of	וְכָל יֵצֶר
the thoughts of his heart	מַחְשְׁבֹת לִבּוֹ
[was] only evil	רַק רַע
all the day (all the time).	כָּל הַיּוֹם׃
6. Hashem regretted	.6 וַיִּנָּחֶם יְהוָֹה
that he had made man	כִּי עָשָׂה אֶת הָאָדָם

on earth	בָּאָרֶץ
and He became sad at heart.	וַיִּתְעַצֵּב אֶל לִבּוֹ׃
7. And Hashem said,	7. וַיֹּאמֶר יְהֹוָה
I will wipe out man	אֶמְחֶה אֶת הָאָדָם
whom I have created	אֲשֶׁר בָּרָאתִי
from upon the face of the ground	מֵעַל פְּנֵי הָאֲדָמָה
from man	מֵאָדָם
to animal	עַד בְּהֵמָה
to the creeping things	עַד רֶמֶשׂ
and to the birds of the heavens	וְעַד עוֹף הַשָּׁמָיִם
because I regret	כִּי נִחַמְתִּי
that I made them."	כִּי עֲשִׂיתִם׃
8. But Noach found favor	8. וְנֹחַ מָצָא חֵן
in the eyes of Hashem.	בְּעֵינֵי יְהֹוָה׃

NOACH נֹחַ

9. These are the descendants of Noach	9. אֵלֶּה תּוֹלְדֹת נֹחַ
Noach was a righteous man	נֹחַ אִישׁ צַדִּיק
he was perfect	תָּמִים הָיָה
in his generations	בְּדֹרֹתָיו
with G-d	אֶת הָאֱלֹהִים
Noach walked.	הִתְהַלֶּךְ נֹחַ׃
10. Noach begot	10. וַיּוֹלֶד נֹחַ
three sons	שְׁלֹשָׁה בָנִים
Shem, Chom and Yefes.	אֶת שֵׁם אֶת חָם וְאֶת יָפֶת׃
11. The earth had become corrupt	11. וַתִּשָּׁחֵת הָאָרֶץ
before G-d	לִפְנֵי הָאֱלֹהִים
and the earth had become filled	וַתִּמָּלֵא הָאָרֶץ
[with] robbery.	חָמָס׃
12. And G-d saw	12. וַיַּרְא אֱלֹהִים

the earth	אֶת הָאָרֶץ
and behold	וְהִנֵּה
it was corrupted	נִשְׁחָתָה
because all flesh had corrupted	כִּי הִשְׁחִית כָּל בָּשָׂר
its way	אֶת דַּרְכּוֹ
on the earth.	עַל הָאָרֶץ׃
13. G-d said to Noach,	13. וַיֹּאמֶר אֱלֹהִים לְנֹחַ
"The end of all flesh	קֵץ כָּל בָּשָׂר
has come before me	בָּא לְפָנַי
because the earth is filled	כִּי מָלְאָה הָאָרֶץ
[with] robbery	חָמָס
through them	מִפְּנֵיהֶם
and behold I will destroy them	וְהִנְנִי מַשְׁחִיתָם
from the earth.	אֶת הָאָרֶץ׃
14. Make for yourself	14. עֲשֵׂה לְךָ
an ark of	תֵּבַת
gofer wood	עֲצֵי גֹפֶר
[with] compartments	קִנִּים
shall you make the ark	תַּעֲשֶׂה אֶת הַתֵּבָה
and you shall cover it	וְכָפַרְתָּ אֹתָהּ
inside	מִבַּיִת
and outside	וּמִחוּץ
with pitch.	בַּכֹּפֶר׃
15. This is how you shall make it,	15. וְזֶה אֲשֶׁר תַּעֲשֶׂה אֹתָהּ
three hundred cubits	שְׁלֹשׁ מֵאוֹת אַמָּה
the length of the ark	אֹרֶךְ הַתֵּבָה
fifty cubits	חֲמִשִּׁים אַמָּה
its width	רָחְבָּהּ
and thirty cubits	וּשְׁלֹשִׁים אַמָּה
its height.	קוֹמָתָהּ׃
16. A light	16. צֹהַר
shall you make	תַּעֲשֶׂה

33 NOACH Chapter 6 נח פרק ו

for the ark	לַתֵּבָה
and to one cubit	וְאֶל אַמָּה
shall you finish it	תְּכַלֶּנָּה
at the top	מִלְמַעְלָה
and the entrance of the ark	וּפֶתַח הַתֵּבָה
you shall put in its side	בְּצִדָּהּ תָּשִׂים
lower deck (story)	תַּחְתִּיִּם
second deck (story)	שְׁנִיִּם
and third deck (story)	וּשְׁלִשִׁים
you shall make it.	תַּעֲשֶׂהָ׃
17. And as for Me	17. וַאֲנִי
behold I will bring	הִנְנִי מֵבִיא
the flood of water	אֶת הַמַּבּוּל מַיִם
on the earth	עַל הָאָרֶץ
to destroy	לְשַׁחֵת
all flesh	כָּל בָּשָׂר
in which there is	אֲשֶׁר בּוֹ
a breath of life	רוּחַ חַיִּים
from under the heavens	מִתַּחַת הַשָּׁמָיִם
all that is on earth	כֹּל אֲשֶׁר בָּאָרֶץ
shall perish.	יִגְוָע׃
18. And I will set up	18. וַהֲקִמֹתִי
My covenant	אֶת בְּרִיתִי
with you	אִתָּךְ
and you will come into the ark	וּבָאתָ אֶל הַתֵּבָה
you and your sons	אַתָּה וּבָנֶיךָ
and your wife	וְאִשְׁתְּךָ
and the wives of your sons	וּנְשֵׁי בָנֶיךָ
with you.	אִתָּךְ׃
19. And from all that lives	19. וּמִכָּל הָחַי
from all flesh	מִכָּל בָּשָׂר
two of each	שְׁנַיִם מִכֹּל
shall you bring	תָּבִיא

into the ark	אֶל הַתֵּבָה
to keep alive	לְהַחֲיֹת
with you	אִתָּךְ
male and female	זָכָר וּנְקֵבָה
shall they be.	יִהְיוּ:
20. From the birds	מֵהָעוֹף .20
[each] of its own kind	לְמִינֵהוּ
and from the animals	וּמִן הַבְּהֵמָה
[each] of its own kind	לְמִינָהּ
from every creeper of the ground	מִכֹּל רֶמֶשׂ הָאֲדָמָה
[each] of its own kind	לְמִינֵהוּ
two of each	שְׁנַיִם מִכֹּל
they shall come to you	יָבֹאוּ אֵלֶיךָ
to keep alive.	לְהַחֲיוֹת:
21. And as for you	וְאַתָּה .21
take for yourself	קַח לְךָ
from every food	מִכָּל מַאֲכָל
that is eaten	אֲשֶׁר יֵאָכֵל
and gather it in to you	וְאָסַפְתָּ אֵלֶיךָ
and it shall be for you	וְהָיָה לְךָ
and for them	וְלָהֶם
as food."	לְאָכְלָה:
22. And Noach did	וַיַּעַשׂ נֹחַ .22
according to all	כְּכֹל
that G-d had commanded him	אֲשֶׁר צִוָּה אֹתוֹ אֱלֹהִים
so he did.	כֵּן עָשָׂה:

Chapter 7 — פרק ז׳

1. Hashem said to Noach,	וַיֹּאמֶר יְהוָֹה לְנֹחַ .1
"Come	בֹּא
you and all your household	אַתָּה וְכָל בֵּיתְךָ
into the ark	אֶל הַתֵּבָה

because you have I seen	כִּי אֹתְךָ רָאִיתִי
righteous	צַדִּיק
before Me	לְפָנַי
in this generation.	בַּדּוֹר הַזֶּה:
2. From every clean (kosher) animal	.2 מִכֹּל הַבְּהֵמָה הַטְּהוֹרָה
take for yourself	תִּקַּח לְךָ
seven pairs	שִׁבְעָה שִׁבְעָה
male and his wife	אִישׁ וְאִשְׁתּוֹ
and from the animals	וּמִן הַבְּהֵמָה
which are not clean (non-kosher species)	אֲשֶׁר לֹא טְהֹרָה הִיא
two	שְׁנַיִם
male and his wife.	אִישׁ וְאִשְׁתּוֹ:
3. Also	.3 גַּם
from the birds of the heavens	מֵעוֹף הַשָּׁמַיִם
seven pairs	שִׁבְעָה שִׁבְעָה
male and female	זָכָר וּנְקֵבָה
to keep alive	לְחַיּוֹת
seed	זֶרַע
on the face of all the earth.	עַל פְּנֵי כָל הָאָרֶץ:
4. Because	.4 כִּי
in another seven days	לְיָמִים עוֹד שִׁבְעָה
I will make it rain	אָנֹכִי מַמְטִיר
on the earth	עַל הָאָרֶץ
forty days	אַרְבָּעִים יוֹם
and forty nights	וְאַרְבָּעִים לָיְלָה
and I will wipe out	וּמָחִיתִי
all existence	אֶת כָּל הַיְקוּם
which I have made	אֲשֶׁר עָשִׂיתִי
from upon the face of the ground."	מֵעַל פְּנֵי הָאֲדָמָה:
5. And Noach did	.5 וַיַּעַשׂ נֹחַ
according to all	כְּכֹל
that Hashem had commanded him.	אֲשֶׁר צִוָּהוּ יְהֹוָה:

NOACH Chapter 7 — נח פרק ז

6. Noach was six hundred years old
   when the flood was
   water
   on the earth.

   6 וְנֹחַ בֶּן שֵׁשׁ מֵאוֹת שָׁנָה
   וְהַמַּבּוּל הָיָה
   מַיִם
   עַל הָאָרֶץ:

7. Noach came
   and his sons
   and his wife
   and the wives of his sons
   with him
   into the ark
   because of the water of the flood.

   7. וַיָּבֹא נֹחַ
   וּבָנָיו
   וְאִשְׁתּוֹ
   וּנְשֵׁי בָנָיו
   אִתּוֹ
   אֶל הַתֵּבָה
   מִפְּנֵי מֵי הַמַּבּוּל:

8. From the clean animals (kosher species)
   and from the animals
   which are not clean (non-kosher species)
   and from the birds
   and [from] all that creeps
   on the ground.

   8. מִן הַבְּהֵמָה הַטְּהוֹרָה
   וּמִן הַבְּהֵמָה
   אֲשֶׁר אֵינֶנָּה טְהֹרָה
   וּמִן הָעוֹף
   וְכֹל אֲשֶׁר רֹמֵשׂ
   עַל הָאֲדָמָה:

9. Two of each
   they came to Noach
   into the ark
   male and female
   just as G-d had commanded Noach.

   9. שְׁנַיִם שְׁנַיִם
   בָּאוּ אֶל נֹחַ
   אֶל הַתֵּבָה
   זָכָר וּנְקֵבָה
   כַּאֲשֶׁר צִוָּה אֱלֹהִים אֶת נֹחַ:

10. And it was
    after seven days
    [that] the waters of the flood were
    on the earth.

    10. וַיְהִי
    לְשִׁבְעַת הַיָּמִים
    וּמֵי הַמַּבּוּל הָיוּ
    עַל הָאָרֶץ:

11. In the six hundredth year
    of Noach's life
    in the second month
    on the seventeenth day
    of the month

    11. בִּשְׁנַת שֵׁשׁ מֵאוֹת שָׁנָה
    לְחַיֵּי נֹחַ
    בַּחֹדֶשׁ הַשֵּׁנִי
    בְּשִׁבְעָה עָשָׂר יוֹם
    לַחֹדֶשׁ

on this day	בַּיּוֹם הַזֶּה
burst open	נִבְקְעוּ
all the fountains of	כָּל מַעְיְנוֹת
the great deep	תְּהוֹם רַבָּה
and the windows of the heavens	וַאֲרֻבֹּת הַשָּׁמַיִם
were opened.	נִפְתָּחוּ׃
12. And the rain was	12. וַיְהִי הַגֶּשֶׁם
on the earth	עַל הָאָרֶץ
forty days	אַרְבָּעִים יוֹם
and forty nights.	וְאַרְבָּעִים לָיְלָה׃
13. In the middle of that day	13. בְּעֶצֶם הַיּוֹם הַזֶּה
Noach came	בָּא נֹחַ
and Shem, Chom and Yefes	וְשֵׁם וְחָם וָיֶפֶת
the sons of Noach	בְּנֵי נֹחַ
and the wife of Noach	וְאֵשֶׁת נֹחַ
and the three wives of his sons	וּשְׁלֹשֶׁת נְשֵׁי בָנָיו
with them	אִתָּם
into the ark.	אֶל הַתֵּבָה׃
14. They	14. הֵמָּה
and every beast	וְכָל הַחַיָּה
[each] of its own kind	לְמִינָהּ
and every domestic animal	וְכָל הַבְּהֵמָה
[each] of its own kind	לְמִינָהּ
and every creeping thing	וְכָל הָרֶמֶשׂ
that creeps on the earth	הָרֹמֵשׂ עַל הָאָרֶץ
[each] of its own kind	לְמִינֵהוּ
and every bird	וְכָל הָעוֹף
[each] of its own kind	לְמִינֵהוּ
every bird	כֹּל צִפּוֹר
[of] every kind of wing.	כָּל כָּנָף׃
15. They came to Noach	15. וַיָּבֹאוּ אֶל נֹחַ
into the ark	אֶל הַתֵּבָה

two of each	שְׁנַיִם שְׁנַיִם
of all flesh	מִכָּל הַבָּשָׂר
in which there is	אֲשֶׁר בּוֹ
a breath of life.	רוּחַ חַיִּים׃
16. Those who came	16. וְהַבָּאִים
male and female	זָכָר וּנְקֵבָה
of all flesh	מִכָּל בָּשָׂר
they came	בָּאוּ
just as G-d had commanded him	כַּאֲשֶׁר צִוָּה אֹתוֹ אֱלֹהִים
and Hashem closed [it]	וַיִּסְגֹּר יְהֹוָה
in front of him.	בַּעֲדוֹ׃
17. When the flood was	17. וַיְהִי הַמַּבּוּל
forty days	אַרְבָּעִים יוֹם
on the earth	עַל הָאָרֶץ
the waters increased	וַיִּרְבּוּ הַמַּיִם
and they raised the ark	וַיִּשְׂאוּ אֶת הַתֵּבָה
so that it was lifted	וַתָּרָם
above the earth.	מֵעַל הָאָרֶץ׃
18. The waters became strong	18. וַיִּגְבְּרוּ הַמַּיִם
and they increased very [much]	וַיִּרְבּוּ מְאֹד
on the earth	עַל הָאָרֶץ
and the ark went (drifted)	וַתֵּלֶךְ הַתֵּבָה
on the surface of the water.	עַל פְּנֵי הַמָּיִם׃
19. And the waters	19. וְהַמַּיִם
became very very strong	גָּבְרוּ מְאֹד מְאֹד
on the earth	עַל הָאָרֶץ
and there were covered	וַיְכֻסּוּ
all the high mountains	כָּל הֶהָרִים הַגְּבֹהִים
which were under all the heavens.	אֲשֶׁר תַּחַת כָּל הַשָּׁמָיִם׃
20. Fifteen cubits	20. חֲמֵשׁ עֶשְׂרֵה אַמָּה
above [the highest mountain]	מִלְמַעְלָה

the waters became strong	גָּבְרוּ הַמָּיִם
and the mountains were covered.	וַיְכֻסּוּ הֶהָרִים :
21. And there perished (died)	21. וַיִּגְוַע
all flesh	כָּל בָּשָׂר
that creeps on the earth	הָרֹמֵשׂ עַל הָאָרֶץ
among the birds	בָּעוֹף
and among the domestic animals	וּבַבְּהֵמָה
and among the beasts	וּבַחַיָּה
and among all the creeping things	וּבְכָל הַשֶּׁרֶץ
that swarm on the earth	הַשֹּׁרֵץ עַל הָאָרֶץ
and all mankind.	וְכֹל הָאָדָם :
22. Everything	22. כֹּל
which [had]	אֲשֶׁר
the breath of the spirit of life	נִשְׁמַת רוּחַ חַיִּים
in its nostrils	בְּאַפָּיו
of all	מִכֹּל
which was on dry land	אֲשֶׁר בֶּחָרָבָה
died.	מֵתוּ :
23. And He wiped out	23. וַיִּמַח
all existence	אֶת כָּל הַיְקוּם
which was on the face of the ground	אֲשֶׁר עַל פְּנֵי הָאֲדָמָה
from man	מֵאָדָם
to animals	עַד בְּהֵמָה
to creeping things	עַד רֶמֶשׂ
and to the birds of the heavens	וְעַד עוֹף הַשָּׁמַיִם
and they were wiped out	וַיִּמָּחוּ
from the earth	מִן הָאָרֶץ
there remained	וַיִּשָּׁאֶר
only Noach	אַךְ נֹחַ
and [those] which were with him	וַאֲשֶׁר אִתּוֹ
in the ark.	בַּתֵּבָה :
24. And the waters became strong	24. וַיִּגְבְּרוּ הַמַּיִם

on the earth	עַל הָאָרֶץ
[for] a hundred and fifty days.	חֲמִשִּׁים וּמְאַת יוֹם׃

Chapter 8	**פרק ח׳**

1. G-d remembered Noach	.1 וַיִּזְכֹּר אֱלֹהִים אֶת נֹחַ
and all the beasts	וְאֵת כָּל הַחַיָּה
and all the domestic animals	וְאֶת כָּל הַבְּהֵמָה
which were with him	אֲשֶׁר אִתּוֹ
in the ark	בַּתֵּבָה
and G-d made a spirit [of comfort] pass	וַיַּעֲבֵר אֱלֹהִים רוּחַ
over the earth	עַל הָאָרֶץ
and the waters became calm.	וַיָּשֹׁכּוּ הַמָּיִם׃
2. And there were blocked up	.2 וַיִּסָּכְרוּ
the fountains of the deep	מַעְיְנֹת תְּהוֹם
and the windows of the heavens	וַאֲרֻבֹּת הַשָּׁמָיִם
and the rain was held back	וַיִּכָּלֵא הַגֶּשֶׁם
from the heavens.	מִן הַשָּׁמָיִם׃
3. The waters went back	.3 וַיָּשֻׁבוּ הַמַּיִם
from upon the earth	מֵעַל הָאָרֶץ
continuously going back	הָלוֹךְ וָשׁוֹב
and the waters became less	וַיַּחְסְרוּ הַמַּיִם
at the end of	מִקְצֵה
a hundred and fifty days.	חֲמִשִּׁים וּמְאַת יוֹם׃
4. And the ark came to rest	.4 וַתָּנַח הַתֵּבָה
in the seventh month	בַּחֹדֶשׁ הַשְּׁבִיעִי
on the seventeenth day	בְּשִׁבְעָה עָשָׂר יוֹם
of the month	לַחֹדֶשׁ
on the mountains of Ararat.	עַל הָרֵי אֲרָרָט׃
5. And the waters	.5 וְהַמַּיִם
were continuously becoming less	הָיוּ הָלוֹךְ וְחָסוֹר
until the tenth month	עַד הַחֹדֶשׁ הָעֲשִׂירִי

in the tenth [month]	בָּעֲשִׂירִי
on the first [day] of the month	בְּאֶחָד לַחֹדֶשׁ
were seen	נִרְאוּ
the top of the mountains.	רָאשֵׁי הֶהָרִים׃
6. And it was	6. וַיְהִי
at the end of forty days	מִקֵּץ אַרְבָּעִים יוֹם
that Noach opened	וַיִּפְתַּח נֹחַ
the window of the ark	אֶת חַלּוֹן הַתֵּבָה
which he had made.	אֲשֶׁר עָשָׂה׃
7. He sent out	7. וַיְשַׁלַּח
the raven	אֶת הָעֹרֵב
and it kept going out and coming back	וַיֵּצֵא יָצוֹא וָשׁוֹב
until the waters had dried	עַד יְבֹשֶׁת הַמַּיִם
from upon the earth.	מֵעַל הָאָרֶץ׃
8. Then he sent out	8. וַיְשַׁלַּח
the dove	אֶת הַיּוֹנָה
from him	מֵאִתּוֹ
to see	לִרְאוֹת
whether the waters had gone down	הֲקַלּוּ הַמַּיִם
from upon the face of the ground.	מֵעַל פְּנֵי הָאֲדָמָה׃
9. But the dove could not find	9. וְלֹא מָצְאָה הַיּוֹנָה
a resting place	מָנוֹחַ
for the sole of its foot	לְכַף רַגְלָהּ
and it returned to him	וַתָּשָׁב אֵלָיו
to the ark	אֶל הַתֵּבָה
because there was water	כִּי מַיִם
on the surface of all the earth	עַל פְּנֵי כָל הָאָרֶץ
so he stretched out his hand	וַיִּשְׁלַח יָדוֹ
and he took it	וַיִּקָּחֶהָ
and he brought it	וַיָּבֵא אֹתָהּ
to him	אֵלָיו
into the ark.	אֶל הַתֵּבָה׃

NOACH Chapter 8

10. He waited again
    [for] another seven days
    and he again sent out the dove
    from the ark.

    10. וַיָּחֶל עוֹד
    שִׁבְעַת יָמִים אֲחֵרִים
    וַיֹּסֶף שַׁלַּח אֶת הַיּוֹנָה
    מִן הַתֵּבָה:

11. The dove came [back] to him
    at evening time
    and behold
    an olive leaf
    it had plucked
    with its mouth (bill)
    so Noach knew
    that the waters had gone down
    from upon the earth.

    11. וַתָּבֹא אֵלָיו הַיּוֹנָה
    לְעֵת עֶרֶב
    וְהִנֵּה
    עֲלֵה זַיִת
    טָרָף
    בְּפִיהָ
    וַיֵּדַע נֹחַ
    כִּי קַלּוּ הַמַּיִם
    מֵעַל הָאָרֶץ:

12. And he waited again
    [for] another seven days
    and he sent out
    the dove
    and it did not return to him anymore.

    12. וַיִּיָּחֶל עוֹד
    שִׁבְעַת יָמִים אֲחֵרִים
    וַיְשַׁלַּח
    אֶת הַיּוֹנָה
    וְלֹא יָסְפָה שׁוּב אֵלָיו עוֹד:

13. And it was
    in the six hundred and first year
    in the first [month]
    on the first [day] of the month
    the waters dried
    from upon the earth
    and Noach removed
    the covering of the ark
    and he saw
    and behold
    the surface of the ground had dried.

    13. וַיְהִי
    בְּאַחַת וְשֵׁשׁ מֵאוֹת שָׁנָה
    בָּרִאשׁוֹן
    בְּאֶחָד לַחֹדֶשׁ
    חָרְבוּ הַמַּיִם
    מֵעַל הָאָרֶץ
    וַיָּסַר נֹחַ
    אֶת מִכְסֵה הַתֵּבָה
    וַיַּרְא
    וְהִנֵּה
    חָרְבוּ פְּנֵי הָאֲדָמָה:

14. And in the second month
    on the twenty-seventh day

    14. וּבַחֹדֶשׁ הַשֵּׁנִי
    בְּשִׁבְעָה וְעֶשְׂרִים יוֹם

of the month the earth was completely dry.	לַחֹדֶשׁ יָבְשָׁה הָאָרֶץ:
15. G-d spoke to Noach saying.	15. וַיְדַבֵּר אֱלֹהִים אֶל נֹחַ לֵאמֹר:
16. "Go out from the ark you and your wife your sons and the wives of your sons with you.	16. צֵא מִן הַתֵּבָה אַתָּה וְאִשְׁתְּךָ וּבָנֶיךָ וּנְשֵׁי בָנֶיךָ אִתָּךְ:
17. Every living being which is with you of all flesh among the birds and among the animals and among all the creeping things which creep on the earth make [them] go out with you and let them swarm on the earth and they shall be fruitful and they shall increase on the earth."	17. כָּל הַחַיָּה אֲשֶׁר אִתְּךָ מִכָּל בָּשָׂר בָּעוֹף וּבַבְּהֵמָה וּבְכָל הָרֶמֶשׂ הָרֹמֵשׂ עַל הָאָרֶץ הַיְצֵא אִתָּךְ וְשָׁרְצוּ בָאָרֶץ וּפָרוּ וְרָבוּ עַל הָאָרֶץ:
18. So Noach went out and his sons his wife and the wives of his sons with him.	18. וַיֵּצֵא נֹחַ וּבָנָיו וְאִשְׁתּוֹ וּנְשֵׁי בָנָיו אִתּוֹ:
19. Every living being every creeping thing and every bird all that creeps on the earth according to their families they came out of the ark.	19. כָּל הַחַיָּה כָּל הָרֶמֶשׂ וְכָל הָעוֹף כֹּל רוֹמֵשׂ עַל הָאָרֶץ לְמִשְׁפְּחֹתֵיהֶם יָצְאוּ מִן הַתֵּבָה:

NOACH Chapter 8 — נח פרק ח

20. Then Noach built an altar
    to Hashem
    and he took
    from all
    the clean (kosher) domestic animals
    and from all the clean (kosher) birds
    and he brought up burnt offerings
    on the altar.

20. וַיִּבֶן נֹחַ מִזְבֵּחַ
    לַיהוָה
    וַיִּקַּח
    מִכֹּל
    הַבְּהֵמָה הַטְּהֹרָה
    וּמִכֹּל הָעוֹף הַטָּהוֹר
    וַיַּעַל עֹלֹת
    בַּמִּזְבֵּחַ:

21. Hashem smelled
    the pleasing smell
    and Hashem said in His heart,
    "I will not continue
    to curse again
    the ground
    because of man
    because
    the product of the heart of man
    is evil
    from his youth
    and I will not continue again
    to smite (kill)
    every living being
    as I have done.

21. וַיָּרַח יְהוָה
    אֶת רֵיחַ הַנִּיחֹחַ
    וַיֹּאמֶר יְהוָה אֶל לִבּוֹ
    לֹא אֹסִף
    לְקַלֵּל עוֹד
    אֶת הָאֲדָמָה
    בַּעֲבוּר הָאָדָם
    כִּי
    יֵצֶר לֵב הָאָדָם
    רַע
    מִנְּעֻרָיו
    וְלֹא אֹסִף עוֹד
    לְהַכּוֹת
    אֶת כָּל חַי
    כַּאֲשֶׁר עָשִׂיתִי:

22. Further
    throughout all the days of the earth
    seed
    and harvest
    cold
    and heat
    summer
    and winter
    day
    and night
    will not stop."

22. עֹד
    כָּל יְמֵי הָאָרֶץ
    זֶרַע
    וְקָצִיר
    וְקֹר
    וָחֹם
    וְקַיִץ
    וָחֹרֶף
    וְיוֹם
    וָלַיְלָה
    לֹא יִשְׁבֹּתוּ:

Chapter 9	פרק ט׳
1. G-d blessed	.1 וַיְבָרֶךְ אֱלֹהִים
Noach and his sons	אֶת נֹחַ וְאֶת בָּנָיו
and He said to them,	וַיֹּאמֶר לָהֶם
"Be fruitful and increase	פְּרוּ וּרְבוּ
and fill the earth.	וּמִלְאוּ אֶת הָאָרֶץ:
2. The fear of you	.2 וּמוֹרַאֲכֶם
and the dread of you	וְחִתְּכֶם
shall be	יִהְיֶה
on every beast of the earth	עַל כָּל חַיַּת הָאָרֶץ
and on every bird of the heavens	וְעַל כָּל עוֹף הַשָּׁמָיִם
on all	בְּכֹל
that creeps on the ground	אֲשֶׁר תִּרְמֹשׂ הָאֲדָמָה
and on all the fish of the sea	וּבְכָל דְּגֵי הַיָּם
into your hand	בְּיֶדְכֶם
they are given.	נִתָּנוּ:
3. Every creeping thing	.3 כָּל רֶמֶשׂ
which is alive	אֲשֶׁר הוּא חַי
for you it shall be	לָכֶם יִהְיֶה
for food	לְאָכְלָה
like the green herbs	כְּיֶרֶק עֵשֶׂב
I have given you	נָתַתִּי לָכֶם
everything.	אֶת כֹּל:
4. But	.4 אַךְ
flesh [when still] with its soul	בָּשָׂר בְּנַפְשׁוֹ
(taken while the animal was still alive)	
[also] its blood	דָמוֹ
(extracted while the animal was still alive)	
you shall not eat.	לֹא תֹאכֵלוּ:
5. But	.5 וְאַךְ
your blood	אֶת דִּמְכֶם

of your own souls	לְנַפְשֹׁתֵיכֶם
I will demand	אֶדְרֹשׁ
from the hand of every beast	מִיַּד כָּל חַיָּה
will I demand it	אֶדְרְשֶׁנּוּ
and from the hand of man	וּמִיַּד הָאָדָם
from the hand of a man	מִיַּד אִישׁ
[who kills] his brother	אָחִיו
I will demand	אֶדְרֹשׁ
the soul of man.	אֶת נֶפֶשׁ הָאָדָם:
6. He who sheds (spills)	6. שֹׁפֵךְ
the blood of man (human being)	דַּם הָאָדָם
by man	בָּאָדָם
shall his blood be shed	דָּמוֹ יִשָּׁפֵךְ
because in the image of G-d	כִּי בְּצֶלֶם אֱלֹהִים
He made man.	עָשָׂה אֶת הָאָדָם:
7. And you	7. וְאַתֶּם
be fruitful and increase	פְּרוּ וּרְבוּ
swarm on the earth	שִׁרְצוּ בָאָרֶץ
and increase on it."	וּרְבוּ בָהּ:
8. And G-d said to Noach	8. וַיֹּאמֶר אֱלֹהִים אֶל נֹחַ
and to his sons with him	וְאֶל בָּנָיו אִתּוֹ
saying.	לֵאמֹר:
9. "And as for Me	9. וַאֲנִי
behold I	הִנְנִי
will set up	מֵקִים
My covenant	אֶת בְּרִיתִי
with you	אִתְּכֶם
and with your descendants	וְאֶת זַרְעֲכֶם
after you.	אַחֲרֵיכֶם:
10. And with every living being	10. וְאֵת כָּל נֶפֶשׁ הַחַיָּה
which is with you	אֲשֶׁר אִתְּכֶם

with the birds	בָּעוֹף
with the domestic animals	בַּבְּהֵמָה
and with every beast of the earth	וּבְכָל חַיַּת הָאָרֶץ
with you	אִתְּכֶם
of all [those] that came out of the ark	מִכֹּל יֹצְאֵי הַתֵּבָה
[this applies] to every beast of the earth.	לְכֹל חַיַּת הָאָרֶץ:
11. And I will confirm My covenant	11. וַהֲקִמֹתִי אֶת בְּרִיתִי
with you	אִתְּכֶם
and all flesh will not be cut off	וְלֹא יִכָּרֵת כָּל בָּשָׂר
[ever] again	עוֹד
by the waters of flood	מִמֵּי הַמַּבּוּל
and there will never again be	וְלֹא יִהְיֶה עוֹד
a flood	מַבּוּל
to destroy the earth."	לְשַׁחֵת הָאָרֶץ:
12. And G-d said,	12. וַיֹּאמֶר אֱלֹהִים
"This is the sign of the covenant	זֹאת אוֹת הַבְּרִית
which I give	אֲשֶׁר אֲנִי נֹתֵן
between Me and you	בֵּינִי וּבֵינֵיכֶם
and every living being	וּבֵין כָּל נֶפֶשׁ חַיָּה
which is with you	אֲשֶׁר אִתְּכֶם
for generations forever.	לְדֹרֹת עוֹלָם:
13. My bow (rainbow)	13. אֶת קַשְׁתִּי
I put in the cloud	נָתַתִּי בֶּעָנָן
and it shall be	וְהָיְתָה
as a sign of the covenant	לְאוֹת בְּרִית
between Me and the earth.	בֵּינִי וּבֵין הָאָרֶץ:
14. And it will be	14. וְהָיָה
when I bring a cloud	בְּעַנְנִי עָנָן
over the earth	עַל הָאָרֶץ
the bow will be seen	וְנִרְאֲתָה הַקֶּשֶׁת
in the cloud.	בֶּעָנָן:

NOACH Chapter 9   נח פרק ט

15. And I will remember
    My covenant
    which is between Me and you
    and every living being
    of all flesh
    and there will never again be
    water
    as a flood
    to destroy all flesh.

15. וְזָכַרְתִּי
    אֶת בְּרִיתִי
    אֲשֶׁר בֵּינִי וּבֵינֵיכֶם
    וּבֵין כָּל נֶפֶשׁ חַיָּה
    בְּכָל בָּשָׂר
    וְלֹא יִהְיֶה עוֹד
    הַמַּיִם
    לְמַבּוּל
    לְשַׁחֵת כָּל בָּשָׂר:

16. And the bow will be
    in the cloud
    and I will see it
    to remember
    the everlasting covenant
    between G-d and every living being
    of all flesh
    which is on the earth."

16. וְהָיְתָה הַקֶּשֶׁת
    בֶּעָנָן
    וּרְאִיתִיהָ
    לִזְכֹּר
    בְּרִית עוֹלָם
    בֵּין אֱלֹהִים וּבֵין כָּל נֶפֶשׁ חַיָּה
    בְּכָל בָּשָׂר
    אֲשֶׁר עַל הָאָרֶץ:

17. And G-d said to Noach,
    "This is the sign of the covenant
    which I have set up
    between Me and all flesh
    which is on the earth."

17. וַיֹּאמֶר אֱלֹהִים אֶל נֹחַ
    זֹאת אוֹת הַבְּרִית
    אֲשֶׁר הֲקִמֹתִי
    בֵּינִי וּבֵין כָּל בָּשָׂר
    אֲשֶׁר עַל הָאָרֶץ:

18. The sons of Noach who
    came out of the ark were
    Shem, Chom and Yefes
    Chom, he was the father of Kenaan.

18. וַיִּהְיוּ בְנֵי נֹחַ
    הַיֹּצְאִים מִן הַתֵּבָה
    שֵׁם וְחָם וָיָפֶת
    וְחָם הוּא אֲבִי כְנָעַן:

19. These three [were] the sons of Noach
    and from these
    all the earth was spread out (populated).

19. שְׁלֹשָׁה אֵלֶּה בְּנֵי נֹחַ
    וּמֵאֵלֶּה
    נָפְצָה כָל הָאָרֶץ:

20. Noach the man (master) of the ground
    degraded himself

20. וַיָּחֶל נֹחַ אִישׁ הָאֲדָמָה

NOACH Chapter 9

and he planted a vineyard.

וַיִּטַּע כָּרֶם:

21. He drank from the wine
and he became drunk
and he uncovered himself
inside his tent.

21. וַיֵּשְׁתְּ מִן הַיַּיִן
וַיִּשְׁכָּר
וַיִּתְגַּל
בְּתוֹךְ אָהֳלֹה:

22. And Chom the father of Kenaan saw
the nakedness of his father
and he told his two brothers
outside.

22. וַיַּרְא חָם אֲבִי כְנַעַן
אֵת עֶרְוַת אָבִיו
וַיַּגֵּד לִשְׁנֵי אֶחָיו
בַּחוּץ:

23. And Shem and Yefes took
the garment
and they put [it]
on the shoulder of both of them
and they walked backwards
and they covered
the nakedness of their father
and their faces
were [turned] backwards
and the nakedness of their father
they did not see.

23. וַיִּקַּח שֵׁם וָיֶפֶת
אֶת הַשִּׂמְלָה
וַיָּשִׂימוּ
עַל שְׁכֶם שְׁנֵיהֶם
וַיֵּלְכוּ אֲחֹרַנִּית
וַיְכַסּוּ
אֵת עֶרְוַת אֲבִיהֶם
וּפְנֵיהֶם
אֲחֹרַנִּית
וְעֶרְוַת אֲבִיהֶם
לֹא רָאוּ:

24. Noach awoke
from his wine (sleep caused by wine)
and he knew (realized)
what his small (worthless) son
had done to him.

24. וַיִּיקֶץ נֹחַ
מִיֵּינוֹ
וַיֵּדַע
אֵת אֲשֶׁר עָשָׂה לוֹ בְּנוֹ הַקָּטָן:

25. And he said,
"Cursed is Kenaan
a slave of slaves
shall he be
to his brothers."

25. וַיֹּאמֶר
אָרוּר כְּנָעַן
עֶבֶד עֲבָדִים
יִהְיֶה
לְאֶחָיו:

26. And he said,
"Blessed is Hashem
the G-d of Shem
and Kenaan shall be
a slave
to them.

26. וַיֹּאמֶר
בָּרוּךְ יְהוָֹה
אֱלֹהֵי שֵׁם
וִיהִי כְנַעַן
עֶבֶד
לָמוֹ:

27. May G-d enlarge [the boundaries] of Yefes
but he will dwell
in the tents of Shem
and Kenaan shall be
a slave to them."

27. יַפְתְּ אֱלֹהִים לְיֶפֶת
וְיִשְׁכֹּן
בְּאָהֳלֵי שֵׁם
וִיהִי כְנַעַן
עֶבֶד לָמוֹ:

28. Noach lived
after the flood
three hundred and fifty years.

28. וַיְחִי נֹחַ
אַחַר הַמַּבּוּל
שְׁלֹשׁ מֵאוֹת שָׁנָה וַחֲמִשִּׁים שָׁנָה:

29. And all the days of Noach were
nine hundred and fifty years
and he died.

29. וַיְהִי כָּל יְמֵי נֹחַ
תְּשַׁע מֵאוֹת שָׁנָה וַחֲמִשִּׁים שָׁנָה
וַיָּמֹת:

Chapter 10

פרק י׳

1. These are the descendants of
the sons of Noach
Shem, Chom and Yefes
and there were born to them
sons
after the flood.

1. וְאֵלֶּה תּוֹלְדֹת
בְּנֵי נֹחַ
שֵׁם חָם וָיָפֶת
וַיִּוָּלְדוּ לָהֶם
בָּנִים
אַחַר הַמַּבּוּל:

2. The sons of Yefes [were]
Gomer, Mogog, Modai and Yovon
Tuvol, Meshech and Tiros.

2. בְּנֵי יֶפֶת
גֹּמֶר וּמָגוֹג וּמָדַי וְיָוָן
וְתֻבָל וּמֶשֶׁךְ וְתִירָס:

3. And the sons of Gomer [were]
Ashkenaz, Rifas and Togarmoh.

3. וּבְנֵי גֹּמֶר
אַשְׁכְּנַז וְרִיפַת וְתֹגַרְמָה:

4. And the sons of Yovon [were] Elishoh and Tarshish Kittim and Dodonim.	4. וּבְנֵי יָוָן אֱלִישָׁה וְתַרְשִׁישׁ כִּתִּים וְדֹדָנִים:
5. From these were separated the islands of the nations in their lands each one according to its (his) language according to their families in their nations.	5. מֵאֵלֶּה נִפְרְדוּ אִיֵּי הַגּוֹיִם בְּאַרְצֹתָם אִישׁ לִלְשֹׁנוֹ לְמִשְׁפְּחֹתָם בְּגוֹיֵהֶם:
6. The sons of Chom [were] Kush and Mitzrayim Put and Kenaan.	6. וּבְנֵי חָם כּוּשׁ וּמִצְרַיִם וּפוּט וּכְנָעַן:
7. The sons of Kush [were] Sevo, Chaviloh and Savtoh Raamoh and Savtecho and the sons of Raamoh [were] Shevo and Dedon.	7. וּבְנֵי כוּשׁ סְבָא וַחֲוִילָה וְסַבְתָּה וְרַעְמָה וְסַבְתְּכָא וּבְנֵי רַעְמָה שְׁבָא וּדְדָן:
8. And Kush begot Nimrod he began (was the first one) to be a mighty man on earth.	8. וְכוּשׁ יָלַד אֶת נִמְרֹד הוּא הֵחֵל לִהְיוֹת גִּבֹּר בָּאָרֶץ:
9. He was a mighty hunter before Hashem therefore it is said, "Like Nimrod a mighty hunter before Hashem."	9. הוּא הָיָה גִבֹּר צַיִד לִפְנֵי יְהוָה עַל כֵּן יֵאָמַר כְּנִמְרֹד גִּבּוֹר צַיִד לִפְנֵי יְהוָה:

10. The beginning of his kingdom was
Bovel
Erech, Akod and Kalneh
in the land of Shinor.

10. וַתְּהִי רֵאשִׁית מַמְלַכְתּוֹ
בָּבֶל
וְאֶרֶךְ וְאַכַּד וְכַלְנֵה
בְּאֶרֶץ שִׁנְעָר׃

11. From that land
Ashur went out
and he built Ninveh
Rechovos-Ir and Kolach.

11. מִן הָאָרֶץ הַהִוא
יָצָא אַשּׁוּר
וַיִּבֶן אֶת נִינְוֵה
וְאֶת רְחֹבֹת עִיר וְאֶת כָּלַח׃

12. And Resen
between Ninveh and Kolach
that is the great city.

12. וְאֶת רֶסֶן
בֵּין נִינְוֵה וּבֵין כָּלַח
הִוא הָעִיר הַגְּדֹלָה׃

13. And Mitzrayim begot
Ludim and Anomim
Lehovim and Naftuchim.

13. וּמִצְרַיִם יָלַד
אֶת לוּדִים וְאֶת עֲנָמִים
וְאֶת לְהָבִים וְאֶת נַפְתֻּחִים׃

14. The Pasrusim and Kasluchim
from where the Pelishtim came out
and the Kaftorim.

14. וְאֶת פַּתְרֻסִים וְאֶת כַּסְלֻחִים
אֲשֶׁר יָצְאוּ מִשָּׁם פְּלִשְׁתִּים
וְאֶת כַּפְתֹּרִים׃

15. And Kenaan begot
Tzidon his firstborn
and Ches.

15. וּכְנַעַן יָלַד
אֶת צִידֹן בְּכֹרוֹ
וְאֶת חֵת׃

16. The Yevusi, the Emori
and the Girgoshi.

16. וְאֶת הַיְבוּסִי וְאֶת הָאֱמֹרִי
וְאֵת הַגִּרְגָּשִׁי׃

17. The Chivi, the Arki
and the Sini.

17. וְאֶת הַחִוִּי וְאֶת הָעַרְקִי
וְאֶת הַסִּינִי׃

18. The Arvodi, the Tzemori
and the Chamosi
and afterwards

18. וְאֶת הָאַרְוָדִי וְאֶת הַצְּמָרִי
וְאֶת הַחֲמָתִי
וְאַחַר

were scattered	נָפֹצוּ
the families of Kenaani.	מִשְׁפְּחוֹת הַכְּנַעֲנִי׃
19. And the borders of Kenaani were	19. וַיְהִי גְּבוּל הַכְּנַעֲנִי
from Tzidon	מִצִּידֹן
until you come to Geror	בֹּאֲכָה גְרָרָה
until Azoh	עַד עַזָּה
until you come to Sedom and Amoroh	בֹּאֲכָה סְדֹמָה וַעֲמֹרָה
Admoh and Tzevoyim	וְאַדְמָה וּצְבֹיִם
until Losha.	עַד לָשַׁע׃
20. These are the sons of Chom	20. אֵלֶּה בְנֵי חָם
according to their families	לְמִשְׁפְּחֹתָם
according to their languages	לִלְשֹׁנֹתָם
in their lands	בְּאַרְצֹתָם
in their nations.	בְּגוֹיֵהֶם׃
21. And to Shem	21. וּלְשֵׁם
also to him were born	יֻלַּד גַּם הוּא
[he was] the father (ancestor) of	אֲבִי
all who lived on the other side [of the river]	כָּל בְּנֵי עֵבֶר
[he was] the brother of	אֲחִי
Yefes the eldest.	יֶפֶת הַגָּדוֹל׃
22. The sons of Shem [were]	22. בְּנֵי שֵׁם
Eilom and Ashur	עֵילָם וְאַשּׁוּר
Arpachshad, Lud and Arom.	וְאַרְפַּכְשַׁד וְלוּד וַאֲרָם׃
23. And the sons of Arom [were]	23. וּבְנֵי אֲרָם
Utz, Chul, Geser and Mash.	עוּץ וְחוּל וְגֶתֶר וָמַשׁ׃
24. And Arpachshad begot Shelach	24. וְאַרְפַּכְשַׁד יָלַד אֶת שָׁלַח
and Shelach begot Ever.	וְשֶׁלַח יָלַד אֶת עֵבֶר׃
25. And to Ever were born	25. וּלְעֵבֶר יֻלַּד
two sons	שְׁנֵי בָנִים

the name of one [was] Peleg	שֵׁם הָאֶחָד פֶּלֶג
because in his days	כִּי בְיָמָיו
the earth was divided	נִפְלְגָה הָאָרֶץ
and the name of his brother [was] Yokton.	וְשֵׁם אָחִיו יָקְטָן:

26. And Yokton begot
    Almodod and Sholef
    Chatzarmoves and Yorach.

    26. וְיָקְטָן יָלַד
    אֶת אַלְמוֹדָד וְאֶת שָׁלֶף
    וְאֶת חֲצַרְמָוֶת וְאֶת יָרַח:

27. Hadorom, Uzol and Dikloh.

    27. וְאֶת הֲדוֹרָם וְאֶת אוּזָל וְאֶת דִּקְלָה:

28. Ovol, Avimoel and Shevo.

    28. וְאֶת עוֹבָל וְאֶת אֲבִימָאֵל וְאֶת שְׁבָא:

29. Ofir, Chaviloh and Yovov
    all these [were] the sons of Yokton.

    29. וְאֶת אוֹפִר וְאֶת חֲוִילָה וְאֶת יוֹבָב
    כָּל אֵלֶּה בְּנֵי יָקְטָן:

30. Their dwelling place was from Mesho
    until you come to Sefor
    the mountain of the east.

    30. וַיְהִי מוֹשָׁבָם מִמֵּשָׁא
    בֹּאֲכָה סְפָרָה
    הַר הַקֶּדֶם:

31. These are the sons of Shem
    according to their families
    according to their languages
    in their lands
    according to their nations.

    31. אֵלֶּה בְנֵי שֵׁם
    לְמִשְׁפְּחֹתָם
    לִלְשֹׁנֹתָם
    בְּאַרְצֹתָם
    לְגוֹיֵהֶם:

32. These are the families of
    the sons of Noach
    according to their generations
    in their nations
    and from these
    the nations were separated
    on the earth
    after the flood.

    32. אֵלֶּה מִשְׁפְּחֹת
    בְּנֵי נֹחַ
    לְתוֹלְדֹתָם
    בְּגוֹיֵהֶם
    וּמֵאֵלֶּה
    נִפְרְדוּ הַגּוֹיִם
    בָּאָרֶץ
    אַחַר הַמַּבּוּל:

Chapter 11

פרק י"א

1. All the earth was
   of one language
   and of the same intention.

   .1 וַיְהִי כָל הָאָרֶץ
   שָׂפָה אֶחָת
   וּדְבָרִים אֲחָדִים:

2. And it was
   when they journeyed from the East
   they found a valley
   in the land of Shinor
   and they settled there.

   .2 וַיְהִי
   בְּנָסְעָם מִקֶּדֶם
   וַיִּמְצְאוּ בִקְעָה
   בְּאֶרֶץ שִׁנְעָר
   וַיֵּשְׁבוּ שָׁם:

3. They said to one another,
   "Get ready
   let us make bricks
   and let us burn them in a fire,"
   and the brick was for them (served them)
   as (instead of) stone
   and the clay
   was for them (served them)
   as (instead of) mortar.

   .3 וַיֹּאמְרוּ אִישׁ אֶל רֵעֵהוּ
   הָבָה
   נִלְבְּנָה לְבֵנִים
   וְנִשְׂרְפָה לִשְׂרֵפָה
   וַתְּהִי לָהֶם הַלְּבֵנָה
   לְאָבֶן
   וְהַחֵמָר
   הָיָה לָהֶם
   לַחֹמֶר:

4. And they said,
   "Get ready
   let us build for ourselves
   a city
   and a tower
   with its top in the heavens
   and we will make for ourselves
   a name
   in case we will be scattered
   over the face of all the earth."

   .4 וַיֹּאמְרוּ
   הָבָה
   נִבְנֶה לָּנוּ
   עִיר
   וּמִגְדָּל
   וְרֹאשׁוֹ בַשָּׁמַיִם
   וְנַעֲשֶׂה לָּנוּ
   שֵׁם
   פֶּן נָפוּץ
   עַל פְּנֵי כָל הָאָרֶץ:

5. Hashem came down
   to see the city

   .5 וַיֵּרֶד יְהוָה
   לִרְאֹת אֶת הָעִיר

and the tower	וְאֶת הַמִּגְדָּל
which the sons of man had built.	אֲשֶׁר בָּנוּ בְּנֵי הָאָדָם׃
6. And Hashem said,	6. וַיֹּאמֶר יְהֹוָה
"Behold	הֵן
[they are] one people	עַם אֶחָד
with one language for all of them	וְשָׂפָה אַחַת לְכֻלָּם
and this is what they begin to do?	וְזֶה הַחִלָּם לַעֲשׂוֹת
And now	וְעַתָּה
shall there not be held back from them	לֹא יִבָּצֵר מֵהֶם
all that they planned to do?	כֹּל אֲשֶׁר יָזְמוּ לַעֲשׂוֹת׃
7. Get ready	7. הָבָה
let us go down	נֵרְדָה
and confuse there	וְנָבְלָה שָׁם
their language	שְׂפָתָם
so that they will not understand	אֲשֶׁר לֹא יִשְׁמְעוּ
one another's language."	אִישׁ שְׂפַת רֵעֵהוּ׃
8. And Hashem scattered them	8 וַיָּפֶץ יְהֹוָה אֹתָם
from there	מִשָּׁם
over the face of all the earth	עַל פְּנֵי כָל הָאָרֶץ
and they stopped	וַיַּחְדְּלוּ
building the city.	לִבְנֹת הָעִיר׃
9. Therefore	9. עַל כֵּן
he called its name Bovel	קָרָא שְׁמָהּ בָּבֶל
because there	כִּי שָׁם
Hashem confused	בָּלַל יְהֹוָה
the language[s] of all the earth	שְׂפַת כָּל הָאָרֶץ
and from there	וּמִשָּׁם
Hashem scattered them	הֱפִיצָם יְהֹוָה
over the face of all the earth.	עַל פְּנֵי כָּל הָאָרֶץ׃
10. These are the descendants of Shem	10. אֵלֶּה תּוֹלְדֹת שֵׁם
Shem was one hundred years old	שֵׁם בֶּן מְאַת שָׁנָה

when he begot Arpachshad
two years after the flood.

וַיּוֹלֶד אֶת אַרְפַּכְשָׁד
שְׁנָתַיִם אַחַר הַמַּבּוּל׃

11. And Shem lived
after he begot Arpachshad
[for] five hundred years
and he begot sons and daughters.

11. וַיְחִי שֵׁם
אַחֲרֵי הוֹלִידוֹ אֶת אַרְפַּכְשָׁד
חֲמֵשׁ מֵאוֹת שָׁנָה
וַיּוֹלֶד בָּנִים וּבָנוֹת׃

12. [When] Arpachshad had lived
thirty-five years
he begot Shelach.

12. וְאַרְפַּכְשַׁד חַי
חָמֵשׁ וּשְׁלֹשִׁים שָׁנָה
וַיּוֹלֶד אֶת שָׁלַח׃

13. And Arpachshad lived
after he begot Shelach
three years
and four hundred years (403 years)
and he begot sons and daughters.

13. וַיְחִי אַרְפַּכְשַׁד
אַחֲרֵי הוֹלִידוֹ אֶת שֶׁלַח
שָׁלֹשׁ שָׁנִים
וְאַרְבַּע מֵאוֹת שָׁנָה
וַיּוֹלֶד בָּנִים וּבָנוֹת׃

14. [When] Shelach had lived thirty years
he begot Ever.

14. וְשֶׁלַח חַי שְׁלֹשִׁים שָׁנָה
וַיּוֹלֶד אֶת עֵבֶר׃

15. And Shelach lived
after he begot Ever
three years
and four hundred years (403 years)
and he begot sons and daughters.

15. וַיְחִי שֶׁלַח
אַחֲרֵי הוֹלִידוֹ אֶת עֵבֶר
שָׁלֹשׁ שָׁנִים
וְאַרְבַּע מֵאוֹת שָׁנָה
וַיּוֹלֶד בָּנִים וּבָנוֹת׃

16. [When] Ever had lived
thirty-four years
he begot Peleg.

16. וַיְחִי עֵבֶר
אַרְבַּע וּשְׁלֹשִׁים שָׁנָה
וַיּוֹלֶד אֶת פָּלֶג׃

17. And Ever lived
after he begot Peleg
thirty years
and four hundred years (430 years)
and he begot sons and daughters.

17. וַיְחִי עֵבֶר
אַחֲרֵי הוֹלִידוֹ אֶת פֶּלֶג
שְׁלֹשִׁים שָׁנָה
וְאַרְבַּע מֵאוֹת שָׁנָה
וַיּוֹלֶד בָּנִים וּבָנוֹת׃

NOACH Chapter 11 נח פרק יא 58

18. [When] Peleg had lived thirty years
be begot Re'u.

18. וַיְחִי פֶּלֶג שְׁלֹשִׁים שָׁנָה
וַיּוֹלֶד אֶת רְעוּ:

19. And Peleg lived
after he begot Re'u
nine years
and two hundred years (209 years)
and he begot sons and daughters.

19. וַיְחִי פֶלֶג
אַחֲרֵי הוֹלִידוֹ אֶת רְעוּ
תֵּשַׁע שָׁנִים
וּמָאתַיִם שָׁנָה
וַיּוֹלֶד בָּנִים וּבָנוֹת:

20. [When] Re'u had lived
thirty-two years
he begot Serug.

20. וַיְחִי רְעוּ
שְׁתַּיִם וּשְׁלֹשִׁים שָׁנָה
וַיּוֹלֶד אֶת שְׂרוּג:

21. And Re'u lived
after he begot Serug
seven years
and two hundred years (207 years)
and he begot sons and daughters.

21. וַיְחִי רְעוּ
אַחֲרֵי הוֹלִידוֹ אֶת שְׂרוּג
שֶׁבַע שָׁנִים
וּמָאתַיִם שָׁנָה
וַיּוֹלֶד בָּנִים וּבָנוֹת:

22. [When] Serug had lived
thirty years
be begot Nochor.

22. וַיְחִי שְׂרוּג
שְׁלֹשִׁים שָׁנָה
וַיּוֹלֶד אֶת נָחוֹר:

23. And Serug lived
after he begot Nochor
two hundred years
and he begot sons and daughters.

23. וַיְחִי שְׂרוּג
אַחֲרֵי הוֹלִידוֹ אֶת נָחוֹר
מָאתַיִם שָׁנָה
וַיּוֹלֶד בָּנִים וּבָנוֹת:

24. [When] Nochor had lived
twenty-nine years
he begot Terach.

24. וַיְחִי נָחוֹר
תֵּשַׁע וְעֶשְׂרִים שָׁנָה
וַיּוֹלֶד אֶת תָּרַח:

25. And Nochor lived
after he begot Terach
nineteen years

25. וַיְחִי נָחוֹר
אַחֲרֵי הוֹלִידוֹ אֶת תֶּרַח
תְּשַׁע עֶשְׂרֵה שָׁנָה

and one hundred years (119 years)	וּמְאַת שָׁנָה
and he begot sons and daughters.	וַיּוֹלֶד בָּנִים וּבָנוֹת:

26. [When] Terach had lived
    seventy years
    he begot
    Avrom, Nochor and Horon.

26. וַיְחִי תֶרַח
    שִׁבְעִים שָׁנָה
    וַיּוֹלֶד
    אֶת אַבְרָם אֶת נָחוֹר וְאֶת הָרָן:

27. These are the descendants of Terach
    Terach begot
    Avrom, Nochor and Horon
    and Horon begot Lot.

27. וְאֵלֶּה תּוֹלְדֹת תֶּרַח
    תֶּרַח הוֹלִיד
    אֶת אַבְרָם אֶת נָחוֹר וְאֶת הָרָן
    וְהָרָן הוֹלִיד אֶת לוֹט:

28. Horon died
    in the lifetime of Terach his father
    in the land of his birth
    in Ur Kasdim.

28. וַיָּמָת הָרָן
    עַל פְּנֵי תֶּרַח אָבִיו
    בְּאֶרֶץ מוֹלַדְתּוֹ
    בְּאוּר כַּשְׂדִּים:

29. Avrom and Nochor took
    for themselves
    wives
    the name of Avrom's wife [was] Sorai
    and the name of Nochor's wife [was] Milkoh
    the daughter of Horon
    the father of Milkoh
    and the father of Yiskoh.

29. וַיִּקַּח אַבְרָם וְנָחוֹר
    לָהֶם
    נָשִׁים
    שֵׁם אֵשֶׁת אַבְרָם שָׂרָי
    וְשֵׁם אֵשֶׁת נָחוֹר
    מִלְכָּה
    בַּת הָרָן
    אֲבִי מִלְכָּה
    וַאֲבִי יִסְכָּה:

30. Sorai was barren (was unable to bear)
    she had no child.

30. וַתְּהִי שָׂרַי עֲקָרָה
    אֵין לָהּ וָלָד:

31. Terach took
    Avrom his son
    and Lot the son of Horon
    his grandson (son's son)
    and Sorai his daughter-in-law

31. וַיִּקַּח תֶּרַח
    אֶת אַבְרָם בְּנוֹ
    וְאֶת לוֹט בֶּן הָרָן
    בֶּן בְּנוֹ
    וְאֵת שָׂרַי כַּלָּתוֹ

the wife of Avrom his son	אֵשֶׁת אַבְרָם בְּנוֹ
and they went out with them	וַיֵּצְאוּ אִתָּם
from Ur Kasdim	מֵאוּר כַּשְׂדִּים
to go	לָלֶכֶת
to the land of Kenaan	אַרְצָה כְּנַעַן
they came to (as far as) Choron	וַיָּבֹאוּ עַד חָרָן
and they settled there.	וַיֵּשְׁבוּ שָׁם:

32. The days of Terach were
    two hundred and five years
    and Terach died in Choron.

32. וַיִּהְיוּ יְמֵי תֶרַח
    חָמֵשׁ שָׁנִים וּמָאתַיִם שָׁנָה
    וַיָּמָת תֶּרַח בְּחָרָן:

LECH LECHO Chapter 12

לֶךְ לְךָ פרק י״ב

1. Hashem said to Avrom,
   "Go for yourself
   from your land
   and from your family
   and from the house of your father
   to the land
   which I will show you.

1. וַיֹּאמֶר יְהֹוָה אֶל אַבְרָם
   לֶךְ לְךָ
   מֵאַרְצְךָ
   וּמִמּוֹלַדְתְּךָ
   וּמִבֵּית אָבִיךָ
   אֶל הָאָרֶץ
   אֲשֶׁר אַרְאֶךָּ:

2. And I will make you
   into a great nation
   and I will bless you
   and I will make great
   your name
   and you shall be a blessing.

2. וְאֶעֶשְׂךָ
   לְגוֹי גָּדוֹל
   וַאֲבָרֶכְךָ
   וַאֲגַדְּלָה
   שְׁמֶךָ
   וֶהְיֵה בְּרָכָה:

3. I will bless
   those who bless you
   and him who curses you
   I will curse
   and with you shall be blessed
   all the families of the earth."

3. וַאֲבָרֲכָה
   מְבָרֲכֶיךָ
   וּמְקַלֶּלְךָ
   אָאֹר
   וְנִבְרְכוּ בְךָ
   כֹּל מִשְׁפְּחֹת הָאֲדָמָה:

4. So Avrom went
   as Hashem had spoken to him
   and Lot went with him
   Avrom
   [was] seventy-five years old
   when he went out of Choron.

וַיֵּלֶךְ אַבְרָם .4
כַּאֲשֶׁר דִּבֶּר אֵלָיו יְהֹוָה
וַיֵּלֶךְ אִתּוֹ לוֹט
וְאַבְרָם
בֶּן חָמֵשׁ שָׁנִים וְשִׁבְעִים שָׁנָה
בְּצֵאתוֹ מֵחָרָן:

5. Avrom took
   Sorai his wife
   and Lot the son of his brother
   and all their wealth
   which they had amassed (gathered)
   and the souls (slaves)
   whom they had acquired in Choron
   and they went out
   to go to the land of Kenaan
   and they came to the land of Kenaan.

וַיִּקַּח אַבְרָם .5
אֶת שָׂרַי אִשְׁתּוֹ
וְאֶת לוֹט בֶּן אָחִיו
וְאֶת כָּל רְכוּשָׁם
אֲשֶׁר רָכָשׁוּ
וְאֶת הַנֶּפֶשׁ
אֲשֶׁר עָשׂוּ בְחָרָן
וַיֵּצְאוּ
לָלֶכֶת אַרְצָה כְּנַעַן
וַיָּבֹאוּ אַרְצָה כְּנָעַן:

6. Avrom passed
   into the land
   as far as the place of Shechem
   to the plain of Moreh
   and the Kenaani [were] then in the land.

וַיַּעֲבֹר אַבְרָם .6
בָּאָרֶץ
עַד מְקוֹם שְׁכֶם
עַד אֵלוֹן מוֹרֶה
וְהַכְּנַעֲנִי אָז בָּאָרֶץ:

7. Hashem appeared to Avrom
   and He said,
   "To your descendants
   will I give
   this land,"
   so he built there an altar
   to Hashem Who had appeared to him.

וַיֵּרָא יְהֹוָה אֶל אַבְרָם .7
וַיֹּאמֶר
לְזַרְעֲךָ
אֶתֵּן
אֶת הָאָרֶץ הַזֹּאת
וַיִּבֶן שָׁם מִזְבֵּחַ
לַיהֹוָה הַנִּרְאֶה אֵלָיו:

8. He removed (his tent) from there
   to the mountain
   east of Beis El
   and he pitched his tent

וַיַּעְתֵּק מִשָּׁם .8
הָהָרָה
מִקֶּדֶם לְבֵית אֵל
וַיֵּט אָהֳלֹה

LECH LECHO Chapter 12 לך לך פרק יב 62

Beis El [was] in the west
and Ai in the east
and he built there an altar to Hashem
and he called on the name of Hashem
(prayed to Him).

בֵּית אֵל מִיָּם
וְהָעַי מִקֶּדֶם
וַיִּבֶן שָׁם מִזְבֵּחַ לַיהֹוָה
וַיִּקְרָא בְּשֵׁם יְהֹוָה׃

9. Then Avrom journeyed
journeying all the time
towards the South.

9. וַיִּסַּע אַבְרָם
הָלוֹךְ וְנָסוֹעַ
הַנֶּגְבָּה׃

10. There was a famine in the land
and Avrom went down to Egypt
to stay there temporarily
because the famine was severe
in the land.

10. וַיְהִי רָעָב בָּאָרֶץ
וַיֵּרֶד אַבְרָם מִצְרַיְמָה
לָגוּר שָׁם
כִּי כָבֵד הָרָעָב
בָּאָרֶץ׃

11. And it was
when he came near
to entering (to come to) Egypt
he said to Sorai his wife,
"Behold now I know
that you are a woman of beautiful appearance.

11. וַיְהִי
כַּאֲשֶׁר הִקְרִיב
לָבוֹא מִצְרָיְמָה
וַיֹּאמֶר אֶל שָׂרַי אִשְׁתּוֹ
הִנֵּה נָא יָדַעְתִּי
כִּי אִשָּׁה יְפַת מַרְאֶה אָתְּ׃

12. And it shall be
when the Egyptians will see you
they will say,
'This [one is] his wife,'
then they will kill me
but you
they will let live.

12. וְהָיָה
כִּי יִרְאוּ אֹתָךְ הַמִּצְרִים
וְאָמְרוּ
אִשְׁתּוֹ זֹאת
וְהָרְגוּ אֹתִי
וְאֹתָךְ
יְחַיּוּ׃

13. Please say
[that] you are my sister
so that
it will be good for me

13. אִמְרִי נָא
אֲחֹתִי אָתְּ
לְמַעַן
יִיטַב לִי

for your sake
and my soul will live
because of you."

בַּעֲבוּרֵךְ
וְחָיְתָה נַפְשִׁי
בִּגְלָלֵךְ:

14. And it was
when Avrom came to Egypt
the Egyptians saw
the woman
that she was very beautiful.

14. וַיְהִי
כְּבוֹא אַבְרָם מִצְרָיְמָה
וַיִּרְאוּ הַמִּצְרִים
אֶת הָאִשָּׁה
כִּי יָפָה הִיא מְאֹד:

15. When the officials of Paroh saw her
they praised her
[as suitable] for Paroh
and the woman was taken
to the house of Paroh.

15. וַיִּרְאוּ אֹתָהּ שָׂרֵי פַרְעֹה
וַיְהַלְלוּ אֹתָהּ
אֶל פַּרְעֹה
וַתֻּקַּח הָאִשָּׁה
בֵּית פַּרְעֹה:

16. And he treated Avrom well
for her sake
and he (had) acquired
sheep and cattle
[male] donkeys
male slaves
and female slaves
female donkeys
and camels.

16. וּלְאַבְרָם הֵיטִיב
בַּעֲבוּרָהּ
וַיְהִי לוֹ
צֹאן וּבָקָר
וַחֲמֹרִים
וַעֲבָדִים
וּשְׁפָחֹת
וַאֲתֹנֹת
וּגְמַלִּים:

17. Hashem struck Paroh
[with] great plagues
and his household
by the word of Sorai (by her order)
the wife of Avrom.

17. וַיְנַגַּע יְהֹוָה אֶת פַּרְעֹה
נְגָעִים גְּדֹלִים
וְאֶת בֵּיתוֹ
עַל דְּבַר שָׂרַי
אֵשֶׁת אַבְרָם:

18. Paroh called for Avrom
and he said,
"What is this
[that] you have done to me?

18. וַיִּקְרָא פַרְעֹה לְאַבְרָם
וַיֹּאמֶר
מַה זֹּאת
עָשִׂיתָ לִּי

	Why did you not tell me	לָמָה לֹא הִגַּדְתָּ לִּי
	that she is your wife?	כִּי אִשְׁתְּךָ הִיא:
19.	Why did you say,	19. לָמָה אָמַרְתָּ
	'She is my sister,'	אֲחֹתִי הִיא
	so that I would take her for myself	וָאֶקַּח אֹתָהּ לִי
	as a wife?	לְאִשָּׁה
	Now	וְעַתָּה
	behold, [there is] your wife	הִנֵּה אִשְׁתְּךָ
	take [her] and go."	קַח וָלֵךְ:
20.	Paroh commanded concerning (about) him	20. וַיְצַו עָלָיו פַּרְעֹה
	men	אֲנָשִׁים
	they escorted him	וַיְשַׁלְּחוּ אֹתוֹ
	and his wife	וְאֶת אִשְׁתּוֹ
	and all that he had.	וְאֶת כָּל אֲשֶׁר לוֹ:

Chapter 13   פרק י"ג

1.	Avrom went up from Egypt	1. וַיַּעַל אַבְרָם מִמִּצְרַיִם
	he and his wife	הוּא וְאִשְׁתּוֹ
	and all that he had	וְכָל אֲשֶׁר לוֹ
	and Lot with him	וְלוֹט עִמּוֹ
	to the South.	הַנֶּגְבָּה:
2.	Now Avrom [was] very heavily [laden]	2. וְאַבְרָם כָּבֵד מְאֹד
	with cattle	בַּמִּקְנֶה
	with silver	בַּכֶּסֶף
	and with gold.	וּבַזָּהָב:
3.	He went on his journeys	3. וַיֵּלֶךְ לְמַסָּעָיו
	from the South	מִנֶּגֶב
	to Beis El	וְעַד בֵּית אֵל
	to the place	עַד הַמָּקוֹם
	where his tent had been	אֲשֶׁר הָיָה שָׁם אָהֳלֹה

	originally	בַּתְּחִלָּה
	between Beis El and Ai.	בֵּין בֵּית אֵל וּבֵין הָעָי׃
4.	To the place of the altar	אֶל מְקוֹם הַמִּזְבֵּחַ .4
	which he had made there	אֲשֶׁר עָשָׂה שָׁם
	at first	בָּרִאשֹׁנָה
	and Avrom called there	וַיִּקְרָא שָׁם אַבְרָם
	on the name of Hashem (prayed to him).	בְּשֵׁם יְהוָה׃
5.	Also Lot who went with Avrom	וְגַם לְלוֹט הַהֹלֵךְ אֶת אַבְרָם .5
	had	הָיָה
	sheep and cattle	צֹאן וּבָקָר
	and tents.	וְאֹהָלִים׃
6.	And the land could not support them	וְלֹא נָשָׂא אֹתָם הָאָרֶץ .6
	dwelling together	לָשֶׁבֶת יַחְדָּו
	because their wealth was great	כִּי הָיָה רְכוּשָׁם רָב
	and they were not able	וְלֹא יָכְלוּ
	to dwell together.	לָשֶׁבֶת יַחְדָּו׃
7.	And there was a quarrel	וַיְהִי רִיב .7
	between the shepherds of the flocks of Avrom	בֵּין רֹעֵי מִקְנֵה אַבְרָם
	and the shepherds of the flocks of Lot	וּבֵין רֹעֵי מִקְנֵה לוֹט
	the Kenaani and the Perizi	וְהַכְּנַעֲנִי וְהַפְּרִזִּי
	were then dwelling in the land.	אָז יֹשֵׁב בָּאָרֶץ׃
8.	So Avrom said to Lot,	וַיֹּאמֶר אַבְרָם אֶל לוֹט .8
	"Please let there not be	אַל נָא תְהִי
	a quarrel	מְרִיבָה
	between me and you	בֵּינִי וּבֵינֶךָ
	and between my shepherds and your shepherds	וּבֵין רֹעַי וּבֵין רֹעֶיךָ
	because we are men [who are] relatives.	כִּי אֲנָשִׁים אַחִים אֲנָחְנוּ׃
9.	Is not	הֲלֹא .9
	all the land before you?	כָל הָאָרֶץ לְפָנֶיךָ
	please separate from me	הִפָּרֶד נָא מֵעָלָי

if [you go] to the left	אִם הַשְּׂמֹאל
I will go to the right	וְאֵימִנָה
if [you go] to the right	וְאִם הַיָּמִין
I will go to the left."	וְאַשְׂמְאִילָה׃
10. So Lot lifted his eyes	10. וַיִּשָּׂא לוֹט אֶת עֵינָיו
and he saw all the plain of the Yarden	וַיַּרְא אֶת כָּל כִּכַּר הַיַּרְדֵּן
that all of it was well watered	כִּי כֻלָּהּ מַשְׁקֶה
[this was] before Hashem destroyed	לִפְנֵי שַׁחֵת יְהֹוָה
Sedom and Amoroh	אֶת סְדֹם וְאֶת עֲמֹרָה
[it was] like the garden of Hashem	כְּגַן יְהֹוָה
like the land of Egypt	כְּאֶרֶץ מִצְרַיִם
until you come to Tzoar.	בֹּאֲכָה צֹעַר׃
11. And Lot chose for himself	11. וַיִּבְחַר לוֹ לוֹט
all the plain of the Yarden	אֵת כָּל כִּכַּר הַיַּרְדֵּן
and Lot journeyed	וַיִּסַּע לוֹט
from the East	מִקֶּדֶם
and they separated	וַיִּפָּרְדוּ
one from another.	אִישׁ מֵעַל אָחִיו׃
12. Avrom stayed in the land of Kenaan	12. אַבְרָם יָשַׁב בְּאֶרֶץ כְּנָעַן
and Lot settled	וְלוֹט יָשַׁב
in the cities of the plain	בְּעָרֵי הַכִּכָּר
and he pitched his tents	וַיֶּאֱהַל
as far as Sedom.	עַד סְדֹם׃
13. But the men (people) of Sedom	13. וְאַנְשֵׁי סְדֹם
were very wicked and sinful to Hashem.	רָעִים וְחַטָּאִים לַיהֹוָה מְאֹד׃
14. Hashem said to Avrom	14. וַיהֹוָה אָמַר אֶל אַבְרָם
after Lot had separated	אַחֲרֵי הִפָּרֶד לוֹט
from him,	מֵעִמּוֹ
"Lift now	שָׂא נָא
your eyes	עֵינֶיךָ
and look (see)	וּרְאֵה

from the place	מִן הַמָּקוֹם
where you are	אֲשֶׁר אַתָּה שָׁם
to the North	צָפֹנָה
and to the South	וָנֶגְבָּה
and to the East	וָקֵדְמָה
and to the West.	וָיָמָּה׃
15. Because all the land	15. כִּי אֶת כָּל הָאָרֶץ
which you see	אֲשֶׁר אַתָּה רֹאֶה
to you will I give it	לְךָ אֶתְּנֶנָּה
and to your descendants	וּלְזַרְעֲךָ
forever.	עַד עוֹלָם׃
16. I will make your descendants	16. וְשַׂמְתִּי אֶת זַרְעֲךָ
like the dust of the earth	כַּעֲפַר הָאָרֶץ
so that if a man is able	אֲשֶׁר אִם יוּכַל אִישׁ
to count	לִמְנוֹת
the dust of the earth	אֶת עֲפַר הָאָרֶץ
also your descendants	גַּם זַרְעֲךָ
can be counted.	יִמָּנֶה׃
17. Arise	17. קוּם
walk about in the land	הִתְהַלֵּךְ בָּאָרֶץ
through its length	לְאָרְכָּהּ
and through its width	וּלְרָחְבָּהּ
because	כִּי
to you will I give it."	לְךָ אֶתְּנֶנָּה׃
18. And Avrom moved his tent	18. וַיֶּאֱהַל אַבְרָם
and he came	וַיָּבֹא
and he dwelled	וַיֵּשֶׁב
in the plains of Mamre	בְּאֵלֹנֵי מַמְרֵא
which [is] in Chevron	אֲשֶׁר בְּחֶבְרוֹן
and he built there	וַיִּבֶן שָׁם
an altar to Hashem.	מִזְבֵּחַ לַיהוָֹה׃

Chapter 14

פרק י״ד

1. And it was
in the days of
Amrofel the king of Shinor
Aryoch the king of Elosor
Kedorlo'omer the king of Eilom
and Tidol the king of Goyim.

1. וַיְהִי
בִּימֵי
אַמְרָפֶל מֶלֶךְ שִׁנְעָר
אַרְיוֹךְ מֶלֶךְ אֶלָּסָר
כְּדָרְלָעֹמֶר מֶלֶךְ עֵילָם
וְתִדְעָל מֶלֶךְ גּוֹיִם:

2. [That] they made war
with Bera the king of Sedom
and Birsha the king of Amoroh
Shinov the king of Admoh
Shemever the king of Tzevoyim
and the king of Bela
that is Tzoar.

2. עָשׂוּ מִלְחָמָה
אֶת בֶּרַע מֶלֶךְ סְדֹם
וְאֶת בִּרְשַׁע מֶלֶךְ עֲמֹרָה
שִׁנְאָב מֶלֶךְ אַדְמָה
וְשֶׁמְאֵבֶר מֶלֶךְ צְבוֹיִם
וּמֶלֶךְ בֶּלַע
הִיא צֹעַר:

3. All these
had joined together
in the valley of Sidim
that is [now] the Salt Sea (Dead Sea).

3. כָּל אֵלֶּה
חָבְרוּ
אֶל עֵמֶק הַשִּׂדִּים
הוּא יָם הַמֶּלַח:

4. For twelve years
they served Kedorlo'omer
and for thirteen years
they rebelled.

4. שְׁתֵּים עֶשְׂרֵה שָׁנָה
עָבְדוּ אֶת כְּדָרְלָעֹמֶר
וּשְׁלֹשׁ עֶשְׂרֵה שָׁנָה
מָרָדוּ:

5. In the fourteenth year
Kedorlo'omer came
and the kings
who were with him
and they defeated the Refoim
in Ashteros Karnayim
and the Zuzim
in Hom

5. וּבְאַרְבַּע עֶשְׂרֵה שָׁנָה
בָּא כְדָרְלָעֹמֶר
וְהַמְּלָכִים
אֲשֶׁר אִתּוֹ
וַיַּכּוּ אֶת רְפָאִים
בְּעַשְׁתְּרֹת קַרְנַיִם
וְאֶת הַזּוּזִים
בְּהָם

and the Aimim	וְאֵת הָאֵימִים
in Shoveh Kiryosoyim.	בְּשָׁוֵה קִרְיָתָיִם׃
6. And the Chori	6. וְאֶת הַחֹרִי
in their mountain Seir	בְּהַרְרָם שֵׂעִיר
as far as Eil Poron	עַד אֵיל פָּארָן
which is by the desert.	אֲשֶׁר עַל הַמִּדְבָּר׃
7. Then they turned back	7. וַיָּשֻׁבוּ
and they came to Ein Mishpot	וַיָּבֹאוּ אֶל עֵין מִשְׁפָּט
that is Kodesh	הִיא קָדֵשׁ
and they defeated	וַיַּכּוּ
all the field of the Amoleki	אֶת כָּל שְׂדֵה הָעֲמָלֵקִי
also the Emori	וְגַם אֶת הָאֱמֹרִי
who dwell	הַיֹּשֵׁב
in Chatzatzon Tomor.	בְּחַצְצֹן תָּמָר׃
8. And the king of Sedom went out	8. וַיֵּצֵא מֶלֶךְ סְדֹם
the king of Amoroh	וּמֶלֶךְ עֲמֹרָה
the king of Admoh	וּמֶלֶךְ אַדְמָה
and the king of Tzevoyim	וּמֶלֶךְ צְבוֹיִם
and the king of Bela that is Tzoar	וּמֶלֶךְ בֶּלַע הִיא צֹעַר
and they set up battle [lines] against them	וַיַּעַרְכוּ אִתָּם מִלְחָמָה
in the valley of Sidim.	בְּעֵמֶק הַשִּׂדִּים׃
9. Against Kedorlo'omer the king of Eilom	9. אֵת כְּדָרְלָעֹמֶר מֶלֶךְ עֵילָם
Tidol the king of Goyim	וְתִדְעָל מֶלֶךְ גּוֹיִם
Amrofel the king of Shinor	וְאַמְרָפֶל מֶלֶךְ שִׁנְעָר
and Aryoch the king of Elosor	וְאַרְיוֹךְ מֶלֶךְ אֶלָּסָר
four kings	אַרְבָּעָה מְלָכִים
against the five.	אֶת הַחֲמִשָּׁה׃
10. The valley of Sidim	10. וְעֵמֶק הַשִּׂדִּים
was full of clay wells	בֶּאֱרֹת בֶּאֱרֹת חֵמָר
the kings of Sedom and Amoroh fled	וַיָּנֻסוּ מֶלֶךְ סְדֹם וַעֲמֹרָה
and they fell into them (there)	וַיִּפְּלוּ שָׁמָּה

and the rest	וְהַנִּשְׁאָרִים
fled to the mountains.	הֶרָה נָּסוּ׃
11. They took	.11 וַיִּקְחוּ
all the wealth of Sedom and Amoroh	אֶת כָּל רְכֻשׁ סְדֹם וַעֲמֹרָה
and all their food	וְאֶת כָּל אָכְלָם
and they went.	וַיֵּלֵכוּ׃
12. And they took Lot	.12 וַיִּקְחוּ אֶת לוֹט
and his wealth	וְאֶת רְכֻשׁוֹ
the son of Avrom's brother (Avrom's nephew)	בֶּן אֲחִי אַבְרָם
and they went	וַיֵּלֵכוּ
because he was dwelling in Sedom.	וְהוּא יֹשֵׁב בִּסְדֹם׃
13. Then there came	.13 וַיָּבֹא
the fugitive (refugee)	הַפָּלִיט
and he told	וַיַּגֵּד
Avrom the Hebrew	לְאַבְרָם הָעִבְרִי
who was dwelling	וְהוּא שֹׁכֵן
in the plains of Mamre the Emori	בְּאֵלֹנֵי מַמְרֵא הָאֱמֹרִי
the brother of Eshkol	אֲחִי אֶשְׁכֹּל
and the brother of Oner	וַאֲחִי עָנֵר
they [were]	וְהֵם
Avrom's allies.	בַּעֲלֵי בְרִית אַבְרָם׃
14. When Avrom heard	.14 וַיִּשְׁמַע אַבְרָם
that his relative had been captured	כִּי נִשְׁבָּה אָחִיו
he armed	וַיָּרֶק
his trained men	אֶת חֲנִיכָיו
[who were] born in his household	יְלִידֵי בֵיתוֹ
three hundred and eighteen	שְׁמֹנָה עָשָׂר וּשְׁלֹשׁ מֵאוֹת
and he chased [them]	וַיִּרְדֹּף
as far as Don.	עַד דָּן׃
15. He divided up against them	.15 וַיֵּחָלֵק עֲלֵיהֶם
at night	לַיְלָה

he and his servants	הוּא וַעֲבָדָיו
and he defeated them	וַיַּכֵּם
and he chased them	וַיִּרְדְּפֵם
as far as Chovoh	עַד חוֹבָה
which is to the left (north) of Damascus.	אֲשֶׁר מִשְּׂמֹאל לְדַמָּשֶׂק׃
16. He brought back	16. וַיָּשֶׁב
all the wealth	אֵת כָּל הָרְכֻשׁ
also Lot his relative	וְגַם אֶת לוֹט אָחִיו
and his wealth	וּרְכֻשׁוֹ
he brought back	הֵשִׁיב
also the women	וְגַם אֶת הַנָּשִׁים
and the people.	וְאֶת הָעָם׃
17. The king of Sedom came out	17. וַיֵּצֵא מֶלֶךְ סְדֹם
to meet him	לִקְרָאתוֹ
after his return	אַחֲרֵי שׁוּבוֹ
from defeating Kedorlo'omer	מֵהַכּוֹת אֶת כְּדָרְלָעֹמֶר
and the kings	וְאֶת הַמְּלָכִים
who [were] with him	אֲשֶׁר אִתּוֹ
to the valley Shoveh	אֶל עֵמֶק שָׁוֵה
that is the valley of the king.	הוּא עֵמֶק הַמֶּלֶךְ׃
18. And Malki Tzedek the king of Sholem (Jerusalem)	18. וּמַלְכִּי צֶדֶק מֶלֶךְ שָׁלֵם
brought out	הוֹצִיא
bread and wine	לֶחֶם וָיָיִן
he was a priest	וְהוּא כֹהֵן
to G-d the Most High.	לְאֵל עֶלְיוֹן׃
19. He blessed him	19. וַיְבָרְכֵהוּ
and he said,	וַיֹּאמַר
"Blessed is Avrom	בָּרוּךְ אַבְרָם
of G-d the Most High	לְאֵל עֶלְיוֹן
the Maker of heavens and earth.	קֹנֵה שָׁמַיִם וָאָרֶץ׃

LECH LECHO Chapter 14 — לך לך פרק יד

20. And blessed be G-d the Most High
    who has delivered
    your enemies
    into your hand,"
    and he (Avrom) gave him a tenth
    of everything.

    20. וּבָרוּךְ אֵל עֶלְיוֹן
    אֲשֶׁר מִגֵּן
    צָרֶיךָ
    בְּיָדֶךָ
    וַיִּתֶּן לוֹ מַעֲשֵׂר
    מִכֹּל:

21. The king of Sedom said
    to Avrom,
    "Give me the people (souls)
    and the wealth
    take for yourself."

    21. וַיֹּאמֶר מֶלֶךְ סְדֹם
    אֶל אַבְרָם
    תֶּן לִי הַנֶּפֶשׁ
    וְהָרְכֻשׁ
    קַח לָךְ:

22. Avrom said
    to the king of Sedom,
    "I lift my hand (in an oath)
    to Hashem
    G-d the Most High
    the Maker of heavens and earth.

    22. וַיֹּאמֶר אַבְרָם
    אֶל מֶלֶךְ סְדֹם
    הֲרִמֹתִי יָדִי
    אֶל יְהֹוָה
    אֵל עֶלְיוֹן
    קֹנֵה שָׁמַיִם וָאָרֶץ:

23. That nothing from a thread
    to a shoelace
    nor shall I take
    from anything that is yours
    so that you shall not say,
    'I made Avrom rich.'

    23. אִם מִחוּט
    וְעַד שְׂרוֹךְ נַעַל
    וְאִם אֶקַּח
    מִכָּל אֲשֶׁר לָךְ
    וְלֹא תֹאמַר
    אֲנִי הֶעֱשַׁרְתִּי אֶת אַבְרָם:

24. Nothing for me
    only
    that which the young men have eaten
    and the share of the men
    who went with me
    Oner, Eshkol and Mamre
    they shall take
    their share.

    24. בִּלְעָדַי
    רַק
    אֲשֶׁר אָכְלוּ הַנְּעָרִים
    וְחֵלֶק הָאֲנָשִׁים
    אֲשֶׁר הָלְכוּ אִתִּי
    עָנֵר אֶשְׁכֹּל וּמַמְרֵא
    הֵם יִקְחוּ
    חֶלְקָם:

Chapter 15

1. After these things (happenings)
   the word of Hashem came
   to Avrom
   in a vision
   saying,
   "Do not fear, Avrom
   I am your shield
   your reward
   is very great."

2. And Avrom said,
   "Oh my L-rd G-d
   what will You give me
   [when] I am going childless
   and the manager of my household
   is Eliezer of Damascus?"

3. Then Avrom said,
   "Behold
   to me
   you have not given
   children
   and behold
   the manager of my household
   will inherit me (my wealth)."

4. Behold (suddenly)
   the word of Hashem [came] to him
   saying,
   "This one will not inherit you
   but
   one who will come out
   from within you
   he will inherit you."

פרק ט״ו

1. אַחַר הַדְּבָרִים הָאֵלֶּה
הָיָה דְבַר יְהֹוָה
אֶל אַבְרָם
בַּמַּחֲזֶה
לֵאמֹר
אַל תִּירָא אַבְרָם
אָנֹכִי מָגֵן לָךְ
שְׂכָרְךָ
הַרְבֵּה מְאֹד:

2. וַיֹּאמֶר אַבְרָם
אֲדֹנָי יֱהֹוִה
מַה תִּתֶּן לִי
וְאָנֹכִי הוֹלֵךְ עֲרִירִי
וּבֶן מֶשֶׁק בֵּיתִי
הוּא דַּמֶּשֶׂק אֱלִיעֶזֶר:

3. וַיֹּאמֶר אַבְרָם
הֵן
לִי
לֹא נָתַתָּה
זָרַע
וְהִנֵּה
בֶן בֵּיתִי
יוֹרֵשׁ אֹתִי:

4. וְהִנֵּה
דְבַר יְהֹוָה אֵלָיו
לֵאמֹר
לֹא יִירָשְׁךָ זֶה
כִּי
אִם אֲשֶׁר יֵצֵא
מִמֵּעֶיךָ
הוּא יִירָשֶׁךָ:

LECH LECHO Chapter 15 — לך לך פרק טו

5. He then took him out
   outside
   and He said,
   "Look now
   towards the heavens
   and count the stars
   if you are able
   to count them,"
   and He said to him,
   "So shall be
   your descendants."

   5. וַיּוֹצֵא אֹתוֹ
   הַחוּצָה
   וַיֹּאמֶר
   הַבֶּט נָא
   הַשָּׁמַיְמָה
   וּסְפֹר הַכּוֹכָבִים
   אִם תּוּכַל
   לִסְפֹּר אֹתָם
   וַיֹּאמֶר לוֹ
   כֹּה יִהְיֶה
   זַרְעֶךָ:

6. And he believed (trusted) in Hashem
   and He reckoned it for him
   as righteousness.

   6. וְהֶאֱמִן בַּיהוָה
   וַיַּחְשְׁבֶהָ לּוֹ
   צְדָקָה:

7. He said to him,
   "I am Hashem
   who brought you out
   from Ur Kasdim
   to give you
   this land
   to inherit it."

   7. וַיֹּאמֶר אֵלָיו
   אֲנִי יְהוָה
   אֲשֶׁר הוֹצֵאתִיךָ
   מֵאוּר כַּשְׂדִּים
   לָתֶת לְךָ
   אֶת הָאָרֶץ הַזֹּאת
   לְרִשְׁתָּהּ:

8. He said,
   "Oh my L-rd G-d
   let me know by what [merit]
   will I inherit it?"

   8. וַיֹּאמַר
   אֲדֹנָי יְהוִה
   בַּמָּה אֵדַע
   כִּי אִירָשֶׁנָּה:

9. and He said to him,
   "Take for Me (bring Me)
   three calves
   three goats
   and three rams
   a turtledove
   and a young dove."

   9. וַיֹּאמֶר אֵלָיו
   קְחָה לִי
   עֶגְלָה מְשֻׁלֶּשֶׁת
   וְעֵז מְשֻׁלֶּשֶׁת
   וְאַיִל מְשֻׁלָּשׁ
   וְתֹר
   וְגוֹזָל:

10. He took for Him (brought Him)	10. וַיִּקַּח לוֹ
all these	אֶת כָּל אֵלֶּה
and cut them up	וַיְבַתֵּר אֹתָם
in the middle	בַּתָּוֶךְ
and he put	וַיִּתֵּן
each piece	אִישׁ בִּתְרוֹ
opposite its counterpart (the other half)	לִקְרַאת רֵעֵהוּ
but the birds	וְאֶת הַצִּפֹּר
he did not cut up.	לֹא בָתָר:
11. Birds of prey came down	11. וַיֵּרֶד הָעַיִט
on the dead bodies	עַל הַפְּגָרִים
and Avrom drove them away.	וַיַּשֵּׁב אֹתָם אַבְרָם:
12. And it was	12. וַיְהִי
when the sun was about to set	הַשֶּׁמֶשׁ לָבוֹא
a deep sleep	וְתַרְדֵּמָה
fell on Avrom	נָפְלָה עַל אַבְרָם
and behold	וְהִנֵּה
fear	אֵימָה
[and] great darkness	חֲשֵׁכָה גְדֹלָה
fell on him.	נֹפֶלֶת עָלָיו:
13. And He said to Avrom,	13. וַיֹּאמֶר לְאַבְרָם
"You should know for sure	יָדֹעַ תֵּדַע
that your descendants will be strangers	כִּי גֵר יִהְיֶה זַרְעֲךָ
in a land which is not their own	בְּאֶרֶץ לֹא לָהֶם
they will enslave them	וַעֲבָדוּם
and they will treat them cruelly	וְעִנּוּ אֹתָם
for four hundred years.	אַרְבַּע מֵאוֹת שָׁנָה:
14. But also the nation	14. וְגַם אֶת הַגּוֹי
which they will serve	אֲשֶׁר יַעֲבֹדוּ
will I judge (punish)	דָּן אָנֹכִי
and after that	וְאַחֲרֵי כֵן

LECH LECHO Chapter 15

    they will go out   יָצְאוּ
    with great wealth.   בִּרְכֻשׁ גָּדוֹל:

15. And as for you   15. וְאַתָּה
    you will come to your fathers   תָּבוֹא אֶל אֲבֹתֶיךָ
    in peace   בְּשָׁלוֹם
    you will be buried   תִּקָּבֵר
    in a good old age.   בְּשֵׂיבָה טוֹבָה:

16. And the fourth generation   16. וְדוֹר רְבִיעִי
    will come back here   יָשׁוּבוּ הֵנָּה
    because the sin of the Emori   כִּי לֹא שָׁלֵם עֲוֹן הָאֱמֹרִי
        will not be complete
    until then."   עַד הֵנָּה:

17. And it was   17. וַיְהִי
    [when] the sun had set   הַשֶּׁמֶשׁ בָּאָה
    and there was darkness   וַעֲלָטָה הָיָה
    behold   וְהִנֵּה
    a furnace [full] of smoke   תַנּוּר עָשָׁן
    and a torch of fire   וְלַפִּיד אֵשׁ
    which passed   אֲשֶׁר עָבַר
    between these pieces (cuts).   בֵּין הַגְּזָרִים הָאֵלֶּה:

18. On that day   18. בַּיּוֹם הַהוּא
    Hashem made   כָּרַת יְהֹוָה
    with Avrom   אֶת אַבְרָם
    a covenant   בְּרִית
    saying,   לֵאמֹר
    "To your descendants   לְזַרְעֲךָ
    have I given   נָתַתִּי
    this land   אֶת הָאָרֶץ הַזֹּאת
    from the river of Egypt   מִנְּהַר מִצְרַיִם
    up to the great river   עַד הַנָּהָר הַגָּדֹל
    the river Peros.   נְהַר פְּרָת:

19. [The lands of] the Keini
the Kenizi
and the Kadmoni.

.19 אֶת הַקֵּינִי
וְאֶת הַקְּנִזִּי
וְאֵת הַקַּדְמֹנִי׃

20. The Chiti
the Perizi
and the Refoim.

.20 וְאֶת הַחִתִּי
וְאֶת הַפְּרִזִּי
וְאֶת הָרְפָאִים׃

21. The Emori
the Kenaani
the Girgashi
and the Yevusi."

.21 וְאֶת הָאֱמֹרִי
וְאֶת הַכְּנַעֲנִי
וְאֶת הַגִּרְגָּשִׁי
וְאֶת הַיְבוּסִי׃

Chapter 16

פרק ט״ז

1. Now Sorai the wife of Avrom
had not borne him [any children]
she had an Egyptian slave-girl
whose name was Hogor.

.1 וְשָׂרַי אֵשֶׁת אַבְרָם
לֹא יָלְדָה לוֹ
וְלָהּ שִׁפְחָה מִצְרִית
וּשְׁמָהּ הָגָר׃

2. Sorai said to Avrom,
"Behold now
Hashem has kept me back
from bearing
please marry my slave-girl
perhaps I will be built up
through her,"
and Avrom listened
to the voice of Sorai.

.2 וַתֹּאמֶר שָׂרַי אֶל אַבְרָם
הִנֵּה נָא
עֲצָרַנִי יְהֹוָה
מִלֶּדֶת
בֹּא נָא אֶל שִׁפְחָתִי
אוּלַי אִבָּנֶה
מִמֶּנָּה
וַיִּשְׁמַע אַבְרָם
לְקוֹל שָׂרָי׃

3. So Sorai the wife of Avrom took
Hogor the Egyptian
her slave-girl
at the end of ten years
of Avrom living
in the land of Kenaan

.3 וַתִּקַּח שָׂרַי אֵשֶׁת אַבְרָם
אֶת הָגָר הַמִּצְרִית
שִׁפְחָתָהּ
מִקֵּץ עֶשֶׂר שָׁנִים
לְשֶׁבֶת אַבְרָם
בְּאֶרֶץ כְּנָעַן

and she gave her	וַתִּתֵּן אֹתָהּ
to Avrom her husband	לְאַבְרָם אִישָׁהּ
to him as a wife.	לוֹ לְאִשָּׁה:
4. He married Hogor	4. וַיָּבֹא אֶל הָגָר
and she conceived	וַתַּהַר
and when she saw	וַתֵּרֶא
that she had conceived	כִּי הָרָתָה
her mistress was lightly esteemed	וַתֵּקַל גְּבִרְתָּהּ
in her eyes (she regarded her with contempt).	בְּעֵינֶיהָ:
5. So Sorai said to Avrom,	5. וַתֹּאמֶר שָׂרַי אֶל אַבְרָם
"The wrong done to me	חֲמָסִי
is because of you	עָלֶיךָ
I myself gave my slave-girl	אָנֹכִי נָתַתִּי שִׁפְחָתִי
into your lap	בְּחֵיקֶךָ
when she saw	וַתֵּרֶא
that she had conceived	כִּי הָרָתָה
I became lightly esteemed in her eyes (she regards me with contempt)	וָאֵקַל בְּעֵינֶיהָ
may Hashem judge	יִשְׁפֹּט יְהוָֹה
between me and you."	בֵּינִי וּבֵינֶיךָ:
6. Avrom said to Sorai,	6. וַיֹּאמֶר אַבְרָם אֶל שָׂרַי
"Behold	הִנֵּה
your slave-girl is in your hand	שִׁפְחָתֵךְ בְּיָדֵךְ
do to her	עֲשִׂי לָהּ
what is good in your eyes,"	הַטּוֹב בְּעֵינָיִךְ
and Sorai treated her harshly	וַתְּעַנֶּהָ שָׂרַי
and she ran away from her.	וַתִּבְרַח מִפָּנֶיהָ:
7. An angel of Hashem found her	7. וַיִּמְצָאָהּ מַלְאַךְ יְהוָֹה
by the spring of water	עַל עֵין הַמַּיִם
in the desert	בַּמִּדְבָּר
by the spring	עַל הָעַיִן
on the way to Shur.	בְּדֶרֶךְ שׁוּר:

8. And he said, "Hogor, slave-girl of Sorai, from where have you come and where are you going?" and she said, "From Sorai my mistress am I running away."	.8 וַיֹּאמַר הָגָר שִׁפְחַת שָׂרַי אֵי מִזֶּה בָאת וְאָנָה תֵלֵכִי וַתֹּאמֶר מִפְּנֵי שָׂרַי גְּבִרְתִּי אָנֹכִי בֹּרַחַת:
9. And an angel of Hashem said to her, "Go back to your mistress and allow yourself to be treated harshly under her rule."	.9 וַיֹּאמֶר לָהּ מַלְאַךְ יְהוָֹה שׁוּבִי אֶל גְּבִרְתֵּךְ וְהִתְעַנִּי תַּחַת יָדֶיהָ:
10. And an angel of Hashem said to her, "I will surely increase your descendants and they will not be counted for being so many."	.10 וַיֹּאמֶר לָהּ מַלְאַךְ יְהוָֹה הַרְבָּה אַרְבֶּה אֶת זַרְעֵךְ וְלֹא יִסָּפֵר מֵרֹב:
11. And an angel of Hashem said to her, "Behold you will conceive and you will bear a son and you shall call his name Yishmoel because Hashem has listened to your prayer.	.11 וַיֹּאמֶר לָהּ מַלְאַךְ יְהוָֹה הִנָּךְ הָרָה וְיֹלַדְתְּ בֵּן וְקָרָאת שְׁמוֹ יִשְׁמָעֵאל כִּי שָׁמַע יְהוָֹה אֶל עָנְיֵךְ:
12. And he will be a wild man his hand [will be] against everyone (to rob them) and the hand of everyone [will be] against him (to fight him) and over all his brothers shall he dwell."	.12 וְהוּא יִהְיֶה פֶּרֶא אָדָם יָדוֹ בַכֹּל וְיַד כֹּל בּוֹ וְעַל פְּנֵי כָל אֶחָיו יִשְׁכֹּן:
13. And she called the name of Hashem	.13 וַתִּקְרָא שֵׁם יְהוָֹה

Who spoke to her,	הַדֹּבֵר אֵלֶיהָ
"You are the G-d of vision,"	אַתָּה אֵל רֳאִי
because she said,	כִּי אָמְרָה
"Even here I have seen [angels]	הֲגַם הֲלֹם רָאִיתִי
after my having seen [them in Avrom's house]."	אַחֲרֵי רֹאִי׃
14. Therefore	14. עַל כֵּן
he (someone) called the well	קָרָא לַבְּאֵר
"the well where the living angel appeared"	בְּאֵר לַחַי רֹאִי
behold	הִנֵּה
[it is] between Kodesh and Bored.	בֵין קָדֵשׁ וּבֵין בָּרֶד׃
15. Hogor bore Avrom a son	15. וַתֵּלֶד הָגָר לְאַבְרָם בֵּן
and Avrom called the name of his son	וַיִּקְרָא אַבְרָם שֶׁם בְּנוֹ
whom Hogor had borne	אֲשֶׁר יָלְדָה הָגָר
Yishmoel.	יִשְׁמָעֵאל׃
16. Avrom was eighty-six years old	16. וְאַבְרָם בֶּן שְׁמֹנִים שָׁנָה וְשֵׁשׁ שָׁנִים
when Hogor bore Yishmoel	בְּלֶדֶת הָגָר אֶת יִשְׁמָעֵאל
to Avrom.	לְאַבְרָם׃

Chapter 17 פרק י"ז

1. When Avrom was	1. וַיְהִי אַבְרָם
ninety-nine years old	בֶּן תִּשְׁעִים שָׁנָה וְתֵשַׁע שָׁנִים
Hashem appeared to Avrom	וַיֵּרָא יְהֹוָה אֶל אַבְרָם
and He said to him,	וַיֹּאמֶר אֵלָיו
"I am Kel Shakai	אֲנִי אֵל שַׁדַּי
walk before me	הִתְהַלֵּךְ לְפָנַי
and be perfect.	וֶהְיֵה תָמִים׃
2. I will put My covenant	2. וְאֶתְּנָה בְרִיתִי
between Me and you	בֵּינִי וּבֵינֶךָ
and I will increase you	וְאַרְבֶּה אוֹתְךָ
very very [much]."	בִּמְאֹד מְאֹד׃

LECH LECHO Chapter 17 — לך לך פרק יז

3. Avrom fell on his face
   and G-d spoke to him
   saying.

   3. וַיִּפֹּל אַבְרָם עַל פָּנָיו
   וַיְדַבֵּר אִתּוֹ אֱלֹהִים
   לֵאמֹר:

4. "As for Me
   behold My covenant is with you
   and you shall be
   a father of a multitude of nations.

   4. אֲנִי
   הִנֵּה בְרִיתִי אִתָּךְ
   וְהָיִיתָ
   לְאַב הֲמוֹן גּוֹיִם:

5. Your name shall no longer
        be called Avrom
   but your name shall be Avrohom
   because
   the father of a multitude of nations
   have I made you.

   5. וְלֹא יִקָּרֵא עוֹד אֶת שִׁמְךָ אַבְרָם
   וְהָיָה שִׁמְךָ אַבְרָהָם
   כִּי
   אַב הֲמוֹן גּוֹיִם
   נְתַתִּיךָ:

6. I will make you fruitful
   very very [much]
   and I will make you
   into nations
   and kings
   shall come out of you (shall descend from you).

   6. וְהִפְרֵתִי אֹתְךָ
   בִּמְאֹד מְאֹד
   וּנְתַתִּיךָ
   לְגוֹיִם
   וּמְלָכִים
   מִמְּךָ יֵצֵאוּ:

7. I will set up (confirm) My covenant
   between Me and you
   and between [Me and] your descendants
   after you
   for their generations
   as a covenant forever
   to be for you a G-d
   and for your descendants after you.

   7. וַהֲקִמֹתִי אֶת בְּרִיתִי
   בֵּינִי וּבֵינֶךָ
   וּבֵין זַרְעֲךָ
   אַחֲרֶיךָ
   לְדֹרֹתָם
   לִבְרִית עוֹלָם
   לִהְיוֹת לְךָ לֵאלֹהִים
   וּלְזַרְעֲךָ אַחֲרֶיךָ:

8. And I will give to you
   and to your descendants after you
   the land of your sojourns (where you live)
   all the land of Kenaan

   8. וְנָתַתִּי לְךָ
   וּלְזַרְעֲךָ אַחֲרֶיךָ
   אֵת אֶרֶץ מְגֻרֶיךָ
   אֵת כָּל אֶרֶץ כְּנַעַן

as a possession forever	לַאֲחֻזַּת עוֹלָם
and I will be for them a G-d."	וְהָיִיתִי לָהֶם לֵאלֹהִים׃
9. G-d said to Avrohom,	9. וַיֹּאמֶר אֱלֹהִים אֶל אַבְרָהָם
"And as [for] you	וְאַתָּה
you shall keep My covenant	אֶת בְּרִיתִי תִשְׁמֹר
you	אַתָּה
and your descendants after you	וְזַרְעֲךָ אַחֲרֶיךָ
for their generations.	לְדֹרֹתָם׃
10. This is My covenant	10. זֹאת בְּרִיתִי
which you shall keep	אֲשֶׁר תִּשְׁמְרוּ
between Me and you	בֵּינִי וּבֵינֵיכֶם
and between [Me and] your descendants after you	וּבֵין זַרְעֲךָ אַחֲרֶיךָ
there shall be circumcised among you	הִמּוֹל לָכֶם
every male.	כָּל זָכָר׃
11. You shall circumcise	11. וּנְמַלְתֶּם
the flesh of your foreskin	אֵת בְּשַׂר עָרְלַתְכֶם
and it shall be	וְהָיָה
as a sign of the covenant	לְאוֹת בְּרִית
between Me and you.	בֵּינִי וּבֵינֵיכֶם׃
12. At the age of eight days	12. וּבֶן שְׁמֹנַת יָמִים
shall be circumcised among you	יִמּוֹל לָכֶם
every male	כָּל זָכָר
throughout your generations	לְדֹרֹתֵיכֶם
he who was born in the household	יְלִיד בָּיִת
or bought with money	וּמִקְנַת כֶּסֶף
from any stranger	מִכֹּל בֶּן נֵכָר
who is not of your descendants.	אֲשֶׁר לֹא מִזַּרְעֲךָ הוּא׃
13. There shall certainly be circumcised	13. הִמּוֹל יִמּוֹל
he who was born in your household	יְלִיד בֵּיתְךָ
and he who was bought with your money	וּמִקְנַת כַּסְפֶּךָ
and My covenant shall be	וְהָיְתָה בְרִיתִי

in your flesh	בִּבְשַׂרְכֶם
as a covenant forever.	לִבְרִית עוֹלָם׃
14. An uncircumcised male	14. וְעָרֵל זָכָר
who will not have circumcised	אֲשֶׁר לֹא יִמּוֹל
the flesh of his foreskin	אֶת בְּשַׂר עָרְלָתוֹ
that soul shall be cut off	וְנִכְרְתָה הַנֶּפֶשׁ הַהִוא
from its people	מֵעַמֶּיהָ
My covenant	אֶת בְּרִיתִי
he has made invalid."	הֵפַר׃
15. And G-d said to Avrohom,	15. וַיֹּאמֶר אֱלֹהִים אֶל אַבְרָהָם
"As for Sorai your wife	שָׂרַי אִשְׁתְּךָ
do not call her name Sorai [anymore]	לֹא תִקְרָא אֶת שְׁמָהּ שָׂרָי
because Soroh is her name (from now).	כִּי שָׂרָה שְׁמָהּ׃
16. I will bless her	16. וּבֵרַכְתִּי אֹתָהּ
also I will give you a son from her	וְגַם נָתַתִּי מִמֶּנָּה לְךָ בֵּן
I will bless her	וּבֵרַכְתִּיהָ
and she will become [the mother of] nations	וְהָיְתָה לְגוֹיִם
kings of peoples	מַלְכֵי עַמִּים
will be [descended] from her."	מִמֶּנָּה יִהְיוּ׃
17. Avrohom fell	17. וַיִּפֹּל אַבְרָהָם
on his face	עַל פָּנָיו
and he rejoiced	וַיִּצְחָק
and he said (thought) in his heart,	וַיֹּאמֶר בְּלִבּוֹ
"To a man [who is] a hundred years old	הַלְּבֶן מֵאָה שָׁנָה
shall [a child] be born?	יִוָּלֵד
And as for Soroh	וְאִם שָׂרָה
a woman [who is] ninety years old	הֲבַת תִּשְׁעִים שָׁנָה
shall give birth?"	תֵּלֵד׃
18. And Avrohom said to G-d,	18. וַיֹּאמֶר אַבְרָהָם אֶל הָאֱלֹהִים
"I wish that Yishmoel might live before You."	לוּ יִשְׁמָעֵאל יִחְיֶה לְפָנֶיךָ׃

LECH LECHO Chapter 17

19. G-d said,
    "Truly
    Soroh your wife
    will bear you a son
    and you shall call his name Yitzchok
    and I will set up (confirm) my covenant
    with him
    as a covenant forever
    for his descendants after him.

20. And as for Yishmoel
    I have listened to you
    behold, I have blessed him
    and I will make him fruitful
    and I will increase him
    very very [much],
    twelve princes
    will he beget
    and I will make him a great nation.

21. But My covenant
    I will set up (confirm) with Yitzchok
    whom Soroh will bear you
    at this time
    in the next year."

22. When He had finished speaking with him
    G-d went up
    from upon Avrohom.

23. Then Avrohom took
    Yishmoel his son
    and all [servants] who were born in his household
    and all who were bought with his money
    every male
    among the people of Avrohom's household

19. וַיֹּאמֶר אֱלֹהִים
אֲבָל
שָׂרָה אִשְׁתְּךָ
יֹלֶדֶת לְךָ בֵּן
וְקָרָאתָ אֶת שְׁמוֹ יִצְחָק
וַהֲקִמֹתִי אֶת בְּרִיתִי
אִתּוֹ
לִבְרִית עוֹלָם
לְזַרְעוֹ אַחֲרָיו:

20. וּלְיִשְׁמָעֵאל
שְׁמַעְתִּיךָ
הִנֵּה בֵּרַכְתִּי אֹתוֹ
וְהִפְרֵיתִי אֹתוֹ
וְהִרְבֵּיתִי אֹתוֹ
בִּמְאֹד מְאֹד
שְׁנֵים עָשָׂר נְשִׂיאִם
יוֹלִיד
וּנְתַתִּיו לְגוֹי גָּדוֹל:

21. וְאֶת בְּרִיתִי
אָקִים אֶת יִצְחָק
אֲשֶׁר תֵּלֵד לְךָ שָׂרָה
לַמּוֹעֵד הַזֶּה
בַּשָּׁנָה הָאַחֶרֶת:

22. וַיְכַל לְדַבֵּר אִתּוֹ
וַיַּעַל אֱלֹהִים
מֵעַל אַבְרָהָם:

23. וַיִּקַּח אַבְרָהָם
אֶת יִשְׁמָעֵאל בְּנוֹ
וְאֵת כָּל יְלִידֵי בֵיתוֹ
וְאֵת כָּל מִקְנַת כַּסְפּוֹ
כָּל זָכָר
בְּאַנְשֵׁי בֵּית אַבְרָהָם

and he circumcised	וַיָּמָל
the flesh of their foreskin	אֵת בְּשַׂר עָרְלָתָם
on that same day	בְּעֶצֶם הַיּוֹם הַזֶּה
just as G-d had spoken with him.	כַּאֲשֶׁר דִּבֶּר אִתּוֹ אֱלֹהִים:

24. Avrohom was ninety-nine years old
    when he was circumcised
    [on] the flesh of his foreskin.

24. וְאַבְרָהָם בֶּן תִּשְׁעִים וָתֵשַׁע שָׁנָה
    בְּהִמֹּלוֹ
    בְּשַׂר עָרְלָתוֹ:

25. And Yishmoel his son
    was thirteen years old
    when he was circumcised
    [on] the flesh of his foreskin.

25. וְיִשְׁמָעֵאל בְּנוֹ
    בֶּן שְׁלֹשׁ עֶשְׂרֵה שָׁנָה
    בְּהִמֹּלוֹ
    אֵת בְּשַׂר עָרְלָתוֹ:

26. On that same day
    was Avrohom circumcised
    and (with) Yishmoel his son.

26. בְּעֶצֶם הַיּוֹם הַזֶּה
    נִמּוֹל אַבְרָהָם
    וְיִשְׁמָעֵאל בְּנוֹ:

27. And all the people (men) of his household
    born in his household
    and bought with money
    from a stranger
    were circumcised with him.

27. וְכָל אַנְשֵׁי בֵיתוֹ
    יְלִיד בָּיִת
    וּמִקְנַת כֶּסֶף
    מֵאֵת בֶּן נֵכָר
    נִמֹּלוּ אִתּוֹ:

VAYERO Chapter 18

וַיֵּרָא פרק י"ח

1. Hashem appeared to him
    in the plains of Mamre
    while he was sitting
    at the entrance of the tent
    in the heat of the day.

1. וַיֵּרָא אֵלָיו יְהֹוָה
    בְּאֵלֹנֵי מַמְרֵא
    וְהוּא יֹשֵׁב
    פֶּתַח הָאֹהֶל
    כְּחֹם הַיּוֹם:

2. He lifted his eyes
    and he saw
    and behold

2. וַיִּשָּׂא עֵינָיו
    וַיַּרְא
    וְהִנֵּה

VAYERO Chapter 18

three men	שְׁלֹשָׁה אֲנָשִׁים
were standing near him	נִצָּבִים עָלָיו
he perceived (understood)	וַיַּרְא
so he ran towards them	וַיָּרָץ לִקְרָאתָם
from the entrance of the tent	מִפֶּתַח הָאֹהֶל
and he prostrated himself (lay face downwards)	וַיִּשְׁתַּחוּ
on the ground.	אָרְצָה:

3. And he said, — וַיֹּאמַר .3
   "My Lord — אֲדֹנָי
   if now I have found favor — אִם נָא מָצָאתִי חֵן
   in Your eyes — בְּעֵינֶיךָ
   please do not pass on — אַל נָא תַעֲבֹר
   from Your servant." — מֵעַל עַבְדֶּךָ:

4. "Let there be taken (brought) now — יֻקַּח נָא .4
   a little water — מְעַט מַיִם
   and wash — וְרַחֲצוּ
   your feet — רַגְלֵיכֶם
   and recline (rest) — וְהִשָּׁעֲנוּ
   under the tree. — תַּחַת הָעֵץ:

5. I will take (fetch) — וְאֶקְחָה .5
   a piece of bread — פַּת לֶחֶם
   and you shall sustain your heart — וְסַעֲדוּ לִבְּכֶם
   after that — אַחַר
   you will pass on — תַּעֲבֹרוּ
   since — כִּי עַל כֵּן
   you passed — עֲבַרְתֶּם
   by your servant," — עַל עַבְדְּכֶם
   and they said, — וַיֹּאמְרוּ
   "Do so — כֵּן תַּעֲשֶׂה
   just as you have spoken." — כַּאֲשֶׁר דִּבַּרְתָּ:

6. So Avrohom hurried — וַיְמַהֵר אַבְרָהָם .6
   into the tent — הָאֹהֱלָה

to Soroh	אֶל שָׂרָה
and he said,	וַיֹּאמֶר
"Hurry [and take]	מַהֲרִי
three Se'ah (a measure)	שְׁלֹשׁ סְאִים
meal (inferior flour)	קֶמַח
[and] fine flour	סֹלֶת
knead [it]	לוּשִׁי
and make cakes."	וַעֲשִׂי עֻגוֹת׃
7. And to the cattle	7. וְאֶל הַבָּקָר
Avrohom ran	רָץ אַבְרָהָם
he took a calf	וַיִּקַּח בֶּן בָּקָר
tender and good	רַךְ וָטוֹב
and he gave it to the youth	וַיִּתֵּן אֶל הַנַּעַר
and he (the youth) hurried	וַיְמַהֵר
to prepare it.	לַעֲשׂוֹת אֹתוֹ׃
8. He took	8. וַיִּקַּח
cream and milk	חֶמְאָה וְחָלָב
and the calf	וּבֶן הַבָּקָר
which he had prepared	אֲשֶׁר עָשָׂה
and he put [these] before them	וַיִּתֵּן לִפְנֵיהֶם
he stood over them (near them)	וְהוּא עֹמֵד עֲלֵיהֶם
under the tree	תַּחַת הָעֵץ
and they ate.	וַיֹּאכֵלוּ׃
9. They said to him,	9. וַיֹּאמְרוּ אֵלָיו
"Where is Soroh your wife?"	אַיֵּה שָׂרָה אִשְׁתֶּךָ
and he said,	וַיֹּאמֶר
"Behold,	הִנֵּה
in the tent."	בָאֹהֶל׃
10. And he said,	10. וַיֹּאמֶר
"I will surely return	שׁוֹב אָשׁוּב
to you	אֵלֶיךָ
at this time next year	כָּעֵת חַיָּה

and behold	וְהִנֵּה
Soroh your wife will have a son,"	בֵן לְשָׂרָה אִשְׁתֶּךָ
and Soroh was listening	וְשָׂרָה שֹׁמַעַת
at the entrance of the tent	פֶּתַח הָאֹהֶל
which was behind him.	וְהוּא אַחֲרָיו:

11. Avrohom and Soroh were old
advanced in years,
Soroh had stopped having
the way of the women.

11. וְאַבְרָהָם וְשָׂרָה זְקֵנִים
בָּאִים בַּיָּמִים
חָדַל לִהְיוֹת לְשָׂרָה
אֹרַח כַּנָּשִׁים:

12. And Soroh laughed
at her insides
saying,
'After I have withered (my skin is full of wrinkles)
I have smooth skin again?
And my husband is old."

12. וַתִּצְחַק שָׂרָה
בְּקִרְבָּהּ
לֵאמֹר
אַחֲרֵי בְלֹתִי
הָיְתָה לִּי עֶדְנָה
וַאדֹנִי זָקֵן:

13. Then Hashem said to Avrohom,
"Why did Soroh laugh
saying,
'Will I truly bear a child
when I have come old?'

13. וַיֹּאמֶר יְהוָֹה אֶל אַבְרָהָם
לָמָּה זֶּה צָחֲקָה שָׂרָה
לֵאמֹר
הַאַף אֻמְנָם אֵלֵד
וַאֲנִי זָקַנְתִּי:

14. Is anything hidden from (too difficult for) Hashem?
at the appointed time
I will return to you
at this time next year
and Soroh will have a son."

14. הֲיִפָּלֵא מֵיְהוָֹה דָּבָר
לַמּוֹעֵד
אָשׁוּב אֵלֶיךָ
כָּעֵת חַיָּה
וּלְשָׂרָה בֵן:

15. Soroh denied [it]
saying,
"I did not laugh,"
because she was afraid
but he said,
"No,

15. וַתְּכַחֵשׁ שָׂרָה
לֵאמֹר
לֹא צָחַקְתִּי
כִּי יָרֵאָה
וַיֹּאמֶר
לֹא

but you did laugh."	כִּי צָחָקְתְּ:

16. Then the men got up from there
    and they looked down
    over the face of Sedom
    and Avrohom was walking with them
    to escort them.

    ‎16. וַיָּקֻמוּ מִשָּׁם הָאֲנָשִׁים
    וַיַּשְׁקִפוּ
    עַל פְּנֵי סְדֹם
    וְאַבְרָהָם הֹלֵךְ עִמָּם
    לְשַׁלְּחָם:

17. And Hashem said,
    "Shall I hide from Avrohom
    what I am going to do?

    ‎17. וַיהוָה אָמָר
    הַמְכַסֶּה אֲנִי מֵאַבְרָהָם
    אֲשֶׁר אֲנִי עֹשֶׂה:

18. And Avrohom will surely become
    a great and mighty nation
    and with him shall be blessed
    all the nations of the earth.

    ‎18. וְאַבְרָהָם הָיוֹ יִהְיֶה
    לְגוֹי גָּדוֹל וְעָצוּם
    וְנִבְרְכוּ בוֹ
    כֹּל גּוֹיֵי הָאָרֶץ:

19. Because I have [always] loved him
    because he commands
    his children
    and his household
    after him
    that they should keep
    the way of Hashem
    to do
    charity
    and justice
    so that Hashem will bring
    on Avrohom
    that which He has spoken about him."

    ‎19. כִּי יְדַעְתִּיו
    לְמַעַן אֲשֶׁר יְצַוֶּה
    אֶת בָּנָיו
    וְאֶת בֵּיתוֹ
    אַחֲרָיו
    וְשָׁמְרוּ
    דֶּרֶךְ יְהוָה
    לַעֲשׂוֹת
    צְדָקָה
    וּמִשְׁפָּט
    לְמַעַן הָבִיא יְהוָה
    עַל אַבְרָהָם
    אֵת אֲשֶׁר דִּבֶּר עָלָיו:

20. Then Hashem said,
    "Because the cry of Sedom and Amoroh
    has become great
    and because their sin has become so grave.

    ‎20. וַיֹּאמֶר יְהוָה
    זַעֲקַת סְדֹם וַעֲמֹרָה כִּי רָבָּה
    וְחַטָּאתָם כִּי כָבְדָה מְאֹד:

VAYERO Chapter 18 וירא פרק יח 90

21. I will go down now	21. אֵרֲדָה נָּא
and I will see	וְאֶרְאֶה
whether like her cry	הַכְּצַעֲקָתָהּ
which has come to me	הַבָּאָה אֵלַי
they have [really] done (are their actions really as bad as the outcry suggests)	עָשׂוּ
complete destruction [will they suffer]	כָּלָה
but if not (their deeds are not as bad)	וְאִם לֹא
I will know (what other punishment to give them)."	אֵדָעָה:
22. The men had turned from there	22. וַיִּפְנוּ מִשָּׁם הָאֲנָשִׁים
and they went to Sedom	וַיֵּלְכוּ סְדֹמָה
while Avrohom was still standing	וְאַבְרָהָם עוֹדֶנּוּ עֹמֵד
before Hashem.	לִפְנֵי יְהוָֹה:
23. Avrohom went near	23. וַיִּגַּשׁ אַבְרָהָם
and he said,	וַיֹּאמַר
"Will You also destroy	הַאַף תִּסְפֶּה
the righteous with the wicked?	צַדִּיק עִם רָשָׁע:
24. Perhaps there are	24. אוּלַי יֵשׁ
fifty righteous people	חֲמִשִּׁים צַדִּיקִם
inside the city	בְּתוֹךְ הָעִיר
will You also [then] destroy?	הַאַף תִּסְפֶּה
And will You not forgive the place	וְלֹא תִשָּׂא לַמָּקוֹם
for the sake of the fifty righteous people	לְמַעַן חֲמִשִּׁים הַצַּדִּיקִם
who are in its midst?	אֲשֶׁר בְּקִרְבָּהּ:
25. It would be unworthy of You	25. חָלִלָה לְּךָ
to do a thing like this	מֵעֲשֹׂת כַּדָּבָר הַזֶּה
to kill	לְהָמִית
the righteous with the wicked	צַדִּיק עִם רָשָׁע
and the righteous and the wicked will be alike	וְהָיָה כַצַּדִּיק כָּרָשָׁע
it would be unworthy of You	חָלִלָה לָּךְ
shall the Judge of the whole earth	הֲשֹׁפֵט כָּל הָאָרֶץ
not do justice?"	לֹא יַעֲשֶׂה מִשְׁפָּט:

26. And Hashem said,
"If I will find in Sedom
fifty righteous people
inside the city
then I will forgive
the whole place
for their sake."

26. וַיֹּאמֶר יְהוָֹה
אִם אֶמְצָא בִסְדֹם
חֲמִשִּׁים צַדִּיקִם
בְּתוֹךְ הָעִיר
וְנָשָׂאתִי
לְכָל הַמָּקוֹם
בַּעֲבוּרָם:

27. Avrohom answered
and he said,
"Behold now
I have begun
to speak to my L-rd
although I am just dust and ashes.

27. וַיַּעַן אַבְרָהָם
וַיֹּאמַר
הִנֵּה נָא
הוֹאַלְתִּי
לְדַבֵּר אֶל אֲדֹנָי
וְאָנֹכִי עָפָר וָאֵפֶר:

28. Perhaps
the fifty righteous will lack five
will You destroy because of the five
the whole city?"
and He said,
"I will not destroy
if I find there
forty-five."

28. אוּלַי
יַחְסְרוּן חֲמִשִּׁים הַצַּדִּיקִם חֲמִשָּׁה
הֲתַשְׁחִית בַּחֲמִשָּׁה
אֶת כָּל הָעִיר
וַיֹּאמֶר
לֹא אַשְׁחִית
אִם אֶמְצָא שָׁם
אַרְבָּעִים וַחֲמִשָּׁה:

29. And he continued further
to speak to Him
and he said,
"Perhaps
forty will be found there,"
and He said,
"I will not do [it]
for the sake of the forty."

29. וַיֹּסֶף עוֹד
לְדַבֵּר אֵלָיו
וַיֹּאמַר
אוּלַי
יִמָּצְאוּן שָׁם אַרְבָּעִים
וַיֹּאמֶר
לֹא אֶעֱשֶׂה
בַּעֲבוּר הָאַרְבָּעִים:

30. And he said,
"Please let not my L-rd be angry
and I will speak

30. וַיֹּאמֶר
אַל נָא יִחַר לַאדֹנָי
וַאֲדַבֵּרָה

perhaps	אוּלַי
thirty will be found there,"	יִמָּצְאוּן שָׁם שְׁלֹשִׁים
and He said,	וַיֹּאמֶר
"I will not do [it]	לֹא אֶעֱשֶׂה
if I find there	אִם אֶמְצָא שָׁם
thirty."	שְׁלֹשִׁים:

31. And he said,
    "Behold now
    I have desired
    to speak to my L-rd
    perhaps
    twenty will be found there,"
    and He said,
    "I will not destroy
    for the sake of the twenty."

31. וַיֹּאמֶר
    הִנֵּה נָא
    הוֹאַלְתִּי
    לְדַבֵּר אֶל אֲדֹנָי
    אוּלַי
    יִמָּצְאוּן שָׁם עֶשְׂרִים
    וַיֹּאמֶר
    לֹא אַשְׁחִית
    בַּעֲבוּר הָעֶשְׂרִים:

32. And he said,
    "Please let my L-rd not be angry
    and I will speak
    only this time
    perhaps
    ten will be found there,"
    and He said,
    "I will not destroy
    for the sake of the ten."

32. וַיֹּאמֶר
    אַל נָא יִחַר לַאדֹנָי
    וַאֲדַבְּרָה
    אַךְ הַפַּעַם
    אוּלַי
    יִמָּצְאוּן שָׁם עֲשָׂרָה
    וַיֹּאמֶר
    לֹא אַשְׁחִית
    בַּעֲבוּר הָעֲשָׂרָה:

33. And Hashem went [away]
    when He had finished
    to speak to Avrohom,
    and Avrohom returned to his place.

33. וַיֵּלֶךְ יְהֹוָה
    כַּאֲשֶׁר כִּלָּה
    לְדַבֵּר אֶל אַבְרָהָם
    וְאַבְרָהָם שָׁב לִמְקֹמוֹ:

Chapter 19

פרק י״ט

1. The two angels came
   to Sedom

1. וַיָּבֹאוּ שְׁנֵי הַמַּלְאָכִים
   סְדֹמָה

in the evening	בָּעֶרֶב
and Lot was sitting	וְלוֹט יֹשֵׁב
at the gate of Sedom	בְּשַׁעַר סְדֹם
Lot saw [them]	וַיַּרְא לוֹט
and he got up to meet them	וַיָּקָם לִקְרָאתָם
and he prostrated himself	וַיִּשְׁתַּחוּ
[with his] face	אַפַּיִם
to the ground.	אָרְצָה׃
2. And he said,	וַיֹּאמֶר .2
"Behold now	הִנֶּה נָּא
my lords,	אֲדֹנַי
please turn aside	סוּרוּ נָא
to the house of your servant	אֶל בֵּית עַבְדְּכֶם
stay overnight	וְלִינוּ
and wash your feet	וְרַחֲצוּ רַגְלֵיכֶם
then get up early	וְהִשְׁכַּמְתֶּם
and go on your way,"	וַהֲלַכְתֶּם לְדַרְכְּכֶם
and they said,	וַיֹּאמְרוּ
"No	לֹּא
but	כִּי
in the street	בָרְחוֹב
we will stay overnight."	נָלִין׃
3. And he urged them very [much]	וַיִּפְצַר בָּם מְאֹד .3
so they turned aside to him	וַיָּסֻרוּ אֵלָיו
and they came to his house	וַיָּבֹאוּ אֶל בֵּיתוֹ
he made a feast for them	וַיַּעַשׂ לָהֶם מִשְׁתֶּה
and he baked matzos	וּמַצּוֹת אָפָה
and they ate.	וַיֹּאכֵלוּ׃
4. They had not yet lain down	טֶרֶם יִשְׁכָּבוּ .4
when the men of the city	וְאַנְשֵׁי הָעִיר
the men of Sedom	אַנְשֵׁי סְדֹם
surrounded the house	נָסַבּוּ עַל הַבַּיִת
from young to old	מִנַּעַר וְעַד זָקֵן

	all the people	כָּל הָעָם
	from one end [of the city] to another.	מִקָּצֶה:
5.	They called to Lot	וַיִּקְרְאוּ אֶל לוֹט .5
	and they said to him,	וַיֹּאמְרוּ לוֹ
	"Where are the men	אַיֵּה הָאֲנָשִׁים
	who came to you	אֲשֶׁר בָּאוּ אֵלֶיךָ
	tonight?	הַלָּיְלָה
	Bring them out to us	הוֹצִיאֵם אֵלֵינוּ
	so that we may know them."	וְנֵדְעָה אֹתָם:
6.	Lot went out to them	וַיֵּצֵא אֲלֵהֶם לוֹט .6
	to the entrance	הַפֶּתְחָה
	and the door	וְהַדֶּלֶת
	he shut behind him.	סָגַר אַחֲרָיו:
7.	And he said,	וַיֹּאמַר .7
	"Please, my brothers, do not act wickedly.	אַל נָא אַחַי תָּרֵעוּ:
8.	Behold now I have	הִנֵּה נָא לִי .8
	two daughters	שְׁתֵּי בָנוֹת
	who have never known a man (never been married)	אֲשֶׁר לֹא יָדְעוּ אִישׁ
	I will bring them out now	אוֹצִיאָה נָּא אֶתְהֶן
	to you	אֲלֵיכֶם
	and [you may] do to them	וַעֲשׂוּ לָהֶן
	as is good in your eyes (as you please),	כַּטּוֹב בְּעֵינֵיכֶם
	only	רַק
	to these men	לָאֲנָשִׁים הָאֵל
	do not do anything	אַל תַּעֲשׂוּ דָבָר
	since	כִּי עַל כֵּן
	they have come	בָּאוּ
	in the shade (shelter) of my roof."	בְּצֵל קֹרָתִי:
9.	And they said,	וַיֹּאמְרוּ .9
	"Get out of the way,"	גֶּשׁ הָלְאָה
	then they said,	וַיֹּאמְרוּ

"This one (the only stranger among us)	הָאֶחָד
came to sojourn [here]	בָּא לָגוּר
and now he judges (tells us what to do)?	וַיִּשְׁפֹּט שָׁפוֹט
Now	עַתָּה
we will do worse to you	נָרַע לְךָ
than to them,"	מֵהֶם
they pressed the man, Lot, very [much]	וַיִּפְצְרוּ בָאִישׁ בְּלוֹט מְאֹד
and they came near	וַיִּגְּשׁוּ
to break the door.	לִשְׁבֹּר הַדָּלֶת׃
10. Then the men (the angels) stretched out	10. וַיִּשְׁלְחוּ הָאֲנָשִׁים
their hand	אֶת יָדָם
and they brought in Lot to them (with them)	וַיָּבִיאוּ אֶת לוֹט אֲלֵיהֶם
into the house	הַבָּיְתָה
and they shut the door.	וְאֶת הַדֶּלֶת סָגָרוּ׃
11. And the men	11. וְאֶת הָאֲנָשִׁים
who were at the entrance of the house	אֲשֶׁר פֶּתַח הַבַּיִת
they struck	הִכּוּ
with blindness	בַּסַּנְוֵרִים
from young to old	מִקָּטֹן וְעַד גָּדוֹל
and they tried in vain	וַיִּלְאוּ
to find the entrance.	לִמְצֹא הַפָּתַח׃
12. Then the men (the angels) said to Lot,	12. וַיֹּאמְרוּ הָאֲנָשִׁים אֶל לוֹט
"Who else do you have here?	עֹד מִי לְךָ פֹה
A son-in-law?	חָתָן
Your sons?	וּבָנֶיךָ
Or your daughters?	וּבְנֹתֶיךָ
All that you have	וְכֹל אֲשֶׁר לְךָ
in the city	בָּעִיר
take out from the place.	הוֹצֵא מִן הַמָּקוֹם׃
13. Because we are about to destroy	13. כִּי מַשְׁחִתִים אֲנַחְנוּ
this place	אֶת הַמָּקוֹם הַזֶּה
because their cry has become great	כִּי גָדְלָה צַעֲקָתָם

before Hashem	אֶת פְּנֵי יְהֹוָה
and Hashem has [therefore] sent us	וַיְשַׁלְּחֵנוּ יְהֹוָה
to destroy it."	לְשַׁחֲתָהּ׃
14. So Lot went out	14. וַיֵּצֵא לוֹט
and he spoke	וַיְדַבֵּר
to his sons-in-law	אֶל חֲתָנָיו
[and those] who [were going] to take (marry) his other daughters	לֹקְחֵי בְנֹתָיו
and he said,	וַיֹּאמֶר
"Get up	קוּמוּ
[and] go out	צְאוּ
from this place	מִן הַמָּקוֹם הַזֶּה
because Hashem is about to destroy	כִּי מַשְׁחִית יְהֹוָה
the city,"	אֶת הָעִיר
but he was	וַיְהִי
like a joker	כִמְצַחֵק
in the eyes of his sons-in-law.	בְּעֵינֵי חֲתָנָיו׃
15. And just as morning (dawn) came up	15. וּכְמוֹ הַשַּׁחַר עָלָה
the angels urged Lot	וַיָּאִיצוּ הַמַּלְאָכִים בְּלוֹט
saying,	לֵאמֹר
"Get up	קוּם
take your wife	קַח אֶת אִשְׁתְּךָ
and your two daughters	וְאֶת שְׁתֵּי בְנֹתֶיךָ
who are present (in your house)	הַנִּמְצָאֹת
lest you be destroyed	פֶּן תִּסָּפֶה
because of the sin of the city."	בַּעֲוֹן הָעִיר׃
16. But he delayed	16. וַיִּתְמַהְמָהּ
so the men took hold	וַיַּחֲזִיקוּ הָאֲנָשִׁים
of his hand	בְּיָדוֹ
and of the hand of his wife	וּבְיַד אִשְׁתּוֹ
and of the hand of his two daughters	וּבְיַד שְׁתֵּי בְנֹתָיו
because of Hashem's mercy on him	בְּחֶמְלַת יְהֹוָה עָלָיו
they took him out	וַיֹּצִאֻהוּ

and they left him	וַיַּנִּחֻהוּ
outside the city.	מִחוּץ לָעִיר׃
17. And it was	17. וַיְהִי
when they took them out	כְהוֹצִיאָם אֹתָם
outside	הַחוּצָה
he said (one of the angels),	וַיֹּאמֶר
"Flee for your life	הִמָּלֵט עַל נַפְשֶׁךָ
do not look behind you	אַל תַּבִּיט אַחֲרֶיךָ
and do not stop [anywhere]	וְאַל תַּעֲמֹד
in all the plain,	בְּכָל הַכִּכָּר
flee to the mountain	הָהָרָה הִמָּלֵט
lest you be destroyed."	פֶּן תִּסָּפֶה׃
18. Lot said to them,	18. וַיֹּאמֶר לוֹט אֲלֵהֶם
"No, please my L-rd.	אַל נָא אֲדֹנָי׃
19. Behold now	19. הִנֵּה נָא
Your servant has found	מָצָא עַבְדְּךָ
favor	חֵן
in Your eyes	בְּעֵינֶיךָ
and Your kindness was great	וַתַּגְדֵּל חַסְדְּךָ
which You did with me	אֲשֶׁר עָשִׂיתָ עִמָּדִי
to keep my soul (me) alive	לְהַחֲיוֹת אֶת נַפְשִׁי
but I am not able	וְאָנֹכִי לֹא אוּכַל
to flee to the mountain	לְהִמָּלֵט הָהָרָה
lest the evil attach itself (cling) to me	פֶּן תִּדְבָּקַנִי הָרָעָה
and I die.	וָמַתִּי׃
20. Behold now	20. הִנֵּה נָא
this city	הָעִיר הַזֹּאת
is near	קְרֹבָה
to flee there	לָנוּס שָׁמָּה
and it is small,	וְהִוא מִצְעָר
please let me flee there	אִמָּלְטָה נָּא שָׁמָּה

is it not small
and my soul (I) will live."

הֲלֹא מִצְעָר הִיא
וּתְחִי נַפְשִׁי׃

21. And He said to him,
"Behold I have granted your wish
also in this thing
that I will not overturn
the city
[about] which you have spoken.

21. וַיֹּאמֶר אֵלָיו
הִנֵּה נָשָׂאתִי פָנֶיךָ
גַּם לַדָּבָר הַזֶּה
לְבִלְתִּי הָפְכִּי
אֶת הָעִיר
אֲשֶׁר דִּבַּרְתָּ׃

22. Hurry
flee there
because I am not able
to do a thing
until you come (arrive) there,"
therefore
he called the name of the city Tzoar.

22. מַהֵר
הִמָּלֵט שָׁמָּה
כִּי לֹא אוּכַל
לַעֲשׂוֹת דָּבָר
עַד בֹּאֲךָ שָׁמָּה
עַל כֵּן
קָרָא שֵׁם הָעִיר צוֹעַר׃

23. The sun rose
on the earth
and Lot came to Tzoar.

23. הַשֶּׁמֶשׁ יָצָא
עַל הָאָרֶץ
וְלוֹט בָּא צֹעֲרָה׃

24. And Hashem made rain [down]
on Sedom and on Amoroh
sulphur and fire
from Hashem
from the heavens.

24. וַיהוָה הִמְטִיר
עַל סְדֹם וְעַל עֲמֹרָה
גָּפְרִית וָאֵשׁ
מֵאֵת יְהוָה
מִן הַשָּׁמָיִם׃

25. He overturned
these cities
and all the plain
and all the dwellers of the cities
and the plants (vegetation) of the ground.

25. וַיַּהֲפֹךְ
אֶת הֶעָרִים הָאֵל
וְאֵת כָּל הַכִּכָּר
וְאֵת כָּל יֹשְׁבֵי הֶעָרִים
וְצֶמַח הָאֲדָמָה׃

26. His wife looked
behind him

26. וַתַּבֵּט אִשְׁתּוֹ
מֵאַחֲרָיו

and she became	וַתְּהִי
a pillar of salt.	נְצִיב מֶלַח׃
27. Avrohom got up early	27. וַיַּשְׁכֵּם אַבְרָהָם
in the (next) morning	בַּבֹּקֶר
to the place	אֶל הַמָּקוֹם
where he had stood	אֲשֶׁר עָמַד שָׁם
before Hashem [in prayer].	אֶת פְּנֵי יְהוָֹה׃
28. And he looked down	28. וַיַּשְׁקֵף
over the face of Sedom and Amoroh	עַל פְּנֵי סְדֹם וַעֲמֹרָה
and over all the face of	וְעַל כָּל פְּנֵי
the land of the plain	אֶרֶץ הַכִּכָּר
and he saw	וַיַּרְא
and behold	וְהִנֵּה
the smoke of the earth rose up	עָלָה קִיטֹר הָאָרֶץ
like the smoke of the lime kiln.	כְּקִיטֹר הַכִּבְשָׁן׃
29. And it was	29. וַיְהִי
when G-d destroyed	בְּשַׁחֵת אֱלֹהִים
the cities of the plain	אֶת עָרֵי הַכִּכָּר
[that] G-d remembered Avrohom	וַיִּזְכֹּר אֱלֹהִים אֶת אַבְרָהָם
and He sent [out] Lot	וַיְשַׁלַּח אֶת לוֹט
from amidst the upheaval (overturning)	מִתּוֹךְ הַהֲפֵכָה
when He overturned	בַּהֲפֹךְ
the cities	אֶת הֶעָרִים
in which Lot had dwelled.	אֲשֶׁר יָשַׁב בָּהֵן לוֹט׃
30. Lot went up from Tzoar	30. וַיַּעַל לוֹט מִצּוֹעַר
and settled on the mountain	וַיֵּשֶׁב בָּהָר
and his two daughters	וּשְׁתֵּי בְנֹתָיו
with him	עִמּוֹ
because he was afraid	כִּי יָרֵא
to stay in Tzoar	לָשֶׁבֶת בְּצוֹעַר
he dwelled in the cave	וַיֵּשֶׁב בַּמְּעָרָה
he and his two daughters.	הוּא וּשְׁתֵּי בְנֹתָיו׃

31. The older one said	וַתֹּאמֶר הַבְּכִירָה .31
to the younger one,	אֶל הַצְּעִירָה
"Our father is old	אָבִינוּ זָקֵן
and there is no man on earth	וְאִישׁ אֵין בָּאָרֶץ
to marry us	לָבוֹא עָלֵינוּ
like the [usual] way of the earth.	כְּדֶרֶךְ כָּל הָאָרֶץ׃
32. Come	לְכָה .32
let us give our father to drink	נַשְׁקֶה אֶת אָבִינוּ
wine	יַיִן
and we will lie with him	וְנִשְׁכְּבָה עִמּוֹ
so that we may give life	וּנְחַיֶּה
through our father	מֵאָבִינוּ
[to] offspring (children)."	זָרַע׃
33. So they gave to drink	וַתַּשְׁקֶיןָ .33
[to] their father	אֶת אֲבִיהֶן
wine	יַיִן
on that night	בַּלַּיְלָה הוּא
and the older one came	וַתָּבֹא הַבְּכִירָה
and she lay with her father	וַתִּשְׁכַּב אֶת אָבִיהָ
and he did not know	וְלֹא יָדַע
of her lying down	בְּשִׁכְבָהּ
and of her getting up.	וּבְקוּמָהּ׃
34. And it was	וַיְהִי .34
on the next day	מִמָּחֳרָת
that the older one said	וַתֹּאמֶר הַבְּכִירָה
to the younger one,	אֶל הַצְּעִירָה
"Behold	הֵן
I lay last night	שָׁכַבְתִּי אֶמֶשׁ
with my father	אֶת אָבִי
let us give him to drink	נַשְׁקֶנּוּ
wine	יַיִן
also tonight	גַּם הַלַּיְלָה
and come	וּבֹאִי

lie with him	שִׁכְבִי עִמּוֹ
so that we may give life	וּנְחַיֶּה
through our father	מֵאָבִינוּ
[to] offspring (children)."	זָרַע:
35. So they gave to drink	35. וַתַּשְׁקֶיןָ
also that night	גַּם בַּלַּיְלָה הַהוּא
[to] their father	אֶת אֲבִיהֶן
wine	יָיִן
and the younger one got up	וַתָּקָם הַצְּעִירָה
and she lay with him	וַתִּשְׁכַּב עִמּוֹ
and he did not know	וְלֹא יָדַע
of her lying down	בְּשִׁכְבָהּ
and of her getting up.	וּבְקֻמָהּ:
36. And the two daughters of Lot conceived	36. וַתַּהֲרֶיןָ שְׁתֵּי בְנוֹת לוֹט
from their father.	מֵאֲבִיהֶן:
37. The older one bore a son	37. וַתֵּלֶד הַבְּכִירָה בֵּן
and she called his name Moav,	וַתִּקְרָא שְׁמוֹ מוֹאָב
he is the father (ancestor) of [the people of] Moav	הוּא אֲבִי מוֹאָב
until this day.	עַד הַיּוֹם:
38. And the younger one	38. וְהַצְּעִירָה
also she	גַם הִיא
bore a son	יָלְדָה בֵּן
and she called his name Ben Ami,	וַתִּקְרָא שְׁמוֹ בֶּן עַמִּי
he is the father (ancestor) of [the people of] Amon	הוּא אֲבִי בְנֵי עַמּוֹן
until this day.	עַד הַיּוֹם:

Chapter 20 פרק כ׳

1. Avrohom journeyed from there	1. וַיִּסַּע מִשָּׁם אַבְרָהָם
to the land of the South	אַרְצָה הַנֶּגֶב
and he settled	וַיֵּשֶׁב

	between Kodesh and Shur	בֵּין קָדֵשׁ וּבֵין שׁוּר
	and he dwelled in Geror.	וַיָּגָר בִּגְרָר׃
2.	Avrohom said	וַיֹּאמֶר אַבְרָהָם
	about Soroh his wife,	אֶל שָׂרָה אִשְׁתּוֹ
	"She is my sister,"	אֲחֹתִי הִוא
	so Avimelech the king of Geror sent	וַיִּשְׁלַח אֲבִימֶלֶךְ מֶלֶךְ גְּרָר
	and he took Soroh.	וַיִּקַּח אֶת שָׂרָה׃
3.	And G-d came to Avimelech	וַיָּבֹא אֱלֹהִים אֶל אֲבִימֶלֶךְ
	in the dream of the night	בַּחֲלוֹם הַלָּיְלָה
	and He said to him,	וַיֹּאמֶר לוֹ
	"Behold you will die	הִנְּךָ מֵת
	because of the woman	עַל הָאִשָּׁה
	whom you have taken	אֲשֶׁר לָקַחְתָּ
	for she is a married woman."	וְהִוא בְּעֻלַת בָּעַל׃
4.	Avimelech had not come near to her	וַאֲבִימֶלֶךְ לֹא קָרַב אֵלֶיהָ
	so he said,	וַיֹּאמַר
	"My L-rd,	אֲדֹנָי
	will you kill a nation even if it is righteous (innocent)?	הֲגוֹי גַּם צַדִּיק תַּהֲרֹג׃
5.	Did he [himself] not say to me,	הֲלֹא הוּא אָמַר לִי
	'She is my sister'?	אֲחֹתִי הִוא
	and she	וְהִיא
	also she [herself] said,	גַם הִוא אָמְרָה
	'He is my brother,'	אָחִי הוּא
	in the innocence of my heart	בְּתָם לְבָבִי
	and in the cleanliness of my hand	וּבְנִקְיֹן כַּפַּי
	have I done this."	עָשִׂיתִי זֹאת׃
6.	And G-d said to him	וַיֹּאמֶר אֵלָיו הָאֱלֹהִים
	in the dream,	בַּחֲלֹם
	"I also knew	גַּם אָנֹכִי יָדַעְתִּי
	that in the innocence of your heart	כִּי בְתָם לְבָבְךָ

have you done this	עָשִׂיתָ זֹּאת
and I have also prevented you	וָאֶחְשֹׂךְ גַּם אָנֹכִי אוֹתְךָ
from sinning against me	מֵחֲטוֹ לִי
therefore	עַל כֵּן
I did not allow you	לֹא נְתַתִּיךָ
to touch her.	לִנְגֹּעַ אֵלֶיהָ׃
7. And now	7. וְעַתָּה
return the man's wife	הָשֵׁב אֵשֶׁת הָאִישׁ
because he is a prophet	כִּי נָבִיא הוּא
and he will pray for you	וְיִתְפַּלֵּל בַּעַדְךָ
and you will live,	וֶחְיֵה
but if you do not return [her]	וְאִם אֵינְךָ מֵשִׁיב
[you should] know	דַּע
that you will surely die	כִּי מוֹת תָּמוּת
you	אַתָּה
and all that is yours."	וְכָל אֲשֶׁר לָךְ׃
8. Avimelech got up early in the morning	8. וַיַּשְׁכֵּם אֲבִימֶלֶךְ בַּבֹּקֶר
he called for all his servants	וַיִּקְרָא לְכָל עֲבָדָיו
and he spoke	וַיְדַבֵּר
all these things	אֶת כָּל הַדְּבָרִים הָאֵלֶּה
in their ears	בְּאָזְנֵיהֶם
and the men were very frightened.	וַיִּירְאוּ הָאֲנָשִׁים מְאֹד׃
9. Then Avimelech called for Avrohom	9. וַיִּקְרָא אֲבִימֶלֶךְ לְאַבְרָהָם
and he said to him,	וַיֹּאמֶר לוֹ
"What have you done to us	מֶה עָשִׂיתָ לָּנוּ
and [with] what have I sinned against you	וּמֶה חָטָאתִי לָךְ
that you [should] have brought on me	כִּי הֵבֵאתָ עָלַי
and on my kingdom	וְעַל מַמְלַכְתִּי
a great sin?	חֲטָאָה גְדֹלָה
Deeds	מַעֲשִׂים
which should not be done	אֲשֶׁר לֹא יֵעָשׂוּ
have you done with me."	עָשִׂיתָ עִמָּדִי׃

VAYERO Chapter 20

10. And Avimelech said to Avrohom,
    "What did you see
    that you did
    this thing?"

    וַיֹּאמֶר אֲבִימֶלֶךְ אֶל אַבְרָהָם
    מָה רָאִיתָ
    כִּי עָשִׂיתָ
    אֶת הַדָּבָר הַזֶּה:

11. And Avrohom said,
    "Because I said,
    'Only
    there is no fear of G-d
    in this place
    and they will kill me
    because of my wife.'

    וַיֹּאמֶר אַבְרָהָם
    כִּי אָמַרְתִּי
    רַק
    אֵין יִרְאַת אֱלֹהִים
    בַּמָּקוֹם הַזֶּה
    וַהֲרָגוּנִי
    עַל דְּבַר אִשְׁתִּי:

12. It is also true
    [that] my sister
    the daughter of my father
    she is
    but
    not the daughter of my mother,
    and she became my wife.

    וְגַם אָמְנָה
    אֲחֹתִי
    בַת אָבִי
    הִיא
    אַךְ
    לֹא בַת אִמִּי
    וַתְּהִי לִי לְאִשָּׁה:

13. And it was
    when G-d made me wander
    from the house of my father
    I said to her,
    'This [will be] your kindness
    which you will do with me,
    to every place
    where we will come
    say about me,
    "He is my brother."'

    וַיְהִי
    כַּאֲשֶׁר הִתְעוּ אֹתִי אֱלֹהִים
    מִבֵּית אָבִי
    וָאֹמַר לָהּ
    זֶה חַסְדֵּךְ
    אֲשֶׁר תַּעֲשִׂי עִמָּדִי
    אֶל כָּל הַמָּקוֹם
    אֲשֶׁר נָבוֹא שָׁמָּה
    אִמְרִי לִי
    אָחִי הוּא:

14. Then Avimelech took
    sheep and cattle
    male slaves
    and female slaves

    וַיִּקַּח אֲבִימֶלֶךְ
    צֹאן וּבָקָר
    וַעֲבָדִים
    וּשְׁפָחֹת

and he gave [them] to Avrohom	וַיִּתֵּן לְאַבְרָהָם
and he returned to him	וַיָּשֶׁב לוֹ
Soroh his wife.	אֵת שָׂרָה אִשְׁתּוֹ׃
15. And Avimelech said,	15. וַיֹּאמֶר אֲבִימֶלֶךְ
"Behold	הִנֵּה
my land is before you,	אַרְצִי לְפָנֶיךָ
wherever it pleases you	בַּטּוֹב בְּעֵינֶיךָ
[you may] settle."	שֵׁב׃
16. And to Soroh he said,	16. וּלְשָׂרָה אָמַר
"Behold I have given	הִנֵּה נָתַתִּי
a thousand silver [pieces]	אֶלֶף כֶּסֶף
to your brother	לְאָחִיךְ
behold it will be for you	הִנֵּה הוּא לָךְ
a covering of the eyes	כְּסוּת עֵינַיִם
for all who are with you	לְכֹל אֲשֶׁר אִתָּךְ
and to all [people]	וְאֵת כֹּל
you will be justified (vindicated — it will prove you have done nothing wrong)."	וְנֹכָחַת׃
17. Avrohom prayed	17. וַיִּתְפַּלֵּל אַבְרָהָם
to G-d	אֶל הָאֱלֹהִים
and G-d healed	וַיִּרְפָּא אֱלֹהִים
Avimelech and his wife	אֶת אֲבִימֶלֶךְ וְאֶת אִשְׁתּוֹ
and his maidservants	וְאַמְהֹתָיו
and they were able to relieve themselves.	וַיֵּלֵדוּ׃
18. Because Hashem had closed up	18. כִּי עָצֹר עָצַר יְהֹוָה
every opening [of the body]	בְּעַד כָּל רֶחֶם
in the household of Avimelech	לְבֵית אֲבִימֶלֶךְ
by the word of Soroh (at her command)	עַל דְּבַר שָׂרָה
the wife of Avrohom.	אֵשֶׁת אַבְרָהָם׃

Chapter 21

פרק כ"א

1. Hashem had remembered Soroh
as He had said
and Hashem did for Soroh
as He had spoken.

.1 וַיהוָֹה פָּקַד אֶת שָׂרָה
כַּאֲשֶׁר אָמָר
וַיַּעַשׂ יְהוָֹה לְשָׂרָה
כַּאֲשֶׁר דִּבֵּר׃

2. Soroh conceived and bore
a son to Avrohom
in his old age
at the appointed time
[about] which G-d had spoken to him.

.2 וַתַּהַר וַתֵּלֶד שָׂרָה
לְאַבְרָהָם בֵּן
לִזְקֻנָיו
לַמּוֹעֵד
אֲשֶׁר דִּבֶּר אֹתוֹ אֱלֹהִים׃

3. Avrohom called the name of his son
who was born to him
whom Soroh had borne him
Yitzchok.

.3 וַיִּקְרָא אַבְרָהָם אֶת שֶׁם בְּנוֹ
הַנּוֹלַד לוֹ
אֲשֶׁר יָלְדָה לּוֹ שָׂרָה
יִצְחָק׃

4. Avrohom circumcised
Yitzchok his son
when he was eight days old
just as G-d had commanded him.

.4 וַיָּמָל אַבְרָהָם
אֶת יִצְחָק בְּנוֹ
בֶּן שְׁמֹנַת יָמִים
כַּאֲשֶׁר צִוָּה אֹתוֹ אֱלֹהִים׃

5. Avrohom was a hundred years old
when Yitzchok his son was born to him.

.5 וְאַבְרָהָם בֶּן מְאַת שָׁנָה
בְּהִוָּלֶד לוֹ אֵת יִצְחָק בְּנוֹ׃

6. Soroh said,
"G-d has made joy for me,
everyone who hears [it]
will rejoice about me."

.6 וַתֹּאמֶר שָׂרָה
צְחֹק עָשָׂה לִי אֱלֹהִים
כָּל הַשֹּׁמֵעַ
יִצְחַק לִי׃

7. And she said,
"Who is the One Who told Avrohom
Soroh would nurse children
because I have borne a son
in his old age?"

.7 וַתֹּאמֶר
מִי מִלֵּל לְאַבְרָהָם
הֵינִיקָה בָנִים שָׂרָה
כִּי יָלַדְתִּי בֵן
לִזְקֻנָיו׃

8. The child grew up and he was weaned and Avrohom made a great feast on the day Yitzchok was weaned.	8. וַיִּגְדַּל הַיֶּלֶד וַיִּגָּמַל וַיַּעַשׂ אַבְרָהָם מִשְׁתֶּה גָדוֹל בְּיוֹם הִגָּמֵל אֶת יִצְחָק:
9. Soroh saw the son of Hogor the Egyptian whom she had borne to Avrohom mocking.	9. וַתֵּרֶא שָׂרָה אֶת בֶּן הָגָר הַמִּצְרִית אֲשֶׁר יָלְדָה לְאַבְרָהָם מְצַחֵק:
10. So she said to Avrohom, "Drive away this maidservant and her son because the son of this maidservant will not inherit with my son with Yitzchok."	10. וַתֹּאמֶר לְאַבְרָהָם גָּרֵשׁ הָאָמָה הַזֹּאת וְאֶת בְּנָהּ כִּי לֹא יִירַשׁ בֶּן הָאָמָה הַזֹּאת עִם בְּנִי עִם יִצְחָק:
11. The matter was very bad in the eyes of Avrohom (it upset him) concerning his son.	11. וַיֵּרַע הַדָּבָר מְאֹד בְּעֵינֵי אַבְרָהָם עַל אוֹדֹת בְּנוֹ:
12. But G-d said to Avrohom, "Let it not be bad in your eyes (do not be upset) about the youth and about your maidservant all that Soroh will say to you listen to her voice because only Yitzchok will be considered your descendant.	12. וַיֹּאמֶר אֱלֹהִים אֶל אַבְרָהָם אַל יֵרַע בְּעֵינֶיךָ עַל הַנַּעַר וְעַל אֲמָתֶךָ כֹּל אֲשֶׁר תֹּאמַר אֵלֶיךָ שָׂרָה שְׁמַע בְּקֹלָהּ כִּי בְיִצְחָק יִקָּרֵא לְךָ זָרַע:
13. Also the son of the maidservant I will make him into a nation because he is your child."	13. וְגַם אֶת בֶּן הָאָמָה לְגוֹי אֲשִׂימֶנּוּ כִּי זַרְעֲךָ הוּא:

VAYERO Chapter 21 וירא פרק כא 108

14. So Avrohom got up early	וַיַּשְׁכֵּם אַבְרָהָם .14
in the morning	בַּבֹּקֶר
and he took	וַיִּקַּח
bread	לֶחֶם
and a container of water	וְחֵמַת מַיִם
and he gave [them] to Hogor	וַיִּתֵּן אֶל הָגָר
putting [them] on her shoulder	שָׂם עַל שִׁכְמָהּ
and the boy	וְאֶת הַיֶּלֶד
and he sent her away,	וַיְשַׁלְּחֶהָ
she went	וַתֵּלֶךְ
and she wandered about	וַתֵּתַע
in the desert of Be'er Sheva.	בְּמִדְבַּר בְּאֵר שָׁבַע׃
15. When the water was finished	וַיִּכְלוּ הַמַּיִם .15
from the container	מִן הַחֵמֶת
she threw the boy	וַתַּשְׁלֵךְ אֶת הַיֶּלֶד
under one of the trees.	תַּחַת אַחַד הַשִּׂיחִם׃
16. She went	וַתֵּלֶךְ .16
and she sat herself down	וַתֵּשֶׁב לָהּ
at a distance	מִנֶּגֶד
moving far away	הַרְחֵק
about [two] bowshots	כִּמְטַחֲוֵי קֶשֶׁת
because she said,	כִּי אָמְרָה
"Let me not see	אַל אֶרְאֶה
the death of the boy,"	בְּמוֹת הַיָּלֶד
and she sat at a distance	וַתֵּשֶׁב מִנֶּגֶד
she lifted her voice	וַתִּשָּׂא אֶת קֹלָהּ
and she wept.	וַתֵּבְךְּ׃
17. G-d heard	וַיִּשְׁמַע אֱלֹהִים .17
the voice (cry) of the youth	אֶת קוֹל הַנַּעַר
and an angel of G-d called	וַיִּקְרָא מַלְאַךְ אֱלֹהִים
to Hogor	אֶל הָגָר
from the heavens	מִן הַשָּׁמַיִם
and he said to her,	וַיֹּאמֶר לָהּ

"What is the matter with you, Hogor?	מַה לָּךְ הָגָר
Do not fear	אַל תִּירְאִי
because G-d has listened	כִּי שָׁמַע אֱלֹהִים
to the voice of the youth	אֶל קוֹל הַנַּעַר
where he is now (the state he is in now).	בַּאֲשֶׁר הוּא שָׁם׃
18. Get up	18. קוּמִי
lift up the youth	שְׂאִי אֶת הַנַּעַר
and keep your hand firmly on him	וְהַחֲזִיקִי אֶת יָדֵךְ בּוֹ
because into a great nation	כִּי לְגוֹי גָּדוֹל
will I make him."	אֲשִׂימֶנּוּ׃
19. Then G-d opened	19. וַיִּפְקַח אֱלֹהִים
her eyes	אֶת עֵינֶיהָ
and she saw	וַתֵּרֶא
a well of water	בְּאֵר מָיִם
so she went	וַתֵּלֶךְ
and she filled the container	וַתְּמַלֵּא אֶת הַחֵמֶת
[with] water	מַיִם
and she gave the youth to drink.	וַתַּשְׁקְ אֶת הַנָּעַר׃
20. G-d was with the youth	20. וַיְהִי אֱלֹהִים אֶת הַנַּעַר
and he grew up	וַיִּגְדָּל
he dwelled in the desert	וַיֵּשֶׁב בַּמִּדְבָּר
and he became	וַיְהִי
an archer.	רֹבֶה קַשָּׁת׃
21. He dwelled in the desert of Poron	21. וַיֵּשֶׁב בְּמִדְבַּר פָּארָן
and his mother took for him	וַתִּקַּח לוֹ אִמּוֹ
a wife	אִשָּׁה
from the land of Egypt.	מֵאֶרֶץ מִצְרָיִם׃
22. It was at that time	22. וַיְהִי בָּעֵת הַהִוא
that Avimelech and Fichol the chief of his army said	וַיֹּאמֶר אֲבִימֶלֶךְ וּפִיכֹל שַׂר צְבָאוֹ
to Avrohom	אֶל אַבְרָהָם

VAYERO Chapter 21

    saying,
    "G-d is with you
    in all that you do.

23. And now
    swear to me
    by G-d
    here
    that you will not deal falsely with me
    [nor] with my son
    [nor] with my grandson
    like the kindness
    which I have done with you
    you do with me
    and with the land
    in which you sojourned."

24. And Avrohom said,
    "I will swear."

25. Then Avrohom argued with Avimelech
    regarding the well of water
    which the servants of Avimelech
        had taken by force.

26. But Avimelech said,
    "I do not know
    who did this thing
    also you
    have never [before] told me
    and I also
    have never heard [about it]
    except today."

27. So Avrohom took
    sheep and cattle

לֵאמֹר
אֱלֹהִים עִמְּךָ
בְּכֹל אֲשֶׁר אַתָּה עֹשֶׂה:

23. וְעַתָּה
הִשָּׁבְעָה לִּי
בֵאלֹהִים
הֵנָּה
אִם תִּשְׁקֹר לִי
וּלְנִינִי
וּלְנֶכְדִּי
כַּחֶסֶד
אֲשֶׁר עָשִׂיתִי עִמְּךָ
תַּעֲשֶׂה עִמָּדִי
וְעִם הָאָרֶץ
אֲשֶׁר גַּרְתָּה בָּהּ:

24. וַיֹּאמֶר אַבְרָהָם
אָנֹכִי אִשָּׁבֵעַ:

25. וְהוֹכִחַ אַבְרָהָם אֶת אֲבִימֶלֶךְ
עַל אֹדוֹת בְּאֵר הַמַּיִם
אֲשֶׁר גָּזְלוּ עַבְדֵי אֲבִימֶלֶךְ:

26. וַיֹּאמֶר אֲבִימֶלֶךְ
לֹא יָדַעְתִּי
מִי עָשָׂה אֶת הַדָּבָר הַזֶּה
וְגַם אַתָּה
לֹא הִגַּדְתָּ לִי
וְגַם אָנֹכִי
לֹא שָׁמַעְתִּי
בִּלְתִּי הַיּוֹם:

27. וַיִּקַּח אַבְרָהָם
צֹאן וּבָקָר

and he gave [them] to Avimelech	וַיִּתֵּן לַאֲבִימֶלֶךְ
and the two of them made a covenant.	וַיִּכְרְתוּ שְׁנֵיהֶם בְּרִית׃
28. Then Avrohom set	28. וַיַּצֵּב אַבְרָהָם
seven female lambs of the flock	אֶת שֶׁבַע כִּבְשֹׂת הַצֹּאן
by themselves.	לְבַדְּהֶן׃
29. And Avimelech said	29. וַיֹּאמֶר אֲבִימֶלֶךְ
to Avrohom,	אֶל אַבְרָהָם
"What are these seven female lambs	מָה הֵנָּה שֶׁבַע כְּבָשֹׂת הָאֵלֶּה
which you have set	אֲשֶׁר הִצַּבְתָּ
by themselves?"	לְבַדָּנָה׃
30. And he said,	30. וַיֹּאמֶר
"Because the seven female lambs	כִּי אֶת שֶׁבַע כְּבָשֹׂת
you will take from my hand	תִּקַּח מִיָּדִי
so that	בַּעֲבוּר
it will be for me	תִּהְיֶה לִּי
a witness (proof)	לְעֵדָה
that I dug	כִּי חָפַרְתִּי
this well."	אֶת הַבְּאֵר הַזֹּאת׃
31. Therefore	31. עַל כֵּן
he called that place	קָרָא לַמָּקוֹם הַהוּא
Be'er Sheva	בְּאֵר שָׁבַע
because there	כִּי שָׁם
the two of them made an oath (swore).	נִשְׁבְּעוּ שְׁנֵיהֶם׃
32. They made a covenant	32. וַיִּכְרְתוּ בְרִית
in Be'er Sheva	בִּבְאֵר שָׁבַע
then Avimelech and Fichol the chief of his army got up	וַיָּקָם אֲבִימֶלֶךְ וּפִיכֹל שַׂר צְבָאוֹ
and they returned to the land of Pelishtim.	וַיָּשֻׁבוּ אֶל אֶרֶץ פְּלִשְׁתִּים׃
33. He planted an orchard	33. וַיִּטַּע אֶשֶׁל
in Be'er Sheva	בִּבְאֵר שָׁבַע

and he proclaimed there	וַיִּקְרָא שָׁם
the name of Hashem	בְּשֵׁם יְהֹוָה
G-d of the world.	אֵל עוֹלָם:
34. Avrohom sojourned	34. וַיָּגָר אַבְרָהָם
in the land of Pelishtim	בְּאֶרֶץ פְּלִשְׁתִּים
many years.	יָמִים רַבִּים:
Chapter 22	**פרק כ״ב**
1. And it was	1. וַיְהִי
after these things	אַחַר הַדְּבָרִים הָאֵלֶּה
that G-d tested Avrohom	וְהָאֱלֹהִים נִסָּה אֶת אַבְרָהָם
and He said to him,	וַיֹּאמֶר אֵלָיו
"Avrohom,"	אַבְרָהָם
and he said (replied),	וַיֹּאמֶר
"Here I am [ready to do as You say]."	הִנֵּנִי:
2. And He said,	2. וַיֹּאמֶר
"Please take	קַח נָא
your son	אֶת בִּנְךָ
your only one	אֶת יְחִידְךָ
whom you love	אֲשֶׁר אָהַבְתָּ
Yitzchok	אֶת יִצְחָק
and go for yourself	וְלֶךְ לְךָ
to the land of Moriah,	אֶל אֶרֶץ הַמֹּרִיָּה
and bring him up there	וְהַעֲלֵהוּ שָׁם
as a burnt offering	לְעֹלָה
on one of the mountains	עַל אַחַד הֶהָרִים
which I will tell you."	אֲשֶׁר אֹמַר אֵלֶיךָ:
3. So Avrohom got up early	3. וַיַּשְׁכֵּם אַבְרָהָם
in the morning	בַּבֹּקֶר
and he saddled his donkey	וַיַּחֲבֹשׁ אֶת חֲמֹרוֹ
he took his two young men (servants)	וַיִּקַּח אֶת שְׁנֵי נְעָרָיו
with him	אִתּוֹ

	and Yitzchok his son,	וְאֵת יִצְחָק בְּנוֹ
	he split (chopped)	וַיְבַקַּע
	wood for the burnt offering	עֲצֵי עֹלָה
	he got up	וַיָּקָם
	and he went	וַיֵּלֶךְ
	to the place	אֶל הַמָּקוֹם
	which G-d had told him.	אֲשֶׁר אָמַר לוֹ הָאֱלֹהִים:
4.	On the third day	בַּיּוֹם הַשְּׁלִישִׁי .4
	Avrohom lifted	וַיִּשָּׂא אַבְרָהָם
	his eyes	אֶת עֵינָיו
	and he saw the place	וַיַּרְא אֶת הַמָּקוֹם
	from afar.	מֵרָחֹק:
5.	And Avrohom said	וַיֹּאמֶר אַבְרָהָם .5
	to his young men,	אֶל נְעָרָיו
	"You stay here	שְׁבוּ לָכֶם פֹּה
	with the donkey	עִם הַחֲמוֹר
	and I and the youth	וַאֲנִי וְהַנַּעַר
	will go	נֵלְכָה
	up to there	עַד כֹּה
	we will prostrate [ourselves] (worship)	וְנִשְׁתַּחֲוֶה
	and we will return to you."	וְנָשׁוּבָה אֲלֵיכֶם:
6.	And Avrohom took	וַיִּקַּח אַבְרָהָם .6
	the wood for the burnt offering	אֶת עֲצֵי הָעֹלָה
	and he put [it]	וַיָּשֶׂם
	on Yitzchok his son	עַל יִצְחָק בְּנוֹ
	he took in his hand	וַיִּקַּח בְּיָדוֹ
	the fire	אֶת הָאֵשׁ
	and the knife	וְאֶת הַמַּאֲכֶלֶת
	and the two of them went	וַיֵּלְכוּ שְׁנֵיהֶם
	together.	יַחְדָּו:
7.	Then Yitzchok spoke (said)	וַיֹּאמֶר יִצְחָק .7
	to Avrohom his father	אֶל אַבְרָהָם אָבִיו

and he said, "My father," and he said, "Here I am, my son," and he said, "Behold [there are] the fire and the wood but where is the lamb for the burnt offering?"	וַיֹּאמֶר אָבִי וַיֹּאמֶר הִנֶּנִּי בְנִי וַיֹּאמֶר הִנֵּה הָאֵשׁ וְהָעֵצִים וְאַיֵּה הַשֶּׂה לְעֹלָה:
8. And Avrohom said, "G-d will choose for Himself the lamb for the burnt offering my son," and the two of them went together.	8. וַיֹּאמֶר אַבְרָהָם אֱלֹהִים יִרְאֶה לּוֹ הַשֶּׂה לְעֹלָה בְּנִי וַיֵּלְכוּ שְׁנֵיהֶם יַחְדָּו:
9. When they came to the place [about] which G-d had told him Avrohom built there the altar he arranged the wood he bound Yitzchok his son and he put him on the altar on top of the wood.	9. וַיָּבֹאוּ אֶל הַמָּקוֹם אֲשֶׁר אָמַר לוֹ הָאֱלֹהִים וַיִּבֶן שָׁם אַבְרָהָם אֶת הַמִּזְבֵּחַ וַיַּעֲרֹךְ אֶת הָעֵצִים וַיַּעֲקֹד אֶת יִצְחָק בְּנוֹ וַיָּשֶׂם אֹתוֹ עַל הַמִּזְבֵּחַ מִמַּעַל לָעֵצִים:
10. Avrohom stretched out his hand and he took the knife to slaughter his son.	10. וַיִּשְׁלַח אַבְרָהָם אֶת יָדוֹ וַיִּקַּח אֶת הַמַּאֲכֶלֶת לִשְׁחֹט אֶת בְּנוֹ:
11. And an angel of Hashem called to him from the heavens and he said,	11. וַיִּקְרָא אֵלָיו מַלְאַךְ יְהוָה מִן הַשָּׁמַיִם וַיֹּאמֶר

"Avrohom, Avrohom,"	אַבְרָהָם אַבְרָהָם
and he said,	וַיֹּאמֶר
"Here I am."	הִנֵּנִי׃
12. And he said,	12. וַיֹּאמֶר
"Do not stretch out your hand	אַל תִּשְׁלַח יָדְךָ
against the youth	אֶל הַנַּעַר
and do not do to him	וְאַל תַּעַשׂ לוֹ
anything	מְאוּמָה
because now I know	כִּי עַתָּה יָדַעְתִּי
that you are [a] G-d-fearing [man]	כִּי יְרֵא אֱלֹהִים אַתָּה
since you have not held back	וְלֹא חָשַׂכְתָּ
your son,	אֶת בִּנְךָ
your only one,	אֶת יְחִידְךָ
from Me."	מִמֶּנִּי׃
13. And Avrohom lifted his eyes	13. וַיִּשָּׂא אַבְרָהָם אֶת עֵינָיו
and he saw	וַיַּרְא
behold a ram	וְהִנֵּה אַיִל
after that	אַחַר
was caught in the bushes (thicket)	נֶאֱחַז בַּסְּבַךְ
by its horns,	בְּקַרְנָיו
so Avrohom went	וַיֵּלֶךְ אַבְרָהָם
and he took the ram	וַיִּקַּח אֶת הָאַיִל
and he brought it up as a burnt offering	וַיַּעֲלֵהוּ לְעֹלָה
instead of his son.	תַּחַת בְּנוֹ׃
14. And Avrohom called	14. וַיִּקְרָא אַבְרָהָם
the name of that place	שֵׁם הַמָּקוֹם הַהוּא
"Hashem will choose"	יְהוָֹה יִרְאֶה
so that it will be said to this day,	אֲשֶׁר יֵאָמֵר הַיּוֹם
"On this mountain	בְּהַר
Hashem will appear."	יְהוָֹה יֵרָאֶה׃
15. The angel of Hashem called	15. וַיִּקְרָא מַלְאַךְ יְהוָֹה
to Avrohom	אֶל אַבְרָהָם

a second time	שֵׁנִית
from the heavens.	מִן הַשָּׁמָיִם׃
16. And He said,	16. וַיֹּאמֶר
"'By Myself (My Own Glory) have I sworn,'	בִּי נִשְׁבַּעְתִּי
says Hashem,	נְאֻם יְהוָֹה
'that	כִּי
since you have done	יַעַן אֲשֶׁר עָשִׂיתָ
this thing	אֶת הַדָּבָר הַזֶּה
and you have not held back	וְלֹא חָשַׂכְתָּ
your son	אֶת בִּנְךָ
your only one.	אֶת יְחִידֶךָ׃
17. That I will surely bless you	17. כִּי בָרֵךְ אֲבָרֶכְךָ
and I will surely increase	וְהַרְבָּה אַרְבֶּה
your descendants	אֶת זַרְעֲךָ
like the stars of the heavens	כְּכוֹכְבֵי הַשָּׁמַיִם
and like the sand	וְכַחוֹל
which is on the seashore	אֲשֶׁר עַל שְׂפַת הַיָּם
and your descendants will inherit	וְיִרַשׁ זַרְעֲךָ
the gate of their enemies.	אֵת שַׁעַר אֹיְבָיו׃
18. And with your descendants shall be blessed	18. וְהִתְבָּרְכוּ בְזַרְעֲךָ
all the nations of the earth	כֹּל גּוֹיֵי הָאָרֶץ
because	עֵקֶב
that you listened to my voice.'"	אֲשֶׁר שָׁמַעְתָּ בְּקֹלִי׃
19. Then Avrohom returned	19. וַיָּשָׁב אַבְרָהָם
to his young men	אֶל נְעָרָיו
they got up	וַיָּקֻמוּ
and they went together	וַיֵּלְכוּ יַחְדָּו
to Be'er Sheva	אֶל בְּאֵר שָׁבַע
and Avrohom stayed	וַיֵּשֶׁב אַבְרָהָם
in Be'er Sheva.	בִּבְאֵר שָׁבַע׃
20. And it was	20. וַיְהִי
after these things	אַחֲרֵי הַדְּבָרִים הָאֵלֶּה

that Avrohom was told	וַיֻּגַּד לְאַבְרָהָם
saying,	לֵאמֹר
"Behold	הִנֵּה
Milcoh she also has borne	יָלְדָה מִלְכָּה גַם הִיא
sons	בָּנִים
to Nochor your brother.	לְנָחוֹר אָחִיךָ:
21. Utz his firstborn	21. אֶת עוּץ בְּכֹרוֹ
and Buz his brother	וְאֶת בּוּז אָחִיו
and Kemuel the father of Arom.	וְאֶת קְמוּאֵל אֲבִי אֲרָם:
22. Kesed and Chazo	22. וְאֶת כֶּשֶׂד וְאֶת חֲזוֹ
Pildosh and Yidlof	וְאֶת פִּלְדָּשׁ וְאֶת יִדְלָף
and Besuel."	וְאֵת בְּתוּאֵל:
23. And Besuel begot Rivkoh,	23. וּבְתוּאֵל יָלַד אֶת רִבְקָה
these eight	שְׁמֹנָה אֵלֶּה
did Milkoh bear to Nochor	יָלְדָה מִלְכָּה לְנָחוֹר
the brother of Avrohom.	אֲחִי אַבְרָהָם:
24. And his concubine (second wife)	24. וּפִילַגְשׁוֹ
whose name was Re'umoh,	וּשְׁמָהּ רְאוּמָה
she also bore	וַתֵּלֶד גַּם הִיא
Tevach and Gacham	אֶת טֶבַח וְאֶת גַּחַם
Tachash and Maachoh.	וְאֶת תַּחַשׁ וְאֶת מַעֲכָה:

CHAYEI SOROH Chapter 23 — חַיֵּי שָׂרָה פרק כ״ג

1. The lifetime of Soroh was	1. וַיִּהְיוּ חַיֵּי שָׂרָה
one hundred years	מֵאָה שָׁנָה
and twenty years	וְעֶשְׂרִים שָׁנָה
and seven years (127 years),	וְשֶׁבַע שָׁנִים
the years of the life of Soroh.	שְׁנֵי חַיֵּי שָׂרָה:

CHAYEI SOROH Chapter 23	חיי שרה פרק כג	118

2. Soroh died
   in Kiryas Arba
   which is Chevron
   in the land of Kenaan
   and Avrohom came
   to mourn for Soroh (eulogize)
   and to weep for her.

   .2 וַתָּמָת שָׂרָה
   בְּקִרְיַת אַרְבַּע
   הִיא חֶבְרוֹן
   בְּאֶרֶץ כְּנָעַן
   וַיָּבֹא אַבְרָהָם
   לִסְפֹּד לְשָׂרָה
   וְלִבְכֹּתָהּ:

3. Avrohom got up
   from the presence of his dead
   and he spoke to the children of Ches
   saying,

   .3 וַיָּקָם אַבְרָהָם
   מֵעַל פְּנֵי מֵתוֹ
   וַיְדַבֵּר אֶל בְּנֵי חֵת
   לֵאמֹר:

4. "A stranger (alien)
   and dweller (resident)
   am I among you,
   give me
   a piece of land for a burial place
   with you
   that I may bury my dead
   from before me."

   .4 גֵּר
   וְתוֹשָׁב
   אָנֹכִי עִמָּכֶם
   תְּנוּ לִי
   אֲחֻזַּת קֶבֶר
   עִמָּכֶם
   וְאֶקְבְּרָה מֵתִי
   מִלְּפָנָי:

5. And the children of Ches answered
   Avrohom
   saying to him.

   .5 וַיַּעֲנוּ בְנֵי חֵת
   אֶת אַבְרָהָם
   לֵאמֹר לוֹ:

6. "Listen to us, my lord
   you are a prince of G-d
   in our midst
   in the choicest (best) of our burial places
   bury your dead,
   any man of us
   his own burial place
   he will not hold back from you
   from burying your dead."

   .6 שְׁמָעֵנוּ אֲדֹנִי
   נְשִׂיא אֱלֹהִים אַתָּה
   בְּתוֹכֵנוּ
   בְּמִבְחַר קְבָרֵינוּ
   קְבֹר אֶת מֵתֶךָ
   אִישׁ מִמֶּנּוּ
   אֶת קִבְרוֹ
   לֹא יִכְלֶה מִמְּךָ
   מִקְּבֹר מֵתֶךָ:

7. Then Avrohom got up	.7 וַיָּקָם אַבְרָהָם
and he prostrated himself	וַיִּשְׁתַּחוּ
to the people of the land	לְעַם הָאָרֶץ
to the children of Ches.	לִבְנֵי חֵת׃
8. And he spoke with them	.8 וַיְדַבֵּר אִתָּם
saying,	לֵאמֹר
"If it is really your wish	אִם יֵשׁ אֶת נַפְשְׁכֶם
to bury my dead	לִקְבֹּר אֶת מֵתִי
from before me	מִלְּפָנַי
listen to me	שְׁמָעוּנִי
and plead for me	וּפִגְעוּ לִי
with Efron the son of Tzochar.	בְּעֶפְרוֹן בֶּן צֹחַר׃
9. That he should give me	.9 וְיִתֶּן לִי
the cave of Machpeloh	אֶת מְעָרַת הַמַּכְפֵּלָה
which is his	אֲשֶׁר לוֹ
which is at the edge of his field	אֲשֶׁר בִּקְצֵה שָׂדֵהוּ
for the full money (price)	בְּכֶסֶף מָלֵא
shall he give it to me	יִתְּנֶנָּה לִּי
in your midst	בְּתוֹכְכֶם
as land for a burial place."	לַאֲחֻזַּת קָבֶר׃
10. Efron was then sitting (as a judge)	.10 וְעֶפְרוֹן יֹשֵׁב
in the midst of the children of Ches	בְּתוֹךְ בְּנֵי חֵת
and Efron the Chitti answered Avrohom	וַיַּעַן עֶפְרוֹן הַחִתִּי אֶת אַבְרָהָם
in the ears (the hearing)	בְּאָזְנֵי בְנֵי חֵת
of the children of Ches	
in the presence of all who came	לְכֹל בָּאֵי
through the gates of his city	שַׁעַר עִירוֹ
saying.	לֵאמֹר׃
11. "No, my lord	.11 לֹא אֲדֹנִי
listen to me	שְׁמָעֵנִי
the field	הַשָּׂדֶה
I have given to you	נָתַתִּי לָךְ

CHAYEI SOROH Chapter 23   חיי שרה פרק כג

    and the cave which is in it   וְהַמְּעָרָה אֲשֶׁר בּוֹ
    to you have I given it   לְךָ נְתַתִּיהָ
    before the eyes of the sons of my people   לְעֵינֵי בְנֵי עַמִּי
    have I given it to you,   נְתַתִּיהָ לָּךְ
    bury your dead."   קְבֹר מֵתֶךָ:

12. Then Avrohom prostrated himself   12. וַיִּשְׁתַּחוּ אַבְרָהָם
    before the people of the land.   לִפְנֵי עַם הָאָרֶץ:

13. And he spoke to Efron   13. וַיְדַבֵּר אֶל עֶפְרוֹן
    in the ears (the hearing) of the people of the land   בְּאָזְנֵי עַם הָאָרֶץ
    saying,   לֵאמֹר
    "But   אַךְ
    if only you would listen to me   אִם אַתָּה לוּ שְׁמָעֵנִי
    I will give [you]   נָתַתִּי
    the money for the field   כֶּסֶף הַשָּׂדֶה
    take [it] from me   קַח מִמֶּנִּי
    so that I may bury my dead   וְאֶקְבְּרָה אֶת מֵתִי
    there."   שָׁמָּה:

14. And Efron answered Avrohom   14. וַיַּעַן עֶפְרוֹן אֶת אַבְרָהָם
    saying to him.   לֵאמֹר לוֹ:

15. "My lord,   15. אֲדֹנִי
    listen to me   שְׁמָעֵנִי
    [a piece of] land   אֶרֶץ
    [worth] four hundred silver shekel   אַרְבַּע מֵאֹת שֶׁקֶל כֶּסֶף
    between me and you   בֵּינִי וּבֵינְךָ
    what is it (what does it matter)?   מַה הִוא
    Bury your dead."   וְאֶת מֵתְךָ קְבֹר:

16. Avrohom listened to Efron   16. וַיִּשְׁמַע אַבְרָהָם אֶל עֶפְרוֹן
    and Avrohom weighed for Efron   וַיִּשְׁקֹל אַבְרָהָם לְעֶפְרֹן
    the money (silver)   אֶת הַכֶּסֶף
    [about] which he had spoken   אֲשֶׁר דִּבֶּר
    in the ears (hearing) of the children of Ches   בְּאָזְנֵי בְנֵי חֵת

four hundred silver shekel
passable to any merchant.

אַרְבַּע מֵאוֹת שֶׁקֶל כֶּסֶף
עֹבֵר לַסֹּחֵר׃

17. And there was transferred
the field of Efron
which was in Machpeloh
which was before Mamre
the field
and the cave which [was] in it
and every tree which was in the field
which was in all its surrounding borders.

17. וַיָּקָם
שְׂדֵה עֶפְרוֹן
אֲשֶׁר בַּמַּכְפֵּלָה
אֲשֶׁר לִפְנֵי מַמְרֵא
הַשָּׂדֶה
וְהַמְּעָרָה אֲשֶׁר בּוֹ
וְכָל הָעֵץ אֲשֶׁר בַּשָּׂדֶה
אֲשֶׁר בְּכָל גְּבֻלוֹ סָבִיב׃

18. To Avrohom as a purchase
before the eyes of the children of Ches
[in the presence of] all who came
through the gate of his city.

18. לְאַבְרָהָם לְמִקְנָה
לְעֵינֵי בְנֵי חֵת
בְּכֹל בָּאֵי
שַׁעַר עִירוֹ׃

19. After that
Avrohom buried
Soroh his wife
in the cave of
the field of Machpeloh
before Mamre
which is Chevron,
in the land of Kenaan.

19. וְאַחֲרֵי כֵן
קָבַר אַבְרָהָם
אֶת שָׂרָה אִשְׁתּוֹ
אֶל מְעָרַת
שְׂדֵה הַמַּכְפֵּלָה
עַל פְּנֵי מַמְרֵא
הִוא חֶבְרוֹן
בְּאֶרֶץ כְּנָעַן׃

20. And there was now transferred
the field
and the cave which [was] in it
to Avrohom
as land for a burial place
from the children of Ches.

20. וַיָּקָם
הַשָּׂדֶה
וְהַמְּעָרָה אֲשֶׁר בּוֹ
לְאַבְרָהָם
לַאֲחֻזַּת קָבֶר
מֵאֵת בְּנֵי חֵת׃

Chapter 24

פרק כ"ד

1. Now Avrohom was old
   well advanced in years
   and Hashem had blessed Avrohom
   with everything.

   וְאַבְרָהָם זָקֵן
   בָּא בַּיָּמִים
   וַיהוָה בֵּרַךְ אֶת אַבְרָהָם
   בַּכֹּל:

2. And Avrohom said
   to his servant
   the [most] senior one of his household
   who was in charge of all that he had,
   "Please put your hand
   under my thigh.

   וַיֹּאמֶר אַבְרָהָם
   אֶל עַבְדּוֹ
   זְקַן בֵּיתוֹ
   הַמֹּשֵׁל בְּכָל אֲשֶׁר לוֹ
   שִׂים נָא יָדְךָ
   תַּחַת יְרֵכִי:

3. And I will make you swear
   by Hashem
   the G-d of the heavens
   and the G-d of the earth
   that you will not take a wife
   for my son
   from the daughters of the Kenaani
   in whose midst I am dwelling.

   וְאַשְׁבִּיעֲךָ
   בַּיהוָה
   אֱלֹהֵי הַשָּׁמַיִם
   וֵאלֹהֵי הָאָרֶץ
   אֲשֶׁר לֹא תִקַּח אִשָּׁה
   לִבְנִי
   מִבְּנוֹת הַכְּנַעֲנִי
   אֲשֶׁר אָנֹכִי יוֹשֵׁב בְּקִרְבּוֹ:

4. But
   to my land
   and to my family
   shall you go
   and you shall take a wife
   for my son, for Yitzchok."

   כִּי
   אֶל אַרְצִי
   וְאֶל מוֹלַדְתִּי
   תֵּלֵךְ
   וְלָקַחְתָּ אִשָּׁה
   לִבְנִי לְיִצְחָק:

5. The servant said to him,
   "Perhaps
   the woman will not want
   to go after me
   to this land,
   shall I take back

   וַיֹּאמֶר אֵלָיו הָעֶבֶד
   אוּלַי
   לֹא תֹאבֶה הָאִשָּׁה
   לָלֶכֶת אַחֲרַי
   אֶל הָאָרֶץ הַזֹּאת
   הֶהָשֵׁב אָשִׁיב

your son	אֶת בִּנְךָ
to the land	אֶל הָאָרֶץ
from where you have come out?"	אֲשֶׁר יָצָאתָ מִשָּׁם:
6. Avrohom said to him,	6. וַיֹּאמֶר אֵלָיו אַבְרָהָם
"Beware	הִשָּׁמֶר לְךָ
lest you take my son back	פֶּן תָּשִׁיב אֶת בְּנִי
there.	שָׁמָּה:
7. Hashem the G-d of the heavens	7. יְהוָֹה אֱלֹהֵי הַשָּׁמַיִם
Who has taken me	אֲשֶׁר לְקָחַנִי
from the house of my father	מִבֵּית אָבִי
and from the land of my birth	וּמֵאֶרֶץ מוֹלַדְתִּי
Who spoke about me	וַאֲשֶׁר דִּבֶּר לִי
and Who swore to me	וַאֲשֶׁר נִשְׁבַּע לִי
saying,	לֵאמֹר
'To your descendants	לְזַרְעֲךָ
will I give this land,'	אֶתֵּן אֶת הָאָרֶץ הַזֹּאת
He will send His angel	הוּא יִשְׁלַח מַלְאָכוֹ
before you	לְפָנֶיךָ
and you will take a wife	וְלָקַחְתָּ אִשָּׁה
for my son	לִבְנִי
from there.	מִשָּׁם:
8. But if the woman will not want	8. וְאִם לֹא תֹאבֶה הָאִשָּׁה
to go after you	לָלֶכֶת אַחֲרֶיךָ
then you shall be free	וְנִקִּיתָ
from this oath of mine,	מִשְּׁבֻעָתִי זֹאת
only	רַק
my son	אֶת בְּנִי
you shall not take back there."	לֹא תָשֵׁב שָׁמָּה:
9. So the servant put	9. וַיָּשֶׂם הָעֶבֶד
his hand	אֶת יָדוֹ
under	תַּחַת
the thigh of Avrohom his master	יֶרֶךְ אַבְרָהָם אֲדֹנָיו

CHAYEI SOROH Chapter 24 — חיי שרה פרק כד

    and he swore to him   וַיִּשָּׁבַע לוֹ
    about this thing.   עַל הַדָּבָר הַזֶּה:

10. Then the servant took   10. וַיִּקַּח הָעֶבֶד
    ten camels   עֲשָׂרָה גְמַלִּים
    of the camels of his master   מִגְּמַלֵּי אֲדֹנָיו
    and he went   וַיֵּלֶךְ
    with all the good things of his master   וְכָל טוּב אֲדֹנָיו
    in his hand (possession)   בְּיָדוֹ
    he got up   וַיָּקָם
    and he went   וַיֵּלֶךְ
    to Aram Naharayim   אֶל אֲרַם נַהֲרַיִם
    to the city of Nochor.   אֶל עִיר נָחוֹר:

11. He made the camels kneel   11. וַיַּבְרֵךְ הַגְּמַלִּים
    outside the city   מִחוּץ לָעִיר
    by the well of water   אֶל בְּאֵר הַמָּיִם
    at evening time   לְעֵת עֶרֶב
    at the time   לְעֵת
    when the girls who draw water go out.   צֵאת הַשֹּׁאֲבֹת:

12. And he said,   12. וַיֹּאמַר
    "Hashem G-d of my master Avrohom   יְהוָה אֱלֹהֵי אֲדֹנִי אַבְרָהָם
    please make happen before (to) me   הַקְרֵה נָא לְפָנַי
    today   הַיּוֹם
    and do kindness   וַעֲשֵׂה חֶסֶד
    with my master Avrohom.   עִם אֲדֹנִי אַבְרָהָם:

13. Behold, I am standing   13. הִנֵּה אָנֹכִי נִצָּב
    by the spring of water   עַל עֵין הַמָּיִם
    and the daughters of the men of the city   וּבְנוֹת אַנְשֵׁי הָעִיר
    are coming out   יֹצְאֹת
    to draw water.   לִשְׁאֹב מָיִם:

14. And it shall be   14. וְהָיָה
    [that] the girl to whom I will say,   הַנַּעֲרָ אֲשֶׁר אֹמַר אֵלֶיהָ

'Please bend over	הַטִּי נָא
your jug	כַדֵּךְ
that I may drink,'	וְאֶשְׁתֶּה
and she will say,	וְאָמְרָה
'Drink,	שְׁתֵה
and I will also give your camels to drink,'	וְגַם גְּמַלֶּיךָ אַשְׁקֶה
her have you chosen	אֹתָהּ הֹכַחְתָּ
for your servant for Yitzchok	לְעַבְדְּךָ לְיִצְחָק
and through her	וּבָהּ
will I know	אֵדַע
that you have done kindness	כִּי עָשִׂיתָ חֶסֶד
with my master."	עִם אֲדֹנִי׃
15. And it was	15. וַיְהִי
he had not yet finished speaking	הוּא טֶרֶם כִּלָּה לְדַבֵּר
behold	וְהִנֵּה
Rivkoh was coming out	רִבְקָה יֹצֵאת
who had been born	אֲשֶׁר יֻלְּדָה
to Besuel the son of Milkoh	לִבְתוּאֵל בֶּן מִלְכָּה
the wife of Nochor	אֵשֶׁת נָחוֹר
the brother of Avrohom	אֲחִי אַבְרָהָם
and her jug [was]	וְכַדָּהּ
on her shoulder.	עַל שִׁכְמָהּ׃
16. The girl	16. וְהַנַּעֲרָ
[was] of very beautiful appearance	טֹבַת מַרְאֶה מְאֹד
a maiden (virgin)	בְּתוּלָה
no man had known her	וְאִישׁ לֹא יְדָעָהּ
she went down to the spring	וַתֵּרֶד הָעַיְנָה
she filled her jug	וַתְּמַלֵּא כַדָּהּ
and she came up.	וַתָּעַל׃
17. The servant ran	17. וַיָּרָץ הָעֶבֶד
towards her	לִקְרָאתָהּ
and he said,	וַיֹּאמֶר
"Please let me sip	הַגְמִיאִינִי נָא

a little water	מְעַט מַיִם
from your jug."	מִכַּדֵּךְ:

18. And she said,
    "Drink, my lord,"
    and she hurried
    and she lowered her jug
    to her hand
    and she gave him to drink.

18. וַתֹּאמֶר
    שְׁתֵה אֲדֹנִי
    וַתְּמַהֵר
    וַתֹּרֶד כַּדָּהּ
    עַל יָדָהּ
    וַתַּשְׁקֵהוּ:

19. When she had finished giving him to drink
    she said,
    "Also for your camels
    will I draw [water]
    until they have finished drinking."

19. וַתְּכַל לְהַשְׁקֹתוֹ
    וַתֹּאמֶר
    גַּם לִגְמַלֶּיךָ
    אֶשְׁאָב
    עַד אִם כִּלּוּ לִשְׁתֹּת:

20. So she hurried
    and she emptied her jug
    into the trough
    she ran again
    to the well
    to draw [water]
    and she drew for all his camels.

20. וַתְּמַהֵר
    וַתְּעַר כַּדָּהּ
    אֶל הַשֹּׁקֶת
    וַתָּרָץ עוֹד
    אֶל הַבְּאֵר
    לִשְׁאֹב
    וַתִּשְׁאַב לְכָל גְּמַלָּיו:

21. The man was astonished at her
    keeping silent
    to know
    whether Hashem had made
      his journey successful
    or not.

21. וְהָאִישׁ מִשְׁתָּאֵה לָהּ
    מַחֲרִישׁ
    לָדַעַת
    הַהִצְלִיחַ יְהוָה דַּרְכּוֹ
    אִם לֹא:

22. And it was
    when the camels had finished drinking
    the man took
    a golden nose ring
    half a shekel its weight

22. וַיְהִי
    כַּאֲשֶׁר כִּלּוּ הַגְּמַלִּים לִשְׁתּוֹת
    וַיִּקַּח הָאִישׁ
    נֶזֶם זָהָב
    בֶּקַע מִשְׁקָלוֹ

and two bracelets	וּשְׁנֵי צְמִידִים
on her hands (arms)	עַל יָדֶיהָ
ten gold shekel	עֲשָׂרָה זָהָב
their weight.	מִשְׁקָלָם:
23. And he said,	23. וַיֹּאמֶר
"Whose daughter are you?	בַּת מִי אַתְּ
Please tell me	הַגִּידִי נָא לִי
is there in your father's home	הֲיֵשׁ בֵּית אָבִיךְ
place for us	מָקוֹם לָנוּ
to spend one night?"	לָלִין:
24. She said to him,	24. וַתֹּאמֶר אֵלָיו
"I am the daughter of Besuel	בַּת בְּתוּאֵל אָנֹכִי
the son of Milkoh	בֶּן מִלְכָּה
whom she bore to Nochor."	אֲשֶׁר יָלְדָה לְנָחוֹר:
25. And she said to him,	25. וַתֹּאמֶר אֵלָיו
"Also stubble (see Rashi, *Shemos* 5:7)	גַּם תֶּבֶן
as well as fodder	גַּם מִסְפּוֹא
there is plenty with us	רַב עִמָּנוּ
also place to stay many nights."	גַּם מָקוֹם לָלוּן:
26. So the man bowed low	26. וַיִּקֹּד הָאִישׁ
and he prostrated himself to Hashem.	וַיִּשְׁתַּחוּ לַיהוָֹה:
27. And he said,	27. וַיֹּאמֶר
"Blessed is Hashem	בָּרוּךְ יְהוָֹה
the G-d of my master Avrohom	אֱלֹהֵי אֲדֹנִי אַבְרָהָם
Who has not withdrawn	אֲשֶׁר לֹא עָזַב
His kindness and His truth	חַסְדּוֹ וַאֲמִתּוֹ
from my master.	מֵעִם אֲדֹנִי
I	אָנֹכִי
on the right way	בַּדֶּרֶךְ
Hashem has led me	נָחַנִי יְהוָֹה
to the house of my master's brothers."	בֵּית אֲחֵי אֲדֹנִי:

CHAYEI SOROH Chapter 24

28. Then the girl ran
    and she told in her mother's house
    according to these things.

    28. וַתָּרָץ הַנַּעֲרָה
    וַתַּגֵּד לְבֵית אִמָּהּ
    כַּדְּבָרִים הָאֵלֶּה:

29. Rivkoh had a brother
    whose name was Lovon
    Lovon ran to the man
    outside
    to the spring.

    29. וּלְרִבְקָה אָח
    וּשְׁמוֹ לָבָן
    וַיָּרָץ לָבָן אֶל הָאִישׁ
    הַחוּצָה
    אֶל הָעָיִן:

30. And it was
    when he saw the nose ring
    and the bracelets
    on the hands (arms) of his sister
    and when he heard
    the words of Rivkoh his sister
    saying,
    "Thus has the man spoken to me,"
    he came to the man
    and behold he was standing
    by the camels
    by the spring.

    30. וַיְהִי
    כִּרְאֹת אֶת הַנֶּזֶם
    וְאֶת הַצְּמִדִים
    עַל יְדֵי אֲחֹתוֹ
    וּכְשָׁמְעוֹ
    אֶת דִּבְרֵי רִבְקָה אֲחֹתוֹ
    לֵאמֹר
    כֹּה דִבֶּר אֵלַי הָאִישׁ
    וַיָּבֹא אֶל הָאִישׁ
    וְהִנֵּה עֹמֵד
    עַל הַגְּמַלִּים
    עַל הָעָיִן:

31. And he said,
    "Come,
    [you] blessed one of Hashem,
    why should you stand outside
    when I have cleared the house
    and a place for the camels?"

    31. וַיֹּאמֶר
    בּוֹא
    בְּרוּךְ יְהֹוָה
    לָמָּה תַעֲמֹד בַּחוּץ
    וְאָנֹכִי פִּנִּיתִי הַבַּיִת
    וּמָקוֹם לַגְּמַלִּים:

32. So the man came into the house
    and he unmuzzled the camels
    he gave
    stubble and fodder
    to the camels
    and water

    32. וַיָּבֹא הָאִישׁ הַבַּיְתָה
    וַיְפַתַּח הַגְּמַלִּים
    וַיִּתֵּן
    תֶּבֶן וּמִסְפּוֹא
    לַגְּמַלִּים
    וּמַיִם

to wash his feet	לִרְחֹץ רַגְלָיו
and the feet of the men	וְרַגְלֵי הָאֲנָשִׁים
who [were] with him.	אֲשֶׁר אִתּוֹ:

33. There was put before him   33. וַיּוּשַׂם לְפָנָיו
    to eat (food)   לֶאֱכֹל
    but he said,   וַיֹּאמֶר
    "I will not eat   לֹא אֹכַל
    until I have spoken   עַד אִם דִּבַּרְתִּי
    my words,"   דְּבָרָי
    and he said,   וַיֹּאמֶר
    "Speak."   דַּבֵּר:

34. And he said,   34. וַיֹּאמַר
    "I am a servant of Avrohom.   עֶבֶד אַבְרָהָם אָנֹכִי:

35. Hashem has blessed my master very [much]   35. וַיהֹוָה בֵּרַךְ אֶת אֲדֹנִי מְאֹד
    and he became rich   וַיִּגְדָּל
    He gave him   וַיִּתֶּן לוֹ
    sheep and cattle   צֹאן וּבָקָר
    silver and gold   וְכֶסֶף וְזָהָב
    male slaves and female slaves   וַעֲבָדִם וּשְׁפָחֹת
    and camels and donkeys.   וּגְמַלִּים וַחֲמֹרִים:

36. Soroh, the wife of my master, bore   36. וַתֵּלֶד שָׂרָה אֵשֶׁת אֲדֹנִי
    a son   בֵן
    to my master   לַאדֹנִי
    after she had become old   אַחֲרֵי זִקְנָתָהּ
    and he gave him   וַיִּתֶּן לוֹ
    all that he has.   אֶת כָּל אֲשֶׁר לוֹ:

37. My master made me swear   37. וַיַּשְׁבִּעֵנִי אֲדֹנִי
    saying,   לֵאמֹר
    'Do not take a wife for my son   לֹא תִקַּח אִשָּׁה לִבְנִי
    from the daughters of the Kenaani   מִבְּנוֹת הַכְּנַעֲנִי
    in whose land I dwell.   אֲשֶׁר אָנֹכִי יֹשֵׁב בְּאַרְצוֹ:

CHAYEI SOROH Chapter 24   חיי שרה פרק כד   130

38. Unless
    you [first] go to my father's house
    and to my family
    and take a wife
    for my son.'

אִם לֹא .38
אֶל בֵּית אָבִי תֵּלֵךְ
וְאֶל מִשְׁפַּחְתִּי
וְלָקַחְתָּ אִשָּׁה
לִבְנִי:

39. And I said to my master,
    'Perhaps
    the woman will not go
    after me.'

וָאֹמַר אֶל אֲדֹנִי .39
אֻלַי
לֹא תֵלֵךְ הָאִשָּׁה
אַחֲרָי:

40. So he said to me,
    'Hashem before Whom I have walked
    will send His angel
    with you
    and He will make your way successful
    and you will take a wife
    for my son
    from my family
    and from the house of my father.

וַיֹּאמֶר אֵלָי .40
יְהוָֹה אֲשֶׁר הִתְהַלַּכְתִּי לְפָנָיו
יִשְׁלַח מַלְאָכוֹ
אִתָּךְ
וְהִצְלִיחַ דַּרְכֶּךָ
וְלָקַחְתָּ אִשָּׁה
לִבְנִי
מִמִּשְׁפַּחְתִּי
וּמִבֵּית אָבִי:

41. Then
    will you be free
    from my oath
    when you come to my family
    and if they will not give [her] to you
    [then] will you be free
    from my oath.'

אָז .41
תִּנָּקֶה
מֵאָלָתִי
כִּי תָבוֹא אֶל מִשְׁפַּחְתִּי
וְאִם לֹא יִתְּנוּ לָךְ
וְהָיִיתָ נָקִי
מֵאָלָתִי:

42. I came today
    to the spring
    and I said,
    'Hashem the G-d of my master Avrohom
    if You will please make successful
    my way
    on which I am going.

וָאָבֹא הַיּוֹם .42
אֶל הָעָיִן
וָאֹמַר
יְהוָֹה אֱלֹהֵי אֲדֹנִי אַבְרָהָם
אִם יֶשְׁךָ נָּא מַצְלִיחַ
דַּרְכִּי
אֲשֶׁר אָנֹכִי הֹלֵךְ עָלֶיהָ:

43. Behold, I am standing	43. הִנֵּה אָנֹכִי נִצָּב
by the spring of water	עַל עֵין הַמָּיִם
and it shall be	וְהָיָה
[that] the girl who comes out to draw [water]	הָעַלְמָה הַיֹּצֵאת לִשְׁאֹב
and I will say to her,	וְאָמַרְתִּי אֵלֶיהָ
"Please give me to drink	הַשְׁקִינִי נָא
a little water	מְעַט מַיִם
from your jug."	מִכַּדֵּךְ׃
44. And she will say to me,	44. וְאָמְרָה אֵלַי
"Also you may drink	גַּם אַתָּה שְׁתֵה
and also for your camels will I draw [water],"	וְגַם לִגְמַלֶּיךָ אֶשְׁאָב
she is the woman	הִיא הָאִשָּׁה
whom Hashem has chosen	אֲשֶׁר הֹכִיחַ יְהוָה
for the son of my master.'	לְבֶן אֲדֹנִי׃
45. I had not yet finished	45. אֲנִי טֶרֶם אֲכַלֶּה
to speak to my heart	לְדַבֵּר אֶל לִבִּי
and behold Rivkoh came out	וְהִנֵּה רִבְקָה יֹצֵאת
with her jug on her shoulder	וְכַדָּהּ עַל שִׁכְמָהּ
she went down to the well	וַתֵּרֶד הָעַיְנָה
and she drew [water]	וַתִּשְׁאָב
then I said to her,	וָאֹמַר אֵלֶיהָ
'Please give me to drink.'	הַשְׁקִינִי נָא׃
46. She hurried	46. וַתְּמַהֵר
and she lowered her jug	וַתּוֹרֶד כַּדָּהּ
from upon her	מֵעָלֶיהָ
and she said,	וַתֹּאמֶר
'Drink,	שְׁתֵה
and also your camels	וְגַם גְּמַלֶּיךָ
will I give to drink,'	אַשְׁקֶה
so I drank	וָאֵשְׁתְּ
and also the camels	וְגַם הַגְּמַלִּים
did she give to drink.	הִשְׁקָתָה׃

CHAYEI SOROH Chapter 24 | חיי שרה פרק כד | 132

47. Then I asked her	47. וָאֶשְׁאַל אֹתָהּ
and I said,	וָאֹמַר
'Whose daughter are you?'	בַּת מִי אַתְּ
and she said,	וַתֹּאמֶר
'The daughter of Besuel the son of Nochor	בַּת בְּתוּאֵל בֶּן נָחוֹר
whom Milkoh bore to him,'	אֲשֶׁר יָלְדָה לּוֹ מִלְכָּה
so I put the nose ring	וָאָשִׂם הַנֶּזֶם
on her nose	עַל אַפָּהּ
and the bracelets	וְהַצְּמִידִים
on her hands (arms).	עַל יָדֶיהָ:
48. Then I bowed low	48. וָאֶקֹּד
and prostrated myself to Hashem	וָאֶשְׁתַּחֲוֶה לַיהוָֹה
and I blessed	וָאֲבָרֵךְ
Hashem the G-d of my master Avrohom	אֶת יְהוָֹה אֱלֹהֵי אֲדֹנִי אַבְרָהָם
Who led me	אֲשֶׁר הִנְחַנִי
on the true way	בְּדֶרֶךְ אֱמֶת
to take	לָקַחַת
the daughter of my master's brother	אֶת בַּת אֲחִי אֲדֹנִי
for his son.	לִבְנוֹ:
49. And now	49. וְעַתָּה
if you will do	אִם יֶשְׁכֶם עֹשִׂים
kindness and truth	חֶסֶד וֶאֱמֶת
with my master	אֶת אֲדֹנִי
tell me	הַגִּידוּ לִי
and if not	וְאִם לֹא
tell me	הַגִּידוּ לִי
and I will turn	וְאֶפְנֶה
to the right	עַל יָמִין
or to the left."	אוֹ עַל שְׂמֹאל:
50. Then Lovon and Besuel answered	50. וַיַּעַן לָבָן וּבְתוּאֵל
and they said,	וַיֹּאמְרוּ
"From Hashem has this matter come out.	מֵיְהוָֹה יָצָא הַדָּבָר
We are not able	לֹא נוּכַל

to speak to you
[either] bad or good.

51. Behold Rivkoh is before you
take [her] and go
and let her be a wife
to your master's son
as Hashem has spoken."

52. And it was
when Avrohom's servant heard
their words
he prostrated himself on the ground
to Hashem.

53. Then the servant brought out
silver vessels
and golden vessels
and clothes
and gave [them] to Rivkoh
and delicious fruits
he gave
to her brother and to her mother.

54. They ate and drank
he
and the men who [were] with him
and they stayed overnight,
when they got up in the morning
he said,
"Send me to my master."

55. Her brother and her mother said,
"Let the girl stay
with us
a year

דַּבֵּר אֵלֶיךָ
רַע אוֹ טוֹב:

51. הִנֵּה רִבְקָה לְפָנֶיךָ
קַח וָלֵךְ
וּתְהִי אִשָּׁה
לְבֶן אֲדֹנֶיךָ
כַּאֲשֶׁר דִּבֶּר יְהוָֹה:

52. וַיְהִי
כַּאֲשֶׁר שָׁמַע עֶבֶד אַבְרָהָם
אֶת דִּבְרֵיהֶם
וַיִּשְׁתַּחוּ אַרְצָה
לַיהוָֹה:

53. וַיּוֹצֵא הָעֶבֶד
כְּלֵי כֶסֶף
וּכְלֵי זָהָב
וּבְגָדִים
וַיִּתֵּן לְרִבְקָה
וּמִגְדָּנֹת
נָתַן
לְאָחִיהָ וּלְאִמָּהּ:

54. וַיֹּאכְלוּ וַיִּשְׁתּוּ
הוּא
וְהָאֲנָשִׁים אֲשֶׁר עִמּוֹ
וַיָּלִינוּ
וַיָּקוּמוּ בַבֹּקֶר
וַיֹּאמֶר
שַׁלְּחֻנִי לַאדֹנִי:

55. וַיֹּאמֶר אָחִיהָ וְאִמָּהּ
תֵּשֵׁב הַנַּעֲרָה
אִתָּנוּ
יָמִים

or ten [months]	אוֹ עָשׂוֹר
after that	אַחַר
she may go."	תֵּלֵךְ׃
56. But he said to them,	56. וַיֹּאמֶר אֲלֵהֶם
"Do not delay me	אַל תְּאַחֲרוּ אֹתִי
when Hashem has made my way successful	וַיהוָֹה הִצְלִיחַ דַּרְכִּי
send me off	שַׁלְּחוּנִי
and I will go to my master."	וְאֵלְכָה לַאדֹנִי׃
57. And they said,	57. וַיֹּאמְרוּ
"Let us call the girl	נִקְרָא לַנַּעֲרָה
and let us ask	וְנִשְׁאֲלָה
her mouth (her opinion)."	אֶת פִּיהָ׃
58. They called Rivkoh	58. וַיִּקְרְאוּ לְרִבְקָה
and they said to her,	וַיֹּאמְרוּ אֵלֶיהָ
"Will you go	הֲתֵלְכִי
with this man?"	עִם הָאִישׁ הַזֶּה
and she said,	וַתֹּאמֶר
"I will go."	אֵלֵךְ׃
59. So they sent off	59. וַיְשַׁלְּחוּ
Rivkoh their sister	אֶת רִבְקָה אֲחֹתָם
and her nurse	וְאֶת מֵנִקְתָּהּ
and Avrohom's servant	וְאֶת עֶבֶד אַבְרָהָם
and his men.	וְאֶת אֲנָשָׁיו׃
60. They blessed Rivkoh	60. וַיְבָרְכוּ אֶת רִבְקָה
and they said to her,	וַיֹּאמְרוּ לָהּ
"Our sister	אֲחֹתֵנוּ
may you become	אַתְּ הֲיִי
thousands of ten thousands	לְאַלְפֵי רְבָבָה
and may your descendants inherit	וְיִירַשׁ זַרְעֵךְ
the gate of their enemies."	אֵת שַׁעַר שֹׂנְאָיו׃

61. Then Rivkoh got up
  and her girls
  and they rode
  on the camels
  and they went
  after the man,
  the servant took Rivkoh
  and he went.
	61. וַתָּקָם רִבְקָה
	וְנַעֲרֹתֶיהָ
	וַתִּרְכַּבְנָה
	עַל הַגְּמַלִּים
	וַתֵּלַכְנָה
	אַחֲרֵי הָאִישׁ
	וַיִּקַּח הָעֶבֶד אֶת רִבְקָה
	וַיֵּלַךְ:

62. And Yitzchok came [back]
  from having come (gone)
  to Be'er Lachai Ro'i
  and he was dwelling
  in the land of the South.
	62. וְיִצְחָק בָּא
	מִבּוֹא
	בְּאֵר לַחַי רֹאִי
	וְהוּא יוֹשֵׁב
	בְּאֶרֶץ הַנֶּגֶב:

63. Yitzchok went out
  to pray in the field
  towards evening
  and he lifted his eyes
  and he saw
  behold camels were coming.
	63. וַיֵּצֵא יִצְחָק
	לָשׂוּחַ בַּשָּׂדֶה
	לִפְנוֹת עָרֶב
	וַיִּשָּׂא עֵינָיו
	וַיַּרְא
	וְהִנֵּה גְמַלִּים בָּאִים:

64. And Rivkoh lifted her eyes
  and she saw Yitzchok
  she bent over
  while on the camel.
	64. וַתִּשָּׂא רִבְקָה אֶת עֵינֶיהָ
	וַתֵּרֶא אֶת יִצְחָק
	וַתִּפֹּל
	מֵעַל הַגָּמָל:

65. And she said to the servant,
  "Who is this man
  who is walking in the field
  towards us?"
  And the servant said,
  "He is my master,"
  she then took the veil
  and covered herself.
	65. וַתֹּאמֶר אֶל הָעֶבֶד
	מִי הָאִישׁ הַלָּזֶה
	הַהֹלֵךְ בַּשָּׂדֶה
	לִקְרָאתֵנוּ
	וַיֹּאמֶר הָעֶבֶד
	הוּא אֲדֹנִי
	וַתִּקַּח הַצָּעִיף
	וַתִּתְכָּס:

66. The servant told Yitzchok
    all the things
    which he had done.

67. And Yitzchok brought her
    into the tent of
    Soroh his mother
    he took (married) Rivkoh
    she became his wife
    and he loved her
    and Yitzchok was consoled
    after his mother.

Chapter 25

1. And Avrohom continued
   and he took a wife
   whose name [was] Keturoh.

2. She bore to him
   Zimron and Yokshon
   Medon and Midyon
   Yishbok and Shuach.

3. Yokshon begot
   Shevo and Dedon
   and the children of Dedon were
   Ashurim, Letushim and Le'umim.

4. The sons of Midyon [were]
   Eifoh, Efer and Chanoch
   Avido and Eldo'oh,
   all these [were]
   the descendants of Keturoh.

5. Avrohom gave all that he had
   to Yitzchok.

66. וַיְסַפֵּר הָעֶבֶד לְיִצְחָק
    אֵת כָּל הַדְּבָרִים
    אֲשֶׁר עָשָׂה:

67. וַיְבִאֶהָ יִצְחָק
    הָאֹהֱלָה
    שָׂרָה אִמּוֹ
    וַיִּקַּח אֶת רִבְקָה
    וַתְּהִי לוֹ לְאִשָּׁה
    וַיֶּאֱהָבֶהָ
    וַיִּנָּחֵם יִצְחָק
    אַחֲרֵי אִמּוֹ:

פרק כ"ה

1. וַיֹּסֶף אַבְרָהָם
   וַיִּקַּח אִשָּׁה
   וּשְׁמָהּ קְטוּרָה:

2. וַתֵּלֶד לוֹ
   אֶת זִמְרָן וְאֶת יָקְשָׁן
   וְאֶת מְדָן וְאֶת מִדְיָן
   וְאֶת יִשְׁבָּק וְאֶת שׁוּחַ:

3. וְיָקְשָׁן יָלַד
   אֶת שְׁבָא וְאֶת דְּדָן
   וּבְנֵי דְדָן הָיוּ
   אַשּׁוּרִם וּלְטוּשִׁם וּלְאֻמִּים:

4. וּבְנֵי מִדְיָן
   עֵיפָה וָעֵפֶר וַחֲנֹךְ
   וַאֲבִידָע וְאֶלְדָּעָה
   כָּל אֵלֶּה
   בְּנֵי קְטוּרָה:

5. וַיִּתֵּן אַבְרָהָם אֶת כָּל אֲשֶׁר לוֹ
   לְיִצְחָק:

6. But to the children of the concubines
   whom Avrohom had
   Avrohom gave presents
   and he sent them away
   from Yitzchok his son
   while he was still alive
   to the East
   to the land of the East.

6. וְלִבְנֵי הַפִּילַגְשִׁים
   אֲשֶׁר לְאַבְרָהָם
   נָתַן אַבְרָהָם מַתָּנֹת
   וַיְשַׁלְּחֵם
   מֵעַל יִצְחָק בְּנוֹ
   בְּעוֹדֶנּוּ חַי
   קֵדְמָה
   אֶל אֶרֶץ קֶדֶם:

7. And these are
   the days of
   the years of the life of Avrohom
   which he lived
   one hundred years
   and seventy years
   and five years (175 years).

7. וְאֵלֶּה
   יְמֵי
   שְׁנֵי חַיֵּי אַבְרָהָם
   אֲשֶׁר חָי
   מְאַת שָׁנָה
   וְשִׁבְעִים שָׁנָה
   וְחָמֵשׁ שָׁנִים:

8. Avrohom expired and he died
   in a good old age
   old
   and satisfied
   and he was gathered to his people.

8. וַיִּגְוַע וַיָּמָת אַבְרָהָם
   בְּשֵׂיבָה טוֹבָה
   זָקֵן
   וְשָׂבֵעַ
   וַיֵּאָסֶף אֶל עַמָּיו:

9. Yitzchok and
       Yishmoel his sons buried him
   in the cave of Machpeloh
   in the field of Efron
       the son of Tzochar the Chitti
   which was before Mamre.

9. וַיִּקְבְּרוּ אֹתוֹ
   יִצְחָק וְיִשְׁמָעֵאל בָּנָיו
   אֶל מְעָרַת הַמַּכְפֵּלָה
   אֶל שְׂדֵה עֶפְרֹן
   בֶּן צֹחַר הַחִתִּי
   אֲשֶׁר עַל פְּנֵי מַמְרֵא:

10. The field
    which Avrohom had bought
    from the children of Ches
    there
    Avrohom was buried
    and Soroh his wife.

10. הַשָּׂדֶה
    אֲשֶׁר קָנָה אַבְרָהָם
    מֵאֵת בְּנֵי חֵת
    שָׁמָּה
    קֻבַּר אַבְרָהָם
    וְשָׂרָה אִשְׁתּוֹ:

CHAYEI SOROH Chapter 25

11. And it was
    after the death of Avrohom
    G-d blessed
    Yitzchok his son,
    Yitzchok settled
    near Be'er Lachai Ro'i.

    וַיְהִי 11.
    אַחֲרֵי מוֹת אַבְרָהָם
    וַיְבָרֶךְ אֱלֹהִים
    אֶת יִצְחָק בְּנוֹ
    וַיֵּשֶׁב יִצְחָק
    עִם בְּאֵר לַחַי רֹאִי:

12. These [are]
    the descendants of Yishmoel
       the son of Avrohom,
    whom
    Hogor the Egyptian, the woman
       slave of Soroh, had **borne**
    to Avrohom.

    וְאֵלֶּה 12.
    תֹּלְדֹת יִשְׁמָעֵאל בֶּן אַבְרָהָם
    אֲשֶׁר
    יָלְדָה הָגָר הַמִּצְרִית שִׁפְחַת שָׂרָה
    לְאַבְרָהָם:

13. These [are]
    the names of the sons of Yishmoel
    by their names
    in the order of their births,
    the firstborn of Yishmoel [was] Nevoyos
    and Kedor, Adbe'el and Mivsom.

    וְאֵלֶּה 13.
    שְׁמוֹת בְּנֵי יִשְׁמָעֵאל
    בִּשְׁמֹתָם
    לְתוֹלְדֹתָם
    בְּכֹר יִשְׁמָעֵאל נְבָיֹת
    וְקֵדָר וְאַדְבְּאֵל וּמִבְשָׂם:

14. Mishmo, Dumoh and Maso.

    וּמִשְׁמָע וְדוּמָה וּמַשָּׂא: 14.

15. Chadad and Teimo
    Yetur, Nofish and Kedmoh.

    חֲדַד וְתֵימָא 15.
    יְטוּר נָפִישׁ וָקֵדְמָה:

16. These [are]
    the sons of Yishmoel
    and these [are] their names
    in their open cities
    and in their fortified cities
    twelve princes
    for their nations.

    אֵלֶּה הֵם 16.
    בְּנֵי יִשְׁמָעֵאל
    וְאֵלֶּה שְׁמֹתָם
    בְּחַצְרֵיהֶם
    וּבְטִירֹתָם
    שְׁנֵים עָשָׂר נְשִׂיאִם
    לְאֻמֹּתָם:

17. These [are]

    וְאֵלֶּה 17.

the years of the life of Yishmoel	שְׁנֵי חַיֵּי יִשְׁמָעֵאל
one hundred years	מְאַת שָׁנָה
and thirty years	וּשְׁלֹשִׁים שָׁנָה
and seven years (137 years)	וְשֶׁבַע שָׁנִים
he expired and died	וַיִּגְוַע וַיָּמָת
and he was gathered to his people.	וַיֵּאָסֶף אֶל עַמָּיו:

18. They dwelled
   from Chaviloh to Shur
   which is facing Egypt
   as you come to Ashur
   over all his brothers
   did he dwell.

18. וַיִּשְׁכְּנוּ
   מֵחֲוִילָה עַד שׁוּר
   אֲשֶׁר עַל פְּנֵי מִצְרַיִם
   בֹּאֲכָה אַשּׁוּרָה
   עַל פְּנֵי כָל אֶחָיו
   נָפָל:

TOLDOS

תּוֹלְדֹת

19. These [are]
   the descendants of Yitzchok,
      the son of Avrohom,
   Avrohom begot Yitzchok.

19. וְאֵלֶּה
   תּוֹלְדֹת יִצְחָק בֶּן אַבְרָהָם
   אַבְרָהָם הוֹלִיד אֶת יִצְחָק:

20. Yitzchok was
   forty years old
   when he took (married) Rivkoh
   the daughter of Besuel the Arami
   from Padan Arom
   the sister of Lovon the Arami
   for himself
   as a wife.

20. וַיְהִי יִצְחָק
   בֶּן אַרְבָּעִים שָׁנָה
   בְּקַחְתּוֹ אֶת רִבְקָה
   בַּת בְּתוּאֵל הָאֲרַמִּי
   מִפַּדַּן אֲרָם
   אֲחוֹת לָבָן הָאֲרַמִּי
   לוֹ
   לְאִשָּׁה:

21. Yitzchok prayed much to Hashem
   opposite his wife
   because she was barren
   Hashem let Himself be persuaded by him
   and Rivkoh his wife conceived.

21. וַיֶּעְתַּר יִצְחָק לַיהֹוָה
   לְנֹכַח אִשְׁתּוֹ
   כִּי עֲקָרָה הִיא
   וַיֵּעָתֶר לוֹ יְהֹוָה
   וַתַּהַר רִבְקָה אִשְׁתּוֹ:

22. The children were pushing	22. וַיִּתְרֹצְצוּ הַבָּנִים
inside her	בְּקִרְבָּהּ
and she said,	וַתֹּאמֶר
"If so	אִם כֵּן
why did I pray for this?"	לָמָּה זֶּה אָנֹכִי
and she went	וַתֵּלֶךְ
to enquire of Hashem.	לִדְרֹשׁ אֶת יְהוָֹה׃
23. And Hashem said to her,	23. וַיֹּאמֶר יְהוָֹה לָהּ
"Two nations [are]	שְׁנֵי גוֹיִם
in your womb	בְּבִטְנֵךְ
and two kingdoms	וּשְׁנֵי לְאֻמִּים
from your insides	מִמֵּעַיִךְ
will be separated	יִפָּרֵדוּ
one kingdom will take its strength from the other kingdom	וּלְאֹם מִלְאֹם יֶאֱמָץ
and the older one	וְרַב
will serve	יַעֲבֹד
the younger one."	צָעִיר׃
24. When her days were full	24. וַיִּמְלְאוּ יָמֶיהָ
to bear	לָלֶדֶת
behold	וְהִנֵּה
twins	תוֹמִם
[were] in her womb.	בְּבִטְנָהּ׃
25. The first one came out	25. וַיֵּצֵא הָרִאשׁוֹן
red	אַדְמוֹנִי
all of him [was]	כֻּלּוֹ
like a hairy coat	כְּאַדֶּרֶת שֵׂעָר
so they called his name Esov.	וַיִּקְרְאוּ שְׁמוֹ עֵשָׂו׃
26. After that	26. וְאַחֲרֵי כֵן
his brother came out	יָצָא אָחִיו
and his hand was holding	וְיָדוֹ אֹחֶזֶת
onto the heel of Esov	בַּעֲקֵב עֵשָׂו

and he called his name Yaakov,
Yitzchok was sixty years old
when she bore them.

וַיִּקְרָא שְׁמוֹ יַעֲקֹב
וְיִצְחָק בֶּן שִׁשִּׁים שָׁנָה
בְּלֶדֶת אֹתָם:

27. When the youths grew up
Esov became
a man who knows how to trap (cheat people)
a man of the field
but Yaakov was a perfect man
sitting in [the] tents [of Torah].

27. וַיִּגְדְּלוּ הַנְּעָרִים
וַיְהִי עֵשָׂו
אִישׁ יֹדֵעַ צַיִד
אִישׁ שָׂדֶה
וְיַעֲקֹב אִישׁ תָּם
יֹשֵׁב אֹהָלִים:

28. Yitzchok loved Esov
because game* was in his mouth
but Rivkoh loved Yaakov.

28. וַיֶּאֱהַב יִצְחָק
אֶת עֵשָׂו כִּי צַיִד בְּפִיו
וְרִבְקָה אֹהֶבֶת אֶת יַעֲקֹב:

29. Yaakov was [once] cooking
a stew
when Esov came [in]
from the field
and he was exhausted.

29. וַיָּזֶד יַעֲקֹב
נָזִיד
וַיָּבֹא עֵשָׂו
מִן הַשָּׂדֶה
וְהוּא עָיֵף:

30. Esov said to Yaakov,
"Pour down me now
some of this red red [food]
because I am exhausted,"
therefore
his name was called Edom.

30. וַיֹּאמֶר עֵשָׂו אֶל יַעֲקֹב
הַלְעִיטֵנִי נָא
מִן הָאָדֹם הָאָדֹם הַזֶּה
כִּי עָיֵף אָנֹכִי
עַל כֵּן
קָרָא שְׁמוֹ אֱדוֹם:

31. Yaakov said,
"Sell
like this day
your birthright
to me."

31. וַיֹּאמֶר יַעֲקֹב
מִכְרָה
כַיּוֹם
אֶת בְּכֹרָתְךָ
לִי:

32. And Esov said,

32. וַיֹּאמֶר עֵשָׂו

* game — meat of the animals hunted by Esov

"Behold
I am going to die
so why do I need the birthright?"

הִנֵּה
אָנֹכִי הוֹלֵךְ לָמוּת
וְלָמָּה זֶּה לִי בְּכֹרָה:

33. Yaakov said,
"Swear to me
like this day,"
so he swore to him
and he sold his birthright
to Yaakov.

33. וַיֹּאמֶר יַעֲקֹב
הִשָּׁבְעָה לִּי
כַּיּוֹם
וַיִּשָּׁבַע לוֹ
וַיִּמְכֹּר אֶת בְּכֹרָתוֹ
לְיַעֲקֹב:

34. And Yaakov gave to Esov
bread
and lentil stew
and he ate
and he drank
he got up and went
and Esov despised (showed contempt for)
the birthright.

34. וְיַעֲקֹב נָתַן לְעֵשָׂו
לֶחֶם
וּנְזִיד עֲדָשִׁים
וַיֹּאכַל
וַיֵּשְׁתְּ
וַיָּקָם וַיֵּלַךְ
וַיִּבֶז עֵשָׂו
אֶת הַבְּכֹרָה:

Chapter 26

פרק כ״ו

1. There was a famine in the land
besides the previous famine
which was
in the days of Avrohom,
and Yitzchok went
to Avimelech the king of Pelishtim
to Geror.

1. וַיְהִי רָעָב בָּאָרֶץ
מִלְּבַד הָרָעָב הָרִאשׁוֹן
אֲשֶׁר הָיָה
בִּימֵי אַבְרָהָם
וַיֵּלֶךְ יִצְחָק
אֶל אֲבִימֶלֶךְ מֶלֶךְ פְּלִשְׁתִּים
גְּרָרָה:

2. Hashem appeared to him
and He said,
"Do not go down to Egypt,
dwell in the land
which I will say to you.

2. וַיֵּרָא אֵלָיו יְהוָֹה
וַיֹּאמֶר
אַל תֵּרֵד מִצְרָיְמָה
שְׁכֹן בָּאָרֶץ
אֲשֶׁר אֹמַר אֵלֶיךָ:

3. Sojourn in this land
   and I will be with you
   and I will bless you
   because
   to you and to your descendants
   will I give
   all these lands
   and I will set up
   the oath
   which I have sworn
   to Avrohom your father.

3. גּוּר בָּאָרֶץ הַזֹּאת
   וְאֶהְיֶה עִמְּךָ
   וַאֲבָרְכֶךָּ
   כִּי
   לְךָ וּלְזַרְעֲךָ
   אֶתֵּן
   אֶת כָּל הָאֲרָצֹת הָאֵל
   וַהֲקִמֹתִי
   אֶת הַשְּׁבֻעָה
   אֲשֶׁר נִשְׁבַּעְתִּי
   לְאַבְרָהָם אָבִיךָ:

4. I will increase your descendants
   like the stars of the heavens
   and I will give
   to your descendants
   all these lands
   and with your descendants shall be blessed
   all the nations of the earth.

4. וְהִרְבֵּיתִי אֶת זַרְעֲךָ
   כְּכוֹכְבֵי הַשָּׁמַיִם
   וְנָתַתִּי
   לְזַרְעֲךָ
   אֶת כָּל הָאֲרָצֹת הָאֵל
   וְהִתְבָּרֲכוּ בְזַרְעֲךָ
   כֹּל גּוֹיֵי הָאָרֶץ:

5. Because
   Avrohom listened to My voice
   and he kept
   My safeguards
   My commandments
   My decrees
   and My Torahs (written and oral)."

5. עֵקֶב
   אֲשֶׁר שָׁמַע אַבְרָהָם בְּקֹלִי
   וַיִּשְׁמֹר
   מִשְׁמַרְתִּי
   מִצְוֹתַי
   חֻקּוֹתַי
   וְתוֹרֹתָי:

6. So Yitzchok settled in Geror.

6. וַיֵּשֶׁב יִצְחָק בִּגְרָר:

7. And the men of the place asked
   about his wife
   and he said,
   "She is my sister,"
   because he was afraid to say
   "[she is] my wife"

7. וַיִּשְׁאֲלוּ אַנְשֵׁי הַמָּקוֹם
   לְאִשְׁתּוֹ
   וַיֹּאמֶר
   אֲחֹתִי הִיא
   כִּי יָרֵא לֵאמֹר
   אִשְׁתִּי

TOLDOS Chapter 26

    in case "the men of the place will kill me
    because of Rivkoh"
    because she was of beautiful appearance.

פֶּן יַהַרְגֻנִי אַנְשֵׁי הַמָּקוֹם
עַל רִבְקָה
כִּי טוֹבַת מַרְאֶה הִיא:

8. And it was
    when his days there became long
       (he had been there a long time)
    [that] Avimelech the king
       of Pelishtim looked
    through the window
    and he saw
    behold Yitzchok was laughing
    with Rivkoh his wife.

8. וַיְהִי
כִּי אָרְכוּ לוֹ שָׁם הַיָּמִים

וַיַּשְׁקֵף אֲבִימֶלֶךְ מֶלֶךְ פְּלִשְׁתִּים

בְּעַד הַחַלּוֹן
וַיַּרְא
וְהִנֵּה יִצְחָק מְצַחֵק
אֵת רִבְקָה אִשְׁתּוֹ:

9. So Avimelech called for Yitzchok
    and he said,
    "But
    behold she is your wife
    and how could you say,
    'She is my sister'?"
    Yitzchok said to him,
    "Because I said (thought)
    lest I die
    because of her."

9. וַיִּקְרָא אֲבִימֶלֶךְ לְיִצְחָק
וַיֹּאמֶר
אַךְ
הִנֵּה אִשְׁתְּךָ הִיא
וְאֵיךְ אָמַרְתָּ
אֲחֹתִי הִיא
וַיֹּאמֶר אֵלָיו יִצְחָק
כִּי אָמַרְתִּי
פֶּן אָמוּת
עָלֶיהָ:

10. Avimelech said,
    "What is this
    [that] you have done to us?
    [The] one of people has nearly lain
    with your wife
    then you would have brought on us
    guilt."

10. וַיֹּאמֶר אֲבִימֶלֶךְ
מַה זֹּאת
עָשִׂיתָ לָּנוּ
כִּמְעַט שָׁכַב אַחַד הָעָם
אֶת אִשְׁתֶּךָ
וְהֵבֵאתָ עָלֵינוּ
אָשָׁם:

11. Then Avimelech commanded
    all the people
    saying,

11. וַיְצַו אֲבִימֶלֶךְ
אֶת כָּל הָעָם
לֵאמֹר

"Anyone who touches (harms) this man
or his wife
will surely be put to death."

12. Yitzchok sowed
in that land
and he found in that year
a hundredfold
because Hashem had blessed him.

13. The man became rich
and he continued to become richer
until he was very rich.

14. He had
flocks of sheep
and herds of cattle
and many undertakings
and the Pelishtim were jealous of him.

15. All the wells
which the servants of his father had dug
in the days of Avrohom, his father,
the Pelishtim stopped them up
and they filled them [with] soil.

16. Avimelech said to Yitzchok,
"Go away from us
because you have become very [much]
   mightier than we."

17. So Yitzchok went away from there
and he camped
in the valley of Geror
and he settled there.

הַנֹּגֵעַ בָּאִישׁ הַזֶּה
וּבְאִשְׁתּוֹ
מוֹת יוּמָת:

12. וַיִּזְרַע יִצְחָק
בָּאָרֶץ הַהִוא
וַיִּמְצָא בַּשָּׁנָה הַהִוא
מֵאָה שְׁעָרִים
וַיְבָרֲכֵהוּ יְהוָה:

13. וַיִּגְדַּל הָאִישׁ
וַיֵּלֶךְ הָלוֹךְ וְגָדֵל
עַד כִּי גָדַל מְאֹד:

14. וַיְהִי לוֹ
מִקְנֵה צֹאן
וּמִקְנֵה בָקָר
וַעֲבֻדָּה רַבָּה
וַיְקַנְאוּ אֹתוֹ פְּלִשְׁתִּים:

15. וְכָל הַבְּאֵרֹת
אֲשֶׁר חָפְרוּ עַבְדֵי אָבִיו
בִּימֵי אַבְרָהָם אָבִיו
סִתְּמוּם פְּלִשְׁתִּים
וַיְמַלְאוּם עָפָר:

16. וַיֹּאמֶר אֲבִימֶלֶךְ אֶל יִצְחָק
לֵךְ מֵעִמָּנוּ
כִּי עָצַמְתָּ מִמֶּנּוּ מְאֹד:

17. וַיֵּלֶךְ מִשָּׁם יִצְחָק
וַיִּחַן
בְּנַחַל גְּרָר
וַיֵּשֶׁב שָׁם:

TOLDOS Chapter 26 תולדת פרק כו 146

18. And Yitzchok dug again
the wells of water
which they had dug
in the days of
Avrohom his father
and the Pelishtim had stopped them up
after
the death of Avrohom
and he called them names
like the names
which his father had called them.

18. וַיָּשָׁב יִצְחָק וַיַּחְפֹּר
אֶת בְּאֵרֹת הַמַּיִם
אֲשֶׁר חָפְרוּ
בִּימֵי
אַבְרָהָם אָבִיו
וַיְסַתְּמוּם פְּלִשְׁתִּים
אַחֲרֵי
מוֹת אַבְרָהָם
וַיִּקְרָא לָהֶן שֵׁמוֹת
כַּשֵּׁמוֹת
אֲשֶׁר קָרָא לָהֶן אָבִיו:

19. The servants of Yitzchok dug
in the valley
and they found there
a well of flowing water.

19. וַיַּחְפְּרוּ עַבְדֵי יִצְחָק
בַּנָּחַל
וַיִּמְצְאוּ שָׁם
בְּאֵר מַיִם חַיִּים:

20. The shepherds of Geror quarreled
with the shepherds of Yitzchok
saying,
"The water is ours,"
so he called the name of the well
Esek
because they engaged [in a quarrel]
with him.

20. וַיָּרִיבוּ רֹעֵי גְרָר
עִם רֹעֵי יִצְחָק
לֵאמֹר
לָנוּ הַמָּיִם
וַיִּקְרָא שֵׁם הַבְּאֵר
עֵשֶׂק
כִּי הִתְעַשְּׂקוּ
עִמּוֹ:

21. [Then] they dug
another well
and they quarreled
also over it
so he called its name
Sitnoh (hindrance).

21. וַיַּחְפְּרוּ
בְּאֵר אַחֶרֶת
וַיָּרִיבוּ
גַּם עָלֶיהָ
וַיִּקְרָא שְׁמָהּ
שִׂטְנָה:

22. He moved away from there
and he dug
another well

22. וַיַּעְתֵּק מִשָּׁם
וַיַּחְפֹּר
בְּאֵר אַחֶרֶת

and they did not quarrel over it וְלֹא רָבוּ עָלֶיהָ
so he called its name Rechovos וַיִּקְרָא שְׁמָהּ רְחֹבוֹת
and he said, וַיֹּאמֶר
"Because now כִּי עַתָּה
Hashem has given us plenty of space הִרְחִיב יְהוָֹה לָנוּ
and we shall be fruitful וּפָרִינוּ
in the land." בָאָרֶץ:

23. He went up from there 23. וַיַּעַל מִשָּׁם
to Be'er Sheva. בְּאֵר שָׁבַע:

24. Hashem appeared to him 24. וַיֵּרָא אֵלָיו יְהוָֹה
in that night בַּלַּיְלָה הַהוּא
and He said, וַיֹּאמֶר
"I am אָנֹכִי
the G-d of Avrohom, your father, אֱלֹהֵי אַבְרָהָם אָבִיךָ
do not be afraid אַל תִּירָא
because I am with you כִּי אִתְּךָ אָנֹכִי
and I will bless you וּבֵרַכְתִּיךָ
and I will increase וְהִרְבֵּיתִי
your descendants אֶת זַרְעֲךָ
because of Avrohom, My servant." בַּעֲבוּר אַבְרָהָם עַבְדִּי:

25. He built there 25. וַיִּבֶן שָׁם
an altar מִזְבֵּחַ
and he called on the name of Hashem וַיִּקְרָא בְּשֵׁם יְהוָֹה
(prayed to him)
and he pitched there וַיֵּט שָׁם
his tent אָהֳלוֹ
the servants of Yitzchok dug there וַיִּכְרוּ שָׁם עַבְדֵי יִצְחָק
a well. בְּאֵר:

26. And Avimelech 26. וַאֲבִימֶלֶךְ
went to him הָלַךְ אֵלָיו
from Geror מִגְּרָר
with a group of his friends וַאֲחֻזַּת מֵרֵעֵהוּ

and Fichol the chief of his army.	וּפִיכֹל שַׂר צְבָאוֹ:
27. Yitzchok said to them, "Why have you come to me? You hate me and you have sent me away from you."	27. וַיֹּאמֶר אֲלֵהֶם יִצְחָק מַדּוּעַ בָּאתֶם אֵלָי וְאַתֶּם שְׂנֵאתֶם אֹתִי וַתְּשַׁלְּחוּנִי מֵאִתְּכֶם:
28. And they said, "We have surely seen that Hashem has been with you so we said, 'Let there now be the oath [which is] between us (from your father's times) between us and you and we will make a covenant with you.'	28. וַיֹּאמְרוּ רָאוֹ רָאִינוּ כִּי הָיָה יְהוָֹה עִמָּךְ וַנֹּאמֶר תְּהִי נָא אָלָה בֵּינוֹתֵינוּ בֵּינֵינוּ וּבֵינֶךָ וְנִכְרְתָה בְרִית עִמָּךְ:
29. That you will not do with us evil just as we have not touched (harmed) you and just as we have done with you only good and we sent you away in peace you now [do the same] blessed one of Hashem."	29. אִם תַּעֲשֵׂה עִמָּנוּ רָעָה כַּאֲשֶׁר לֹא נְגַעֲנוּךָ וְכַאֲשֶׁר עָשִׂינוּ עִמְּךָ רַק טוֹב וַנְּשַׁלֵּחֲךָ בְּשָׁלוֹם אַתָּה עַתָּה בְּרוּךְ יְהוָֹה:
30. He made for them a feast and they ate and they drank.	30. וַיַּעַשׂ לָהֶם מִשְׁתֶּה וַיֹּאכְלוּ וַיִּשְׁתּוּ:

31. They got up early in the morning
    and they swore
    to one another
    Yitzchok saw them off
    and they went away from him
    in peace.

    31. וַיַּשְׁכִּימוּ בַבֹּקֶר
    וַיִּשָּׁבְעוּ
    אִישׁ לְאָחִיו
    וַיְשַׁלְּחֵם יִצְחָק
    וַיֵּלְכוּ מֵאִתּוֹ
    בְּשָׁלוֹם:

32. And it was
    on that day
    [that] the servants of Yitzchok came
    and they told him
    about the well
    which they had dug
    and they said to him,
    "We have found water."

    32. וַיְהִי
    בַּיּוֹם הַהוּא
    וַיָּבֹאוּ עַבְדֵי יִצְחָק
    וַיַּגִּדוּ לוֹ
    עַל אֹדוֹת הַבְּאֵר
    אֲשֶׁר חָפָרוּ
    וַיֹּאמְרוּ לוֹ
    מָצָאנוּ מָיִם:

33. And he called it Shivoh,
    therefore
    the name of the city [is] Be'er Sheva
    until this day.

    33. וַיִּקְרָא אֹתָהּ שִׁבְעָה
    עַל כֵּן
    שֵׁם הָעִיר בְּאֵר שֶׁבַע
    עַד הַיּוֹם הַזֶּה:

34. When Esov was
    forty years old
    he took [as] a wife
    Yehudis
    the daughter of Be'eri the Chitti,
    and Bosmas
    the daughter of Eilon the Chitti.

    34. וַיְהִי עֵשָׂו
    בֶּן אַרְבָּעִים שָׁנָה
    וַיִּקַּח אִשָּׁה
    אֶת יְהוּדִית
    בַּת בְּאֵרִי הַחִתִּי
    וְאֶת בָּשְׂמַת
    בַּת אֵילֹן הַחִתִּי:

35. And they were rebellious
    against Yitzchok and Rivkoh.

    35. וַתִּהְיֶיןָ מֹרַת רוּחַ
    לְיִצְחָק וּלְרִבְקָה:

Chapter 27

פרק כ״ז

1. And it was
   when Yitzchok had become old
   and his eyes had become too dim
   for seeing,
   [that] he called
   Esov, his older son
   and he said to him,
   "My son,"
   and he said to him,
   "Here I am."

   1. וַיְהִי
   כִּי זָקֵן יִצְחָק
   וַתִּכְהֶיןָ עֵינָיו
   מֵרְאֹת
   וַיִּקְרָא
   אֶת עֵשָׂו בְּנוֹ הַגָּדֹל
   וַיֹּאמֶר אֵלָיו
   בְּנִי
   וַיֹּאמֶר אֵלָיו
   הִנֵּנִי:

2. And he said,
   "Behold, now
   I have become old
   I do not know
   the day of my death.

   2. וַיֹּאמֶר
   הִנֵּה נָא
   זָקַנְתִּי
   לֹא יָדַעְתִּי
   יוֹם מוֹתִי:

3. And now
   please sharpen
   your tools
   your sword
   and your bow
   and go out to the field
   and hunt for me
   game (wild animals, like deer, etc.).

   3. וְעַתָּה
   שָׂא נָא
   כֵלֶיךָ
   תֶּלְיְךָ
   וְקַשְׁתֶּךָ
   וְצֵא הַשָּׂדֶה
   וְצוּדָה לִּי
   צָיִד:

4. And make for me
   tasty foods
   just as I like
   bring [it] to me
   and I will eat
   so that
   my soul will bless you
   before I die."

   4. וַעֲשֵׂה לִי
   מַטְעַמִּים
   כַּאֲשֶׁר אָהַבְתִּי
   וְהָבִיאָה לִּי
   וְאֹכֵלָה
   בַּעֲבוּר
   תְּבָרֶכְךָ נַפְשִׁי
   בְּטֶרֶם אָמוּת:

151 TOLDOS Chapter 27 תולדת פרק כז

5. Rivkoh was listening	.5 וְרִבְקָה שֹׁמַעַת
when Yitzchok was speaking	בְּדַבֵּר יִצְחָק
to Esov, his son,	אֶל עֵשָׂו בְּנוֹ
and Esov went to the field	וַיֵּלֶךְ עֵשָׂו הַשָּׂדֶה
to hunt game	לָצוּד צַיִד
to bring [back].	לְהָבִיא:
6. Rivkoh then said	.6 וְרִבְקָה אָמְרָה
to Yaakov, her son	אֶל יַעֲקֹב בְּנָהּ
saying,	לֵאמֹר
"Behold	הִנֵּה
I heard your father	שָׁמַעְתִּי אֶת אָבִיךָ
speaking to Esov, your brother	מְדַבֵּר אֶל עֵשָׂו אָחִיךָ
saying.	לֵאמֹר:
7. 'Bring me [some] game	.7 הָבִיאָה לִּי צַיִד
and make for me	וַעֲשֵׂה לִי
tasty foods	מַטְעַמִּים
I will eat	וְאֹכֵלָה
and I will bless you	וַאֲבָרֶכְכָה
before Hashem	לִפְנֵי יְהוָֹה
before my death.'	לִפְנֵי מוֹתִי:
8. Now my son	.8 וְעַתָּה בְנִי
listen to my voice	שְׁמַע בְּקֹלִי
to [that] which I command you.	לַאֲשֶׁר אֲנִי מְצַוָּה אֹתָךְ:
9. Go now	.9 לֶךְ נָא
to the flock	אֶל הַצֹּאן
and take for me	וְקַח לִי
from there	מִשָּׁם
two good young he-goats (kids)	שְׁנֵי גְּדָיֵי עִזִּים טֹבִים
and I will make [of] them	וְאֶעֱשֶׂה אֹתָם
tasty foods	מַטְעַמִּים
for your father	לְאָבִיךָ
just as he likes.	כַּאֲשֶׁר אָהֵב:

TOLDOS Chapter 27   תולדת פרק כז

10. You will bring [it] to your father
    and he will eat
    so that he will bless you
    before his death."

10. וְהֵבֵאתָ לְאָבִיךָ
    וְאָכָל
    בַּעֲבֻר אֲשֶׁר יְבָרֶכְךָ
    לִפְנֵי מוֹתוֹ:

11. But Yaakov said
    to Rivkoh, his mother,
    "Behold
    Esov, my brother
    [is] a hairy man
    and I am
    a smooth man.

11. וַיֹּאמֶר יַעֲקֹב
    אֶל רִבְקָה אִמּוֹ
    הֵן
    עֵשָׂו אָחִי
    אִישׁ שָׂעִר
    וְאָנֹכִי
    אִישׁ חָלָק:

12. Perhaps
    my father will feel me
    and I will be in his eyes
    like a cheat
    and I will bring on myself
    a curse
    and not a blessing."

12. אוּלַי
    יְמֻשֵּׁנִי אָבִי
    וְהָיִיתִי בְעֵינָיו
    כִּמְתַעְתֵּעַ
    וְהֵבֵאתִי עָלַי
    קְלָלָה
    וְלֹא בְרָכָה:

13. But his mother said to him,
    "On me
    [will] your curse [be]
    my son,
    only
    listen to my voice
    and go
    take [them] for me."

13. וַתֹּאמֶר לוֹ אִמּוֹ
    עָלַי
    קִלְלָתְךָ
    בְּנִי
    אַךְ
    שְׁמַע בְּקֹלִי
    וְלֵךְ
    קַח לִי:

14. So he went
    and he took
    and he brought [them] to his mother
    and his mother made
    tasty foods
    just as his father liked.

14. וַיֵּלֶךְ
    וַיִּקַּח
    וַיָּבֵא לְאִמּוֹ
    וַתַּעַשׂ אִמּוֹ
    מַטְעַמִּים
    כַּאֲשֶׁר אָהֵב אָבִיו:

15. Rivkoh then took
    the clothes of Esov
    her older son
    the clean ones
    which were with her
    in the house
    and she clothed Yaakov
    her younger son.

15. וַתִּקַּח רִבְקָה
    אֶת בִּגְדֵי עֵשָׂו
    בְּנָהּ הַגָּדֹל
    הַחֲמֻדֹת
    אֲשֶׁר אִתָּהּ
    בַּבָּיִת
    וַתַּלְבֵּשׁ אֶת יַעֲקֹב
    בְּנָהּ הַקָּטָן:

16. And the skins of
    the young he-goats
    she fitted
    on his arms (hands)
    and on the smooth part of
    his neck.

16. וְאֵת עֹרֹת
    גְּדָיֵי הָעִזִּים
    הִלְבִּישָׁה
    עַל יָדָיו
    וְעַל חֶלְקַת
    צַוָּארָיו:

17. She gave (put) the tasty food
    and the bread
    which she had made
    into the hand of Yaakov, her son.

17. וַתִּתֵּן אֶת הַמַּטְעַמִּים
    וְאֶת הַלֶּחֶם
    אֲשֶׁר עָשָׂתָה
    בְּיַד יַעֲקֹב בְּנָהּ:

18. And he came to his father
    and he said,
    "My father,"
    and he said,
    "Here I am.
    Who are you
    my son?"

18. וַיָּבֹא אֶל אָבִיו
    וַיֹּאמֶר
    אָבִי
    וַיֹּאמֶר
    הִנֶּנִּי
    מִי אַתָּה
    בְּנִי:

19. Yaakov said to his father,
    "It is I
    Esov, your firstborn (see Rashi)
    I have done
    as you have spoken to me,
    get up please
    sit

19. וַיֹּאמֶר יַעֲקֹב אֶל אָבִיו
    אָנֹכִי
    עֵשָׂו בְּכֹרֶךָ
    עָשִׂיתִי
    כַּאֲשֶׁר דִּבַּרְתָּ אֵלָי
    קוּם נָא
    שְׁבָה

and eat of my game	וְאָכְלָה מִצֵּידִי
so that	בַּעֲבוּר
your soul will bless me."	תְּבָרֶכְנִּי נַפְשֶׁךָ:
20. Yitzchok said to his son,	20. וַיֹּאמֶר יִצְחָק אֶל בְּנוֹ
"What is this	מַה זֶּה
that you hurried	מִהַרְתָּ
to find	לִמְצֹא
my son?"	בְּנִי
and he said,	וַיֹּאמֶר
"Because Hashem your G-d has made it happen	כִּי הִקְרָה יְהֹוָה אֱלֹהֶיךָ
before me."	לְפָנָי:
21. And Yitzchok said to Yaakov,	21. וַיֹּאמֶר יִצְחָק אֶל יַעֲקֹב
"Come near please	גְּשָׁה נָּא
so that I may feel you	וַאֲמֻשְׁךָ
my son,	בְּנִי
whether you are [really] my son, Esov	הַאַתָּה זֶה בְּנִי עֵשָׂו
or not."	אִם לֹא:
22. So Yaakov went near	22. וַיִּגַּשׁ יַעֲקֹב
to Yitzchok, his father	אֶל יִצְחָק אָבִיו
and he felt him	וַיְמֻשֵּׁהוּ
and he said,	וַיֹּאמֶר
"The voice is the voice of Yaakov	הַקֹּל קוֹל יַעֲקֹב
but the hands are the hands of Esov."	וְהַיָּדַיִם יְדֵי עֵשָׂו:
23. But he did not recognize him	23. וְלֹא הִכִּירוֹ
because his hands were	כִּי הָיוּ יָדָיו
like the hands of Esov, his brother	כִּידֵי עֵשָׂו אָחִיו
hairy,	שְׂעִרֹת
so he blessed him.	וַיְבָרְכֵהוּ:
24. And he said,	24. וַיֹּאמֶר
"Are you [really] my son, Esov?"	אַתָּה זֶה בְּנִי עֵשָׂו

and he said,	וַיֹּאמֶר
"I am."	אָנִי׃
25. He said,	25. וַיֹּאמֶר
"Bring [it] near to me	הַגִּשָׁה לִּי
and I will eat	וְאֹכְלָה
from the game of my son	מִצֵּיד בְּנִי
so that	לְמַעַן
my soul will bless you,"	תְּבָרֶכְךָ נַפְשִׁי
so he brought [it] near to him	וַיַּגֶּשׁ לוֹ
and he ate	וַיֹּאכַל
and he brought him wine	וַיָּבֵא לוֹ יַיִן
and he drank.	וַיֵּשְׁתְּ׃
26. Then Yitzchok, his father, said to him,	26. וַיֹּאמֶר אֵלָיו יִצְחָק אָבִיו
"Come near please	גְּשָׁה נָּא
and kiss me	וּשְׁקָה לִּי
my son."	בְּנִי׃
27. So he came near	27. וַיִּגַּשׁ
and kissed him	וַיִּשַּׁק לוֹ
he smelled	וַיָּרַח
the smell of his clothes	אֶת רֵיחַ בְּגָדָיו
and he blessed him	וַיְבָרְכֵהוּ
and he said,	וַיֹּאמֶר
"See	רְאֵה
the smell of my son	רֵיחַ בְּנִי
[is] like the smell of a field	כְּרֵיחַ שָׂדֶה
which Hashem has blessed.	אֲשֶׁר בֵּרְכוֹ יְהוָֹה׃
28. And may G-d give to you	28. וְיִתֶּן לְךָ הָאֱלֹהִים
of the dew of the heavens	מִטַּל הַשָּׁמַיִם
and of the fatness of the earth	וּמִשְׁמַנֵּי הָאָרֶץ
and plenty of	וְרֹב
grain	דָּגָן
and wine.	וְתִירֹשׁ׃

29. Peoples will serve you	29. יַעַבְדוּךָ עַמִּים
and kingdoms will prostrate themselves to you	וְיִשְׁתַּחֲוֻ לְךָ לְאֻמִּים
you shall be a lord	הֱוֵה גְבִיר
to your brothers	לְאַחֶיךָ
and the sons of your mother will prostrate themselves to you	וְיִשְׁתַּחֲווּ לְךָ בְּנֵי אִמֶּךָ
those who curse you	אֹרְרֶיךָ
shall be cursed	אָרוּר
and those who bless you	וּמְבָרְכֶיךָ
shall be blessed."	בָּרוּךְ:
30. And it was	30. וַיְהִי
when Yitzchok had finished	כַּאֲשֶׁר כִּלָּה יִצְחָק
blessing Yaakov	לְבָרֵךְ אֶת יַעֲקֹב
and it was	וַיְהִי
Yaakov had only just gone out	אַךְ יָצֹא יָצָא יַעֲקֹב
from the presence of	מֵאֵת פְּנֵי
Yitzchok, his father,	יִצְחָק אָבִיו
when Esov, his brother	וְעֵשָׂו אָחִיו
came from his hunting.	בָּא מִצֵּידוֹ:
31. He also made	31. וַיַּעַשׂ גַּם הוּא
tasty foods	מַטְעַמִּים
and brought [them] to his father	וַיָּבֵא לְאָבִיו
he said to his father,	וַיֹּאמֶר לְאָבִיו
"Let my father get up	יָקֻם אָבִי
and eat of the game of his son	וְיֹאכַל מִצֵּיד בְּנוֹ
so that	בַּעֲבֻר
your soul will bless me."	תְּבָרְכַנִּי נַפְשֶׁךָ:
32. Yitzchok, his father, said to him,	32. וַיֹּאמֶר לוֹ יִצְחָק אָבִיו
"Who are you?"	מִי אָתָּה
and he said,	וַיֹּאמֶר
"I am your firstborn son, Esov."	אֲנִי בִּנְךָ בְכֹרְךָ עֵשָׂו:
33. Then Yitzchok trembled	33. וַיֶּחֱרַד יִצְחָק

in very great bewilderment	חֲרָדָה גְּדֹלָה עַד מְאֹד
and he said,	וַיֹּאמֶר
"Who then is he	מִי אֵפוֹא הוּא
who hunted game	הַצָּד צַיִד
and brought [it] to me	וַיָּבֵא לִי
and I ate of all	וָאֹכַל מִכֹּל
when you had not yet come	בְּטֶרֶם תָּבוֹא
and I blessed him?	וָאֲבָרְכֵהוּ
Let him remain blessed."	גַּם בָּרוּךְ יִהְיֶה׃
34. When Esov heard	34. כִּשְׁמֹעַ עֵשָׂו
the words of his father	אֶת דִּבְרֵי אָבִיו
he cried	וַיִּצְעַק
a very great and bitter cry	צְעָקָה גְּדֹלָה וּמָרָה עַד מְאֹד
and he said to his father,	וַיֹּאמֶר לְאָבִיו
"Bless me also,	בָּרְכֵנִי גַם אָנִי
my father."	אָבִי׃
35. But he said,	35. וַיֹּאמֶר
"Your brother came	בָּא אָחִיךָ
with cleverness	בְּמִרְמָה
and he took your blessing."	וַיִּקַּח בִּרְכָתֶךָ׃
36. He said,	36. וַיֹּאמֶר
"Is it because his name is called Yaakov	הֲכִי קָרָא שְׁמוֹ יַעֲקֹב
that he outwitted me	וַיַּעְקְבֵנִי
these two times?	זֶה פַעֲמַיִם
My birthright	אֶת בְּכֹרָתִי
did he take	לָקָח
and behold	וְהִנֵּה
now he took	עַתָּה לָקַח
my blessing,"	בִּרְכָתִי
and he said,	וַיֹּאמַר
"Have you not set aside for me	הֲלֹא אָצַלְתָּ לִּי
a blessing?"	בְּרָכָה׃

37. Yitzchok answered
and he said to Esov,
"Behold
a lord
have I made him over you
and all his brothers
I have given to him
as servants
and [with] grain and wine
have I supported him,
and for you then
what can I do my son?"

37. וַיַּעַן יִצְחָק
וַיֹּאמֶר לְעֵשָׂו
הֵן
גְּבִיר
שַׂמְתִּיו לָךְ
וְאֶת כָּל אֶחָיו
נָתַתִּי לוֹ
לַעֲבָדִים
וְדָגָן וְתִירשׁ
סְמַכְתִּיו
וּלְכָה אֵפוֹא
מָה אֶעֱשֶׂה בְּנִי:

38. And Esov said to his father,
"Have you only one blessing, my father?
Bless me also,
my father,"
and Esov raised his voice
and he wept.

38. וַיֹּאמֶר עֵשָׂו אֶל אָבִיו
הַבְרָכָה אַחַת הִיא לְךָ אָבִי
בָּרְכֵנִי גַם אָנִי
אָבִי
וַיִּשָּׂא עֵשָׂו קֹלוֹ
וַיֵּבְךְּ:

39. So Yitzchok his father answered
and he said to him,
"Behold
of the fatness of the earth
shall be your dwelling
and of the dew of the heavens
from above.

39. וַיַּעַן יִצְחָק אָבִיו
וַיֹּאמֶר אֵלָיו
הִנֵּה
מִשְׁמַנֵּי הָאָרֶץ
יִהְיֶה מוֹשָׁבֶךָ
וּמִטַּל הַשָּׁמַיִם
מֵעָל:

40. By your sword
shall you live
and your brother
shall you serve
but it shall be
when you [have reason to] feel aggrieved
you will throw off his yoke
from upon your neck."

40. וְעַל חַרְבְּךָ
תִחְיֶה
וְאֶת אָחִיךָ
תַּעֲבֹד
וְהָיָה
כַּאֲשֶׁר תָּרִיד
וּפָרַקְתָּ עֻלּוֹ
מֵעַל צַוָּארֶךָ:

41. Esov [now] hated Yaakov because of the blessing [with] which his father had blessed him and Esov said in his heart, "The days for mourning for my father are coming near then I will kill Yaakov, my brother."	41. וַיִּשְׂטֹם עֵשָׂו אֶת יַעֲקֹב עַל הַבְּרָכָה אֲשֶׁר בֵּרֲכוֹ אָבִיו וַיֹּאמֶר עֵשָׂו בְּלִבּוֹ יִקְרְבוּ יְמֵי אֵבֶל אָבִי וְאַהַרְגָה אֶת יַעֲקֹב אָחִי:
42. When Rivkoh was told [of] the words of Esov her older son, she sent and called for Yaakov her younger son and she said to him, "Behold, Esov, your brother consoles himself about you (about you having taken the blessings) [by planning] to kill you.	42. וַיֻּגַּד לְרִבְקָה אֶת דִּבְרֵי עֵשָׂו בְּנָהּ הַגָּדֹל וַתִּשְׁלַח וַתִּקְרָא לְיַעֲקֹב בְּנָהּ הַקָּטָן וַתֹּאמֶר אֵלָיו הִנֵּה עֵשָׂו אָחִיךָ מִתְנַחֵם לְךָ לְהָרְגֶךָ:
43. Now my son listen to my voice and arise you flee to Lovon, my brother to Choron.	43. וְעַתָּה בְנִי שְׁמַע בְּקֹלִי וְקוּם בְּרַח לְךָ אֶל לָבָן אָחִי חָרָנָה:
44. You will stay with him a few days until the anger of your brother subsides.	44. וְיָשַׁבְתָּ עִמּוֹ יָמִים אֲחָדִים עַד אֲשֶׁר תָּשׁוּב חֲמַת אָחִיךָ:
45. Until the anger of your brother subsides from [against] you and he will forget what you have done to him	45. עַד שׁוּב אַף אָחִיךָ מִמְּךָ וְשָׁכַח אֵת אֲשֶׁר עָשִׂיתָ לּוֹ

then I will send
and I will take you from there,
why should I be bereaved
of both of you
on one day?"

וְשָׁלַחְתִּי
וּלְקַחְתִּיךָ מִשָּׁם
לָמָה אֶשְׁכַּל
גַּם שְׁנֵיכֶם
יוֹם אֶחָד:

46. Rivkoh said to Yitzchok,
"I am disgusted with my life
because of the daughters of Ches,
if Yaakov takes
a wife
of the daughters of Ches
like these
of the daughters of the land
why do I need life?"

46. וַתֹּאמֶר רִבְקָה אֶל יִצְחָק
קַצְתִּי בְחַיַּי
מִפְּנֵי בְּנוֹת חֵת
אִם לֹקֵחַ יַעֲקֹב
אִשָּׁה
מִבְּנוֹת חֵת
כָּאֵלֶּה
מִבְּנוֹת הָאָרֶץ
לָמָּה לִּי חַיִּים:

Chapter 28

פרק כ"ח

1. So Yitzchok called for Yaakov
and he blessed him
he commanded him
and he said to him,
"Do not take a wife
of the daughters of Kenaan.

1. וַיִּקְרָא יִצְחָק אֶל יַעֲקֹב
וַיְבָרֶךְ אֹתוֹ
וַיְצַוֵּהוּ
וַיֹּאמֶר לוֹ
לֹא תִקַּח אִשָּׁה
מִבְּנוֹת כְּנָעַן:

2. Arise
go to Padan Arom
to the house of
Besuel, the father of your mother,
and take for yourself
from there
a wife
of the daughters of Lovon
the brother of your mother.

2. קוּם
לֵךְ פַּדֶּנָה אֲרָם
בֵּיתָה
בְתוּאֵל אֲבִי אִמֶּךָ
וְקַח לְךָ
מִשָּׁם
אִשָּׁה
מִבְּנוֹת לָבָן
אֲחִי אִמֶּךָ:

3. And Kel Shakai

3. וְאֵל שַׁדַּי

shall bless you	יְבָרֵךְ אֹתְךָ
and He shall make you fruitful	וְיַפְרְךָ
and He shall increase you	וְיַרְבֶּךָ
and you shall become	וְהָיִיתָ
an assembly of peoples.	לִקְהַל עַמִּים:
4. He shall give you	4. וְיִתֶּן לְךָ
the blessing of Avrohom	אֶת בִּרְכַּת אַבְרָהָם
to you	לְךָ
and to your descendants	וּלְזַרְעֲךָ
with you	אִתָּךְ
so that you may inherit	לְרִשְׁתְּךָ
the land of your sojourns	אֶת אֶרֶץ מְגֻרֶיךָ
which G-d gave to Avrohom."	אֲשֶׁר נָתַן אֱלֹהִים לְאַבְרָהָם:
5. So Yitzchok sent away Yaakov	5. וַיִּשְׁלַח יִצְחָק אֶת יַעֲקֹב
and he went to Padan Arom	וַיֵּלֶךְ פַּדֶּנָה אֲרָם
to Lovon,	אֶל לָבָן
the son of Besuel the Arami	בֶּן בְּתוּאֵל הָאֲרַמִּי
the brother of Rivkoh	אֲחִי רִבְקָה
the mother of Yaakov and Esov.	אֵם יַעֲקֹב וְעֵשָׂו:
6. When Esov saw	6. וַיַּרְא עֵשָׂו
that Yitzchok had blessed Yaakov	כִּי בֵרַךְ יִצְחָק אֶת יַעֲקֹב
and that he had sent him away	וְשִׁלַּח אֹתוֹ
to Padan Arom	פַּדֶּנָה אֲרָם
to take for himself	לָקַחַת לוֹ
from there	מִשָּׁם
a wife	אִשָּׁה
when he blessed him	בְּבָרְכוֹ אֹתוֹ
and he commanded him	וַיְצַו עָלָיו
saying,	לֵאמֹר
"Do not take a wife	לֹא תִקַּח אִשָּׁה
of the daughters of Kenaan."	מִבְּנוֹת כְּנָעַן:
7. And [that] Yaakov listened to his father	7. וַיִּשְׁמַע יַעֲקֹב אֶל אָבִיו

and to his mother	וְאֶל אִמּוֹ
and he went to Padan Arom.	וַיֵּלֶךְ פַּדֶּנָה אֲרָם׃
8. Then Esov saw (understood)	8. וַיַּרְא עֵשָׂו
that the daughters of Kenaan were bad	כִּי רָעוֹת בְּנוֹת כְּנָעַן
in the eyes of Yitzchok, his father.	בְּעֵינֵי יִצְחָק אָבִיו׃
9. So Esov went	9. וַיֵּלֶךְ עֵשָׂו
to Yishmoel	אֶל יִשְׁמָעֵאל
and he took	וַיִּקַּח
Machalas	אֶת מָחֲלַת
the daugher of Yishmoel, the son of Avrohom	בַּת יִשְׁמָעֵאל בֶּן אַבְרָהָם
the sister of Nevoyos	אֲחוֹת נְבָיוֹת
in addition to his [other] wives	עַל נָשָׁיו
for himself as a wife.	לוֹ לְאִשָּׁה׃

VAYETZE וַיֵּצֵא

10. Yaakov went out	10. וַיֵּצֵא יַעֲקֹב
from Be'er Sheva	מִבְּאֵר שָׁבַע
and he went towards Choron.	וַיֵּלֶךְ חָרָנָה׃
11. He reached the place	11. וַיִּפְגַּע בַּמָּקוֹם
and he spent the night there	וַיָּלֶן שָׁם
because the sun had set [unexpectedly]	כִּי בָא הַשֶּׁמֶשׁ
so he took	וַיִּקַּח
some of the stones of the place	מֵאַבְנֵי הַמָּקוֹם
and he put [them]	וַיָּשֶׂם
around his head	מְרַאֲשֹׁתָיו
and he lay down	וַיִּשְׁכַּב
in that place.	בַּמָּקוֹם הַהוּא׃
12. He dreamt	12. וַיַּחֲלֹם
and behold	וְהִנֵּה
a ladder	סֻלָּם

was set on the ground	מֻצָּב אַרְצָה
and its top (head)	וְרֹאשׁוֹ
reached to the heavens	מַגִּיעַ הַשָּׁמָיְמָה
and behold	וְהִנֵּה
angels of G-d	מַלְאֲכֵי אֱלֹהִים
were going up	עֹלִים
and coming down	וְיֹרְדִים
on it.	בּוֹ׃
13. Behold	13. וְהִנֵּה
Hashem was standing over him	יְהוָֹה נִצָּב עָלָיו
and He said,	וַיֹּאמַר
"I am Hashem	אֲנִי יְהוָֹה
the G-d of Avrohom your father	אֱלֹהֵי אַבְרָהָם אָבִיךָ
and the G-d of Yitzchok,	וֵאלֹהֵי יִצְחָק
the land	הָאָרֶץ
which you are lying on	אֲשֶׁר אַתָּה שֹׁכֵב עָלֶיהָ
to you will I give it	לְךָ אֶתְּנֶנָּה
and to your descendants.	וּלְזַרְעֶךָ׃
14. Your descendants will be	14. וְהָיָה זַרְעֲךָ
like the dust of the earth	כַּעֲפַר הָאָרֶץ
and you will spread out	וּפָרַצְתָּ
to the West and to the East	יָמָּה וָקֵדְמָה
to the North and to the South	וְצָפֹנָה וָנֶגְבָּה
and with you shall bless themselves	וְנִבְרְכוּ בְךָ
all the families of the earth	כָּל מִשְׁפְּחֹת הָאֲדָמָה
and with your descendants.	וּבְזַרְעֶךָ׃
15. And behold	15. וְהִנֵּה
I am with you	אָנֹכִי עִמָּךְ
and I will guard you	וּשְׁמַרְתִּיךָ
wherever you go	בְּכֹל אֲשֶׁר תֵּלֵךְ
and I will bring you back	וַהֲשִׁבֹתִיךָ
to this land	אֶל הָאֲדָמָה הַזֹּאת
because I will not leave you	כִּי לֹא אֶעֱזָבְךָ

VAYETZE Chapter 28 ויצא פרק כח 164

until I have done	עַד אֲשֶׁר אִם עָשִׂיתִי
that which I have spoken about you."	אֵת אֲשֶׁר דִּבַּרְתִּי לָךְ׃
16. Yaakov woke up	16. וַיִּיקַץ יַעֲקֹב
from his sleep	מִשְּׁנָתוֹ
and he said,	וַיֹּאמֶר
"Truly	אָכֵן
Hashem is	יֵשׁ יְהוָֹה
in this place	בַּמָּקוֹם הַזֶּה
and I did not know [it]."	וְאָנֹכִי לֹא יָדָעְתִּי׃
17. He was afraid	17. וַיִּירָא
and he said,	וַיֹּאמַר
"How awe-inspiring	מַה נּוֹרָא
[is] this place,	הַמָּקוֹם הַזֶּה
this is none other	אֵין זֶה
than the house of G-d	כִּי אִם בֵּית אֱלֹהִים
and this [is] the gate of the heavens."	וְזֶה שַׁעַר הַשָּׁמָיִם׃
18. Yaakov got up early in the morning	18. וַיַּשְׁכֵּם יַעֲקֹב בַּבֹּקֶר
and he took the stone	וַיִּקַּח אֶת הָאֶבֶן
which he had put under his head	אֲשֶׁר שָׂם מְרַאֲשֹׁתָיו
and he put it [up]	וַיָּשֶׂם אֹתָהּ
[as] a pillar	מַצֵּבָה
and he poured oil	וַיִּצֹק שֶׁמֶן
on its top.	עַל רֹאשָׁהּ׃
19. And he called	19. וַיִּקְרָא
the name of that place	אֶת שֵׁם הַמָּקוֹם הַהוּא
Beis El,	בֵּית אֵל
however	וְאוּלָם
Luz [was] the name of the city	לוּז שֵׁם הָעִיר
at first.	לָרִאשֹׁנָה׃
20. And Yaakov made a vow (promise)	20. וַיִּדַּר יַעֲקֹב נֶדֶר
saying,	לֵאמֹר

"If G-d will be with me	אִם יִהְיֶה אֱלֹהִים עִמָּדִי
and He will guard me	וּשְׁמָרַנִי
on this journey	בַּדֶּרֶךְ הַזֶּה
which I am going	אֲשֶׁר אָנֹכִי הוֹלֵךְ
and He will give me	וְנָתַן לִי
bread	לֶחֶם
to eat	לֶאֱכֹל
and clothes	וּבֶגֶד
to wear.	לִלְבֹּשׁ:
21. And I will return in peace	21. וְשַׁבְתִּי בְשָׁלוֹם
to the house of my father	אֶל בֵּית אָבִי
and Hashem will be my G-d.	וְהָיָה יְהוָה לִי לֵאלֹהִים:
22. This stone	22. וְהָאֶבֶן הַזֹּאת
which I put [up]	אֲשֶׁר שַׂמְתִּי
[as] a pillar	מַצֵּבָה
will be the house of G-d	יִהְיֶה בֵּית אֱלֹהִים
and all that You will give me	וְכֹל אֲשֶׁר תִּתֶּן לִי
a tenth of it I will give to you."	עַשֵּׂר אֲעַשְּׂרֶנּוּ לָךְ:

Chapter 29 פרק כ"ט

1. Yaakov lifted his feet	1. וַיִּשָּׂא יַעֲקֹב רַגְלָיו
and he went	וַיֵּלֶךְ
to the land of	אַרְצָה
the people of the East.	בְנֵי קֶדֶם:
2. And he saw	2. וַיַּרְא
behold	וְהִנֵּה
[there was] a well in the field	בְאֵר בַּשָּׂדֶה
and behold	וְהִנֵּה
there [were]	שָׁם
three flocks of sheep	שְׁלֹשָׁה עֶדְרֵי צֹאן
lying near it	רֹבְצִים עָלֶיהָ
because	כִּי

from that well	מִן הַבְּאֵר הַהִיא
they would water (give to drink) the flocks	יַשְׁקוּ הָעֲדָרִים
and the stone [was] large	וְהָאֶבֶן גְּדֹלָה
on the mouth of the well.	עַל פִּי הַבְּאֵר׃
3. All the flocks would be gathered there	3. וְנֶאֶסְפוּ שָׁמָּה כָל הָעֲדָרִים
and they would roll away the stone	וְגָלְלוּ אֶת הָאֶבֶן
from upon the mouth of the well	מֵעַל פִּי הַבְּאֵר
they would [then] water the sheep	וְהִשְׁקוּ אֶת הַצֹּאן
and [then] they would put back the stone	וְהֵשִׁיבוּ אֶת הָאֶבֶן
upon the mouth of the well	עַל פִּי הַבְּאֵר
to its place.	לִמְקֹמָהּ׃
4. Yaakov said to them,	4. וַיֹּאמֶר לָהֶם יַעֲקֹב
"My brothers	אַחַי
from where are you?"	מֵאַיִן אַתֶּם
and they said,	וַיֹּאמְרוּ
"We [are] from Choron."	מֵחָרָן אֲנָחְנוּ׃
5. He said to them,	5. וַיֹּאמֶר לָהֶם
"Do you know	הַיְדַעְתֶּם
Lovon, the son of Nochor?"	אֶת לָבָן בֶּן נָחוֹר
and they said,	וַיֹּאמְרוּ
"We do know [him]."	יָדָעְנוּ׃
6. Then he said to them,	6. וַיֹּאמֶר לָהֶם
"Is he well?"	הֲשָׁלוֹם לוֹ
and they said,	וַיֹּאמְרוּ
"[He is] well	שָׁלוֹם
behold	וְהִנֵּה
Rochel his daughter	רָחֵל בִּתּוֹ
is coming	בָּאָה
with the sheep."	עִם הַצֹּאן׃
7. And he said,	7. וַיֹּאמֶר
"Behold	הֵן

VAYETZE Chapter 29 / ויצא פרק כט

    the day is still long   עוֹד הַיּוֹם גָּדוֹל
    it is not [yet] time   לֹא עֵת
    for the flocks to be gathered   הֵאָסֵף הַמִּקְנֶה
    water the sheep   הַשְׁקוּ הַצֹּאן
    and go   וּלְכוּ
    pasture [them]."   רְעוּ:

8. They said,   8. וַיֹּאמְרוּ
    "We are not able   לֹא נוּכַל
    until all the flocks are gathered   עַד אֲשֶׁר יֵאָסְפוּ כָּל הָעֲדָרִים
    then they will roll away the stone   וְגָלֲלוּ אֶת הָאֶבֶן
    from upon the mouth of the well   מֵעַל פִּי הַבְּאֵר
    then we will water the sheep."   וְהִשְׁקִינוּ הַצֹּאן:

9. While he was still speaking with them   9. עוֹדֶנּוּ מְדַבֵּר עִמָּם
    Rochel had come   וְרָחֵל בָּאָה
    with the sheep   עִם הַצֹּאן
    which [belonged] to her father   אֲשֶׁר לְאָבִיהָ
    because she was a shepherdess.   כִּי רֹעָה הִיא:

10. And it was   10. וַיְהִי
    when Yaakov saw Rochel   כַּאֲשֶׁר רָאָה יַעֲקֹב אֶת רָחֵל
    the daughter of Lovon   בַּת לָבָן
    the brother of his mother,   אֲחִי אִמּוֹ
    and the sheep of Lovon   וְאֶת צֹאן לָבָן
    the brother of his mother   אֲחִי אִמּוֹ
    Yaakov came forward (near)   וַיִּגַּשׁ יַעֲקֹב
    and he rolled away the stone   וַיָּגֶל אֶת הָאֶבֶן
    from upon the mouth of the well   מֵעַל פִּי הַבְּאֵר
    and he watered   וַיַּשְׁקְ
    the sheep of Lovon   אֶת צֹאן לָבָן
    the brother of his mother.   אֲחִי אִמּוֹ:

11. Then Yaakov kissed Rochel   11. וַיִּשַּׁק יַעֲקֹב לְרָחֵל
    and he raised his voice   וַיִּשָּׂא אֶת קֹלוֹ
    and he wept.   וַיֵּבְךְּ:

VAYETZE Chapter 29   ויצא פרק כט

12. Yaakov told Rochel
    that he is a relative of her father
    and that he is the son of Rivkoh
    so she ran
    and she told her father.

12. וַיַּגֵּד יַעֲקֹב לְרָחֵל
כִּי אֲחִי אָבִיהָ הוּא
וְכִי בֶן רִבְקָה הוּא
וַתָּרָץ
וַתַּגֵּד לְאָבִיהָ:

13. And it was
    when Lovon heard
    the news of
    Yaakov the son of his sister
    he ran towards him
    he embraced him
    and he kissed him
    and he brought him
    to his house
    and he told Lovon
    all these things (which happened to him).

13. וַיְהִי
כִשְׁמֹעַ לָבָן
אֶת שֵׁמַע
יַעֲקֹב בֶּן אֲחֹתוֹ
וַיָּרָץ לִקְרָאתוֹ
וַיְחַבֶּק לוֹ
וַיְנַשֶּׁק לוֹ
וַיְבִיאֵהוּ
אֶל בֵּיתוֹ
וַיְסַפֵּר לְלָבָן
אֵת כָּל הַדְּבָרִים הָאֵלֶּה:

14. Lovon said to him,
    "Only [because] you are my bone and my flesh
    (I will take you into my home),"
    and he stayed with him
    for one month.

14. וַיֹּאמֶר לוֹ לָבָן
אַךְ עַצְמִי וּבְשָׂרִי אָתָּה
וַיֵּשֶׁב עִמּוֹ
חֹדֶשׁ יָמִים:

15. Lovon said to Yaakov,
    "Is it because you are my relative
    that you should serve me for nothing?
    Tell me
    what your wage [shall be]."

15. וַיֹּאמֶר לָבָן לְיַעֲקֹב
הֲכִי אָחִי אַתָּה
וַעֲבַדְתַּנִי חִנָּם
הַגִּידָה לִּי
מַה מַּשְׂכֻּרְתֶּךָ:

16. Now Lovon had two daughters,
    the name of the older one was Le'oh
    and the name of the younger one was Rochel.

16. וּלְלָבָן שְׁתֵּי בָנוֹת
שֵׁם הַגְּדֹלָה לֵאָה
וְשֵׁם הַקְּטַנָּה רָחֵל:

17. The eyes of Le'oh were tender (weak)
    but Rochel was

17. וְעֵינֵי לֵאָה רַכּוֹת
וְרָחֵל הָיְתָה

of beautiful form	יְפַת תֹּאַר
and of beautiful appearance.	וִיפַת מַרְאֶה:
18. Yaakov loved Rochel	18. וַיֶּאֱהַב יַעֲקֹב אֶת רָחֵל
and he said,	וַיֹּאמֶר
"I will serve you	אֶעֱבָדְךָ
[for] seven years	שֶׁבַע שָׁנִים
for Rochel, your younger daughter."	בְּרָחֵל בִּתְּךָ הַקְּטַנָּה:
19. So Lovon said,	19. וַיֹּאמֶר לָבָן
"It is better	טוֹב
that I should give her to you	תִּתִּי אֹתָהּ לָךְ
than that I should give her	מִתִּתִּי אֹתָהּ
to another man,	לְאִישׁ אַחֵר
stay with me."	שְׁבָה עִמָּדִי:
20. Yaakov worked for Rochel	20. וַיַּעֲבֹד יַעֲקֹב בְּרָחֵל
seven years	שֶׁבַע שָׁנִים
and they were in his eyes	וַיִּהְיוּ בְעֵינָיו
like a few days	כְּיָמִים אֲחָדִים
because of his love for her.	בְּאַהֲבָתוֹ אֹתָהּ:
21. Then Yaakov said to Lovon,	21. וַיֹּאמֶר יַעֲקֹב אֶל לָבָן
"Give [me] my wife	הָבָה אֶת אִשְׁתִּי
because my days are complete	כִּי מָלְאוּ יָמָי
and I will marry her."	וְאָבוֹאָה אֵלֶיהָ:
22. So Lovon gathered	22. וַיֶּאֱסֹף לָבָן
all the men of the place	אֶת כָּל אַנְשֵׁי הַמָּקוֹם
and he made a feast.	וַיַּעַשׂ מִשְׁתֶּה:
23. And it was in the evening	23. וַיְהִי בָעֶרֶב
he took Le'oh his daughter	וַיִּקַּח אֶת לֵאָה בִתּוֹ
and he brought her	וַיָּבֵא אֹתָהּ
to him	אֵלָיו
and he married her.	וַיָּבֹא אֵלֶיהָ:

24. Lovon gave her	.24 וַיִּתֵּן לָבָן לָהּ
Zilpoh his maidservant,	אֶת זִלְפָּה שִׁפְחָתוֹ
to Le'oh his daughter	לְלֵאָה בִתּוֹ
[as] a maidservant.	שִׁפְחָה׃
25. And it was in the morning	.25 וַיְהִי בַבֹּקֶר
behold it was Le'oh	וְהִנֵּה הִיא לֵאָה
so he said to Lovon,	וַיֹּאמֶר אֶל לָבָן
"What is this	מַה זֹּאת
[that] you have done to me?	עָשִׂיתָ לִּי
Is it not for Rochel	הֲלֹא בְרָחֵל
[that] I have worked with you?	עָבַדְתִּי עִמָּךְ
Why have you cheated me?"	וְלָמָּה רִמִּיתָנִי׃
26. So Lovon said,	.26 וַיֹּאמֶר לָבָן
"It is not done so	לֹא יֵעָשֶׂה כֵן
in our place	בִּמְקוֹמֵנוּ
to give the younger girl (in marriage)	לָתֵת הַצְּעִירָה
before the older girl.	לִפְנֵי הַבְּכִירָה׃
27. Complete	.27 מַלֵּא
the week (of feasting) for this one (Le'oh)	שְׁבֻעַ זֹאת
then we will give you	וְנִתְּנָה לְךָ
also this one (Rochel)	גַּם אֶת זֹאת
for the work	בַּעֲבֹדָה
which you will work with me	אֲשֶׁר תַּעֲבֹד עִמָּדִי
yet another seven years."	עוֹד שֶׁבַע שָׁנִים אֲחֵרוֹת׃
28. Yaakov did so	.28 וַיַּעַשׂ יַעֲקֹב כֵּן
and he completed	וַיְמַלֵּא
the week of this one	שְׁבֻעַ זֹאת
then he gave him	וַיִּתֶּן לוֹ
Rochel his daughter	אֶת רָחֵל בִּתּוֹ
to him as a wife.	לוֹ לְאִשָּׁה׃
29. And Lovon gave	.29 וַיִּתֵּן לָבָן

to Rochel his daughter	לְרָחֵל בִּתּוֹ
Bilhoh his maidservant,	אֶת בִּלְהָה שִׁפְחָתוֹ
to her as a maidservant.	לָהּ לְשִׁפְחָה׃
30. He married also Rochel	30. וַיָּבֹא גַּם אֶל רָחֵל
and he also loved Rochel	וַיֶּאֱהַב גַּם אֶת רָחֵל
more than Le'oh	מִלֵּאָה
and he worked with him	וַיַּעֲבֹד עִמּוֹ
yet another seven years.	עוֹד שֶׁבַע שָׁנִים אֲחֵרוֹת׃
31. When Hashem saw	31. וַיַּרְא יְהֹוָה
that Le'oh was unloved	כִּי שְׂנוּאָה לֵאָה
(in comparison with Rochel she seemed unloved)	
he opened her womb	וַיִּפְתַּח אֶת רַחְמָהּ
but Rochel [remained] barren.	וְרָחֵל עֲקָרָה׃
32. Le'oh conceived	32. וַתַּהַר לֵאָה
and she bore a son	וַתֵּלֶד בֵּן
and she called his name Reuven	וַתִּקְרָא שְׁמוֹ רְאוּבֵן
because she said,	כִּי אָמְרָה
"Hashem has seen	כִּי רָאָה יְהֹוָה
my trouble	בְּעָנְיִי
because now	כִּי עַתָּה
my husband will love me."	יֶאֱהָבַנִי אִישִׁי׃
33. She conceived again	33. וַתַּהַר עוֹד
and she bore a son	וַתֵּלֶד בֵּן
and she said,	וַתֹּאמֶר
"Because Hashem heard	כִּי שָׁמַע יְהֹוָה
that I am unloved	כִּי שְׂנוּאָה אָנֹכִי
He has given to me	וַיִּתֶּן לִי
also this one,"	גַּם אֶת זֶה
and she called his name Shimon.	וַתִּקְרָא שְׁמוֹ שִׁמְעוֹן׃
34. She conceived again	34. וַתַּהַר עוֹד
and she bore a son	וַתֵּלֶד בֵּן

and she said,	וַתֹּאמֶר
"Now this time	עַתָּה הַפַּעַם
my husband will become attached to me	יִלָּוֶה אִישִׁי אֵלַי
because I have borne him	כִּי יָלַדְתִּי לוֹ
three sons,"	שְׁלֹשָׁה בָנִים
therefore	עַל כֵּן
he called his name Levi.	קָרָא שְׁמוֹ לֵוִי׃
35. She conceived again	35. וַתַּהַר עוֹד
and she bore a son	וַתֵּלֶד בֵּן
and she said,	וַתֹּאמֶר
"This time	הַפַּעַם
I will praise Hashem,"	אוֹדֶה אֶת יְהוָֹה
therefore	עַל כֵּן
she called his name Yehudoh	קָרְאָה שְׁמוֹ יְהוּדָה
and she stopped bearing.	וַתַּעֲמֹד מִלֶּדֶת׃

Chapter 30 | פרק ל׳

1. When Rochel saw	1. וַתֵּרֶא רָחֵל
that she had not borne to Yaakov	כִּי לֹא יָלְדָה לְיַעֲקֹב
Rochel was envious of her sister	וַתְּקַנֵּא רָחֵל בַּאֲחֹתָהּ
so she said to Yaakov,	וַתֹּאמֶר אֶל יַעֲקֹב
"Give me children	הָבָה לִּי בָנִים
and if not	וְאִם אַיִן
I am [like] dead."	מֵתָה אָנֹכִי׃
2. Yaakov's anger was kindled	2. וַיִּחַר אַף יַעֲקֹב
against Rochel	בְּרָחֵל
and he said,	וַיֹּאמֶר
"Am I in place of G-d	הֲתַחַת אֱלֹהִים אָנֹכִי
who has withheld (kept back) from you	אֲשֶׁר מָנַע מִמֵּךְ
fruit of the womb?"	פְּרִי בָטֶן׃
3. So she said,	3. וַתֹּאמֶר
"Behold	הִנֵּה

[here is] my maidservant Bilhoh	אֲמָתִי בִלְהָה
marry her	בֹּא אֵלֶיהָ
that she may bear	וְתֵלֵד
on my knees (I will bring them up)	עַל בִּרְכַּי
that I may also be built up (have children)	וְאִבָּנֶה גַם אָנֹכִי
through her."	מִמֶּנָּה׃
4. She gave him	.4 וַתִּתֶּן לוֹ
Bilhoh her maidservant	אֶת בִּלְהָה שִׁפְחָתָהּ
as a wife	לְאִשָּׁה
and Yaakov married her.	וַיָּבֹא אֵלֶיהָ יַעֲקֹב׃
5. Bilhoh conceived	.5 וַתַּהַר בִּלְהָה
and she bore Yaakov a son.	וַתֵּלֶד לְיַעֲקֹב בֵּן׃
6. And Rochel said,	.6 וַתֹּאמֶר רָחֵל
"G-d has judged me	דָּנַנִּי אֱלֹהִים
and He has also listened to my voice	וְגַם שָׁמַע בְּקֹלִי
and He has given me a son,"	וַיִּתֶּן לִי בֵּן
therefore	עַל כֵּן
she called his name Don.	קָרְאָה שְׁמוֹ דָּן׃
7. She conceived again	.7 וַתַּהַר עוֹד
and Bilhoh the maidservant of Rochel bore	וַתֵּלֶד בִּלְהָה שִׁפְחַת רָחֵל
a second son	בֵּן שֵׁנִי
to Yaakov.	לְיַעֲקֹב׃
8. Then Rochel said,	.8 וַתֹּאמֶר רָחֵל
"[I offered] prayers to G-d	נַפְתּוּלֵי אֱלֹהִים
[and] my prayers were accepted	נִפְתַּלְתִּי
[to be equal] with my sister	עִם אֲחֹתִי
I, too, have been successful,"	גַּם יָכֹלְתִּי
so she called his name Naftoli.	וַתִּקְרָא שְׁמוֹ נַפְתָּלִי׃
9. When Le'oh saw	.9 וַתֵּרֶא לֵאָה
that she had stopped bearing	כִּי עָמְדָה מִלֶּדֶת

she took Zilpoh her maidservant	וַתִּקַּח אֶת זִלְפָּה שִׁפְחָתָהּ
and she gave her to Yaakov	וַתִּתֵּן אֹתָהּ לְיַעֲקֹב
as a wife.	לְאִשָּׁה:
10. And Zilpoh the maidservant of Le'oh bore	10. וַתֵּלֶד זִלְפָּה שִׁפְחַת לֵאָה
a son to Yaakov.	לְיַעֲקֹב בֵּן:
11. Le'oh said,	11. וַתֹּאמֶר לֵאָה
"Good luck has come,"	בָּא גָד
so she called his name Gad.	וַתִּקְרָא אֶת שְׁמוֹ גָּד:
12. Zilpoh the maidservant of Le'oh bore	12. וַתֵּלֶד זִלְפָּה שִׁפְחַת לֵאָה
a second son	בֵּן שֵׁנִי
to Yaakov.	לְיַעֲקֹב:
13. And Le'oh said,	13. וַתֹּאמֶר לֵאָה
"[He is included] in my happiness	בְּאָשְׁרִי
because the daughters (girls) will consider me happy,"	כִּי אִשְּׁרוּנִי בָּנוֹת
so she called his name Osher.	וַתִּקְרָא אֶת שְׁמוֹ אָשֵׁר:
14. Reuven went	14. וַיֵּלֶךְ רְאוּבֵן
in the days of the wheat harvest	בִּימֵי קְצִיר חִטִּים
and he found jasmine	וַיִּמְצָא דוּדָאִים
in the field	בַּשָּׂדֶה
and he brought them	וַיָּבֵא אֹתָם
to Le'oh his mother,	אֶל לֵאָה אִמּוֹ
Rochel said to Le'oh,	וַתֹּאמֶר רָחֵל אֶל לֵאָה
"Please give me	תְּנִי נָא לִי
some of the jasmine of your son."	מִדּוּדָאֵי בְּנֵךְ:
15. She said to her,	15. וַתֹּאמֶר לָהּ
"Is it too little (not enough)	הַמְעַט
that you have taken my husband	קַחְתֵּךְ אֶת אִישִׁי
[now you want] to take	וְלָקַחַת
also the jasmine of my son?"	גַּם אֶת דּוּדָאֵי בְּנִי

so Rochel said,	וַתֹּאמֶר רָחֵל
"Therefore	לָכֵן
he will lie with you	יִשְׁכַּב עִמָּךְ
tonight	הַלַּיְלָה
in exchange for the jasmine of your son."	תַּחַת דּוּדָאֵי בְנֵךְ:
16. Yaakov came from the field	16. וַיָּבֹא יַעֲקֹב מִן הַשָּׂדֶה
in the evening	בָּעֶרֶב
and Le'oh went out	וַתֵּצֵא לֵאָה
to meet him	לִקְרָאתוֹ
and she said,	וַתֹּאמֶר
"To me shall you come	אֵלַי תָּבוֹא
because	כִּי
I have paid a hiring fee for you	שָׂכֹר שְׂכַרְתִּיךָ
with the jasmine of my son,"	בְּדוּדָאֵי בְּנִי
so he lay with her	וַיִּשְׁכַּב עִמָּהּ
that night.	בַּלַּיְלָה הוּא:
17. G-d listened to Le'oh	17. וַיִּשְׁמַע אֱלֹהִים אֶל לֵאָה
she conceived	וַתַּהַר
and she bore to Yaakov	וַתֵּלֶד לְיַעֲקֹב
a fifth son.	בֵּן חֲמִישִׁי:
18. Le'oh said,	18. וַתֹּאמֶר לֵאָה
"G-d has given my reward	נָתַן אֱלֹהִים שְׂכָרִי
because I have given my maidservant	אֲשֶׁר נָתַתִּי שִׁפְחָתִי
to my husband,"	לְאִישִׁי
so she called his name Yissochor.	וַתִּקְרָא שְׁמוֹ יִשָּׂשכָר:
19. Le'oh conceived again	19. וַתַּהַר עוֹד לֵאָה
and she bore a sixth son	וַתֵּלֶד בֵּן שִׁשִּׁי
to Yaakov.	לְיַעֲקֹב:
20. Le'oh said,	20. וַתֹּאמֶר לֵאָה
"G-d has given me	זְבָדַנִי אֱלֹהִים אֹתִי
a good portion (share)	זֶבֶד טוֹב

VAYETZE Chapter 30 — ויצא פרק ל

this time (now)	הַפַּעַם
my husband will make his dwelling with me	יִזְבְּלֵנִי אִישִׁי
because I have borne him	כִּי יָלַדְתִּי לוֹ
six sons,"	שִׁשָּׁה בָנִים
so she called his name Zevulun.	וַתִּקְרָא אֶת שְׁמוֹ זְבֻלוּן:

21. After that
    she bore a daughter
    and she called her name Dinoh.

   21. וְאַחַר
    יָלְדָה בַת
    וַתִּקְרָא אֶת שְׁמָהּ דִּינָה:

22. G-d remembered Rochel
    and G-d listened to her
    and He opened her womb.

   22. וַיִּזְכֹּר אֱלֹהִים אֶת רָחֵל
    וַיִּשְׁמַע אֵלֶיהָ אֱלֹהִים
    וַיִּפְתַּח אֶת רַחְמָהּ:

23. She conceived
    and she bore a son
    and she said,
    "G-d has removed
    my disgrace."

   23. וַתַּהַר
    וַתֵּלֶד בֵּן
    וַתֹּאמֶר
    אָסַף אֱלֹהִים
    אֶת חֶרְפָּתִי:

24. She called his name Yosef
    saying,
    "May Hashem add to me
    another son."

   24. וַתִּקְרָא אֶת שְׁמוֹ יוֹסֵף
    לֵאמֹר
    יֹסֵף יְהוָה לִי
    בֵּן אַחֵר:

25. And it was
    when Rochel had borne Yosef
    Yaakov said to Lovon,
    "Release me
    that I may go to my place
    and to my land.

   25. וַיְהִי
    כַּאֲשֶׁר יָלְדָה רָחֵל אֶת יוֹסֵף
    וַיֹּאמֶר יַעֲקֹב אֶל לָבָן
    שַׁלְּחֵנִי
    וְאֵלְכָה אֶל מְקוֹמִי
    וּלְאַרְצִי:

26. Give [me] my wives
    and my children
    for whom I served you
    that I may go

   26. תְּנָה אֶת נָשַׁי
    וְאֶת יְלָדַי
    אֲשֶׁר עָבַדְתִּי אֹתְךָ בָּהֵן
    וְאֵלֵכָה

because you know	כִּי אַתָּה יָדַעְתָּ
my work	אֶת עֲבֹדָתִי
which I worked for you."	אֲשֶׁר עֲבַדְתִּיךָ׃
27. Lovon said to him,	27. וַיֹּאמֶר אֵלָיו לָבָן
"If I have now found favor	אִם נָא מָצָאתִי חֵן
in your eyes [stay with me]	בְּעֵינֶיךָ
[because] I found out by divining	נִחַשְׁתִּי
that Hashem has blessed me	וַיְבָרְכֵנִי יְהוָֹה
because of you."	בִּגְלָלֶךָ׃
28. And he said,	28. וַיֹּאמַר
"State clearly	נָקְבָה
your wage	שְׂכָרְךָ
[that is] on me	עָלַי
and I will give [it]."	וְאֶתֵּנָה׃
29. He said to him,	29. וַיֹּאמֶר אֵלָיו
"You know	אַתָּה יָדַעְתָּ
how I worked for you	אֵת אֲשֶׁר עֲבַדְתִּיךָ
and how [few] your cattle were	וְאֵת אֲשֶׁר הָיָה מִקְנְךָ
[when they first came to be] with me.	אִתִּי׃
30. Because the few	30. כִּי מְעַט
which you had	אֲשֶׁר הָיָה לְךָ
before I came	לְפָנַי
have now spread in abundance	וַיִּפְרֹץ לָרֹב
and Hashem has blessed you	וַיְבָרֶךְ יְהוָֹה אֹתְךָ
with my coming,	לְרַגְלִי
now [then]	וְעַתָּה
when	מָתַי
will I also do [something]	אֶעֱשֶׂה גַם אָנֹכִי
for my household?"	לְבֵיתִי׃
31. He said,	31. וַיֹּאמַר
"What shall I give you?"	מָה אֶתֶּן לָךְ

VAYETZE Chapter 30

Yaakov said,	וַיֹּאמֶר יַעֲקֹב
"Do not give me anything	לֹא תִתֶּן לִי מְאוּמָה
if you will do for me	אִם תַּעֲשֶׂה לִי
this thing	הַדָּבָר הַזֶּה
I will go back	אָשׁוּבָה
I will pasture your flock	אֶרְעֶה צֹאנְךָ
[and] I will guard [it].	אֶשְׁמֹר:

32. I will go through all your flock [with you]   32. אֶעֱבֹר בְּכָל צֹאנְךָ
    today   הַיּוֹם
    [and] you remove from there   הָסֵר מִשָּׁם
    every lamb   כָּל שֶׂה
    spotted or patched   נָקֹד וְטָלוּא
    and every brown lamb   וְכָל שֶׂה חוּם
    among the sheep   בַּכְּשָׂבִים
    and patched or spotted   וְטָלוּא וְנָקֹד
    among the goats   בָּעִזִּים
        [but any with these markings
        among the newly born]
    shall be my wage.   וְהָיָה שְׂכָרִי:

33. My honesty will testify for me   33. וְעָנְתָה בִּי צִדְקָתִי
    in the future   בְּיוֹם מָחָר
    because it will come before you   כִּי תָבוֹא עַל שְׂכָרִי לְפָנֶיךָ
        [to testify] about my wage
        (that everything in my flock
        has been acquired honestly)
    everything [in my flock]   כֹּל
    which is not spotted or patched   אֲשֶׁר אֵינֶנּוּ נָקֹד וְטָלוּא
    among the goats   בָּעִזִּים
    or brown   וְחוּם
    among the sheep   בַּכְּשָׂבִים
    [can be considered] as stolen   גָּנוּב הוּא
    with me (in my possession)."   אִתִּי:

34. Lovon said,   34. וַיֹּאמֶר לָבָן

179 VAYETZE Chapter 30 ויצא פרק ל

"Agreed	הֵן
if only it will remain	לוּ יְהִי
like your word (you won't change your mind)."	כִדְבָרֶךָ׃
35. So he removed on that day	.35 וַיָּסַר בַּיּוֹם הַהוּא
the he-goats	אֶת הַתְּיָשִׁים
which were ringed at the ankles	הָעֲקֻדִּים
and which were patched	וְהַטְּלֻאִים
and all the she-goats	וְאֵת כָּל הָעִזִּים
which were spotted or patched	הַנְּקֻדּוֹת וְהַטְּלֻאֹת
every one	כֹּל
which had white [markings] on it	אֲשֶׁר לָבָן בּוֹ
and every brown one	וְכָל חוּם
among the sheep	בַּכְּשָׂבִים
and he gave [them]	וַיִּתֵּן
into the hand (charge) of his sons.	בְּיַד בָּנָיו׃
36. He put	.36 וַיָּשֶׂם
a distance of three days	דֶּרֶךְ שְׁלֹשֶׁת יָמִים
between himself and Yaakov	בֵּינוֹ וּבֵין יַעֲקֹב
and Yaakov pastured	וְיַעֲקֹב רֹעֶה
the flocks of Lovon	אֶת צֹאן לָבָן
that were left.	הַנּוֹתָרֹת׃
37. Yaakov then took for himself	.37 וַיִּקַּח לוֹ יַעֲקֹב
a stick of	מַקַּל
poplar	לִבְנֶה
fresh (fresh poplar)	לַח
and [a stick of] hazelnut tree	וְלוּז
and chestnut tree	וְעַרְמוֹן
and he peeled in them	וַיְפַצֵּל בָּהֵן
white stripes	פְּצָלוֹת לְבָנוֹת
uncovering the white	מַחְשֹׂף הַלָּבָן
which was on the sticks.	אֲשֶׁר עַל הַמַּקְלוֹת׃
38. [Then] he inserted (stuck in)	.38 וַיַּצֵּג

the sticks	אֶת הַמַּקְלוֹת
which he had peeled	אֲשֶׁר פִּצֵּל
into the gutters	בָּרְהָטִים
by the watering troughs	בְּשִׁקֲתוֹת הַמָּיִם
where the flocks would come	אֲשֶׁר תָּבֹאןָ הַצֹּאן
to drink	לִשְׁתּוֹת
facing the flocks	לְנֹכַח הַצֹּאן
and they became heated (excited, mated)	וַיֵּחַמְנָה
when they came to drink.	בְּבֹאָן לִשְׁתּוֹת׃
39. The flocks were heated	39. וַיֶּחֱמוּ הַצֹּאן
at [the sight of] the sticks	אֶל הַמַּקְלוֹת
and the flocks bore	וַתֵּלַדְןָ הַצֹּאן
[young ones] ringed at the ankles	עֲקֻדִּים
spotted ones	נְקֻדִּים
and patched ones.	וּטְלֻאִים׃
40. The [newly born] sheep	40. וְהַכְּשָׂבִים
Yaakov separated	הִפְרִיד יַעֲקֹב
and he put	וַיִּתֵּן
the faces of the [remaining] flocks	פְּנֵי הַצֹּאן
towards [those that were] ringed at the ankles	אֶל עָקֹד
and towards every brown one	וְכָל חוּם
of the flock of Lovon	בְּצֹאן לָבָן
and he made for himself	וַיָּשֶׁת לוֹ
herds (of the newly born)	עֲדָרִים
separate (from Lovon's)	לְבַדּוֹ
and he did not put them	וְלֹא שָׁתָם
with the flocks of Lovon.	עַל צֹאן לָבָן׃
41. And it was	41. וְהָיָה
every time there were heated (every mating season of)	בְּכָל יַחֵם הַצֹּאן
the early bearing flocks	הַמְקֻשָּׁרוֹת
Yaakov put	וְשָׂם יַעֲקֹב
the sticks	אֶת הַמַּקְלוֹת

before the eyes of the flocks	לְעֵינֵי הַצֹּאן
in the gutters	בָּרְהָטִים
to cause them to become heated	לְיַחְמֵנָּה
[while looking] at the sticks.	בַּמַּקְלוֹת:
42. But when the flocks were late in bearing	42. וּבְהַעֲטִיף הַצֹּאן
he did not put [the sticks]	לֹא יָשִׂים
so those born late belonged to Lovon	וְהָיָה הָעֲטֻפִים לְלָבָן
and those born early to Yaakov.	וְהַקְּשֻׁרִים לְיַעֲקֹב:
43. The man became very, very strong (wealthy)	43. וַיִּפְרֹץ הָאִישׁ מְאֹד מְאֹד
and he [now] had	וַיְהִי לוֹ
flocks that multiplied [more than usual]	צֹאן רַבּוֹת
female slaves	וּשְׁפָחוֹת
and male slaves	וַעֲבָדִים
camels and donkeys.	וּגְמַלִּים וַחֲמֹרִים:

Chapter 31 — פרק ל״א

1. He heard	1. וַיִּשְׁמַע
the words of the sons of Lovon	אֶת דִּבְרֵי בְנֵי לָבָן
saying,	לֵאמֹר
"Yaakov has taken	לָקַח יַעֲקֹב
all that belonged to our father	אֵת כָּל אֲשֶׁר לְאָבִינוּ
and from that which belonged to our father	וּמֵאֲשֶׁר לְאָבִינוּ
he has made (amassed)	עָשָׂה
all this wealth."	אֵת כָּל הַכָּבֹד הַזֶּה:
2. Yaakov then saw Lovon's face	2. וַיַּרְא יַעֲקֹב אֶת פְּנֵי לָבָן
behold,	וְהִנֵּה
it was not [friendly] towards him	אֵינֶנּוּ עִמּוֹ
like yesterday and the day before.	כִּתְמוֹל שִׁלְשׁוֹם:
3. Now Hashem said to Yaakov,	3. וַיֹּאמֶר יְהֹוָה אֶל יַעֲקֹב
"Return	שׁוּב
to the land of your fathers	אֶל אֶרֶץ אֲבוֹתֶיךָ

VAYETZE Chapter 31

    and to your family
    and I will be with you."
    וּלְמוֹלַדְתֶּךָ
    וְאֶהְיֶה עִמָּךְ:

4. So Yaakov sent
   and he called for Rochel and Le'oh
   to [come] to the field
   to his flock.
   4. וַיִּשְׁלַח יַעֲקֹב
   וַיִּקְרָא לְרָחֵל וּלְלֵאָה
   הַשָּׂדֶה
   אֶל צֹאנוֹ:

5. And he said to them,
   "I see
   the face of your father
   that it is not [as friendly] towards me
   like yesterday or the day before
   (because he is envious of my riches)
   [but it was] the G-d of my father
   [Who] was with me
   (to help me acquire all this wealth).
   5. וַיֹּאמֶר לָהֶן
   רֹאֶה אָנֹכִי
   אֶת פְּנֵי אֲבִיכֶן
   כִּי אֵינֶנּוּ אֵלַי
   כִּתְמֹל שִׁלְשֹׁם
   וֵאלֹהֵי אָבִי
   הָיָה עִמָּדִי:

6. You know
   that with all my strength
   have I served your father.
   6. וְאַתֵּנָה יְדַעְתֶּן
   כִּי בְּכָל כֹּחִי
   עָבַדְתִּי אֶת אֲבִיכֶן:

7. But your father
   cheated me
   and he changed
   my wage
   ten times ten (a hundred times)
   but G-d did not let him
   do harm to me.
   7. וַאֲבִיכֶן
   הֵתֶל בִּי
   וְהֶחֱלִף
   אֶת מַשְׂכֻּרְתִּי
   עֲשֶׂרֶת מֹנִים
   וְלֹא נְתָנוֹ אֱלֹהִים
   לְהָרַע עִמָּדִי:

8. If he would say thus,
   'Spotted ones
   shall be your wage,'
   all the flocks bore spotted ones,
   and if he would say thus,
   'Those ringed at the ankles
   8. אִם כֹּה יֹאמַר
   נְקֻדִּים
   יִהְיֶה שְׂכָרֶךָ
   וְיָלְדוּ כָל הַצֹּאן נְקֻדִּים
   וְאִם כֹּה יֹאמַר
   עֲקֻדִּים

VAYETZE Chapter 31   ויצא פרק לא

    shall be your wage,'   יִהְיֶה שְׂכָרֶךָ
    all the flocks bore   וְיָלְדוּ כָל הַצֹּאן
    [young] ones ringed at the ankles.   עֲקֻדִּים:

9. [Thus] G-d took away   9. וַיַּצֵּל אֱלֹהִים
    the flocks of your father   אֶת מִקְנֵה אֲבִיכֶם
    and gave [them] to me.   וַיִּתֶּן לִי:

10. And it was   10. וַיְהִי
    at the season when the flocks were heated (mated)   בְּעֵת יַחֵם הַצֹּאן
    I lifted my eyes   וָאֶשָּׂא עֵינַי
    and I saw in a dream   וָאֵרֶא בַּחֲלוֹם
    and behold   וְהִנֵּה
    the he-goats   הָעַתֻּדִים
    which came up on the flock (mated with she-goats)   הָעֹלִים עַל הַצֹּאן
    [were] ringed at the ankles   עֲקֻדִּים
    spotted   נְקֻדִּים
    and speckled (streaked).   וּבְרֻדִּים:

11. And an angel of G-d said to me   11. וַיֹּאמֶר אֵלַי מַלְאַךְ הָאֱלֹהִים
    in a dream,   בַּחֲלוֹם
    'Yaakov,'   יַעֲקֹב
    and I said,   וָאֹמַר
    'Here I am.'   הִנֵּנִי:

12. And he said,   12. וַיֹּאמֶר
    'Lift your eyes now   שָׂא נָא עֵינֶיךָ
    and see   וּרְאֵה
    all the he-goats   כָּל הָעַתֻּדִים
    which go up on the flock   הָעֹלִים עַל הַצֹּאן
    [are] ringed at the ankles   עֲקֻדִּים
    spotted   נְקֻדִּים
    and speckled (streaked)   וּבְרֻדִּים
    because I have seen   כִּי רָאִיתִי
    all that Lovon has done to you.   אֵת כָּל אֲשֶׁר לָבָן עֹשֶׂה לָּךְ:

13. I am	אָנֹכִי .13
the G-d of Beis El	הָאֵל בֵּית אֵל
(who first appeared to you there)	
where you annointed	אֲשֶׁר מָשַׁחְתָּ שָּׁם
a pillar	מַצֵּבָה
where you made (vowed) a vow to Me,	אֲשֶׁר נָדַרְתָּ לִּי שָׁם נֶדֶר
now	עַתָּה
arise	קוּם
go out of this land	צֵא מִן הָאָרֶץ הַזֹּאת
and go back	וְשׁוּב
to the land of your birth.'''	אֶל אֶרֶץ מוֹלַדְתֶּךָ׃
14. Rochel and Le'oh answered	וַתַּעַן רָחֵל וְלֵאָה .14
and they said to him,	וַתֹּאמַרְנָה לוֹ
"Do we still have	הַעוֹד לָנוּ
a share	חֵלֶק
and a heritage	וְנַחֲלָה
in the house of our father?	בְּבֵית אָבִינוּ׃
15. Is it not [so]	הֲלוֹא .15
that [like] strangers	נָכְרִיּוֹת
were we considered by him	נֶחְשַׁבְנוּ לוֹ
because he sold us	כִּי מְכָרָנוּ
and he has [now] completely consumed (used up)	וַיֹּאכַל גַּם אָכוֹל
our money (wealth)?	אֶת כַּסְפֵּנוּ׃
16. But all the wealth	כִּי כָל הָעֹשֶׁר .16
which G-d has taken away	אֲשֶׁר הִצִּיל אֱלֹהִים
from our father	מֵאָבִינוּ
belongs to us	לָנוּ הוּא
and to our children	וּלְבָנֵינוּ
and now	וְעַתָּה
all that G-d has said	כֹּל אֲשֶׁר אָמַר אֱלֹהִים
to you	אֵלֶיךָ
do."	עֲשֵׂה׃

VAYETZE Chapter 31

17. Yaakov arose
    and he lifted
    his children
    and his wives
    onto the camels.

17. וַיָּקָם יַעֲקֹב
    וַיִּשָּׂא
    אֶת בָּנָיו
    וְאֶת נָשָׁיו
    עַל הַגְּמַלִּים:

18. And he led away
    all his cattle
    and all his belongings
    which he had acquired
    that which he had bought with his property
      (his flocks)
    which he had acquired in Padan Arom
    to come (go) to Yitzchok his father
    to the land of Kenaan.

18. וַיִּנְהַג
    אֶת כָּל מִקְנֵהוּ
    וְאֶת כָּל רְכֻשׁוֹ
    אֲשֶׁר רָכָשׁ
    מִקְנֵה קִנְיָנוֹ
    אֲשֶׁר רָכַשׁ בְּפַדַּן אֲרָם
    לָבוֹא אֶל יִצְחָק אָבִיו
    אַרְצָה כְּנָעַן:

19. Lovon had gone
    to shear his sheep
    so Rochel stole
    the Terofim (kind of idol)
    which her father had
    (to prevent him from idol worship).

19. וְלָבָן הָלַךְ
    לִגְזֹז אֶת צֹאנוֹ
    וַתִּגְנֹב רָחֵל
    אֶת הַתְּרָפִים
    אֲשֶׁר לְאָבִיהָ:

20. Yaakov deceived
    the heart of Lovon the Arami
    in that he did not tell him
    that he was fleeing

20. וַיִּגְנֹב יַעֲקֹב
    אֶת לֵב לָבָן הָאֲרַמִּי
    עַל בְּלִי הִגִּיד לוֹ
    כִּי בֹרֵחַ הוּא:

21. He fled
    with all that he had
    and he arose
    and he crossed the river
    and he set his face
    towards Mount Gil'od.

21. וַיִּבְרַח הוּא
    וְכָל אֲשֶׁר לוֹ
    וַיָּקָם
    וַיַּעֲבֹר אֶת הַנָּהָר
    וַיָּשֶׂם אֶת פָּנָיו
    הַר הַגִּלְעָד:

22. Lovon was told

22. וַיֻּגַּד לְלָבָן

VAYETZE Chapter 31

on the third day	בַּיּוֹם הַשְּׁלִישִׁי
that Yaakov had fled.	כִּי בָרַח יַעֲקֹב:

23. He took his relatives   23. וַיִּקַּח אֶת אֶחָיו
    with him   עִמּוֹ
    and he chased after him   וַיִּרְדֹּף אַחֲרָיו
    a distance of seven days   דֶּרֶךְ שִׁבְעַת יָמִים
    and he caught up with him   וַיַּדְבֵּק אֹתוֹ
    on Mount Gil'od.   בְּהַר הַגִּלְעָד:

24. G-d came (appeared)   24. וַיָּבֹא אֱלֹהִים
    to Lovon the Arami   אֶל לָבָן הָאֲרַמִּי
    in a dream of the night   בַּחֲלֹם הַלָּיְלָה
    and He said to him,   וַיֹּאמֶר לוֹ
    "Beware   הִשָּׁמֶר לְךָ
    that you do not speak   פֶּן תְּדַבֵּר
    with Yaakov   עִם יַעֲקֹב
    either good or bad."   מִטּוֹב עַד רָע:

25. When Lovon caught up with Yaakov   25. וַיַּשֵּׂג לָבָן אֶת יַעֲקֹב
    Yaakov had pitched his tent   וְיַעֲקֹב תָּקַע אֶת אָהֳלוֹ
    on the mountain   בָּהָר
    and Lovon with his relatives pitched   וְלָבָן תָּקַע אֶת אֶחָיו
    [their tents]
    on Mount Gil'od.   בְּהַר הַגִּלְעָד:

26. Lovon said to Yaakov,   26. וַיֹּאמֶר לָבָן לְיַעֲקֹב
    "What have you done?   מֶה עָשִׂיתָ
    You deceived my heart   וַתִּגְנֹב אֶת לְבָבִי
    and you led away my daughters   וַתְּנַהֵג אֶת בְּנֹתַי
    like prisoners of the sword (of war)!   כִּשְׁבֻיוֹת חָרֶב:

27. Why did you flee secretly?   27. לָמָּה נַחְבֵּאתָ לִבְרֹחַ
    You deceived me   וַתִּגְנֹב אֹתִי
    and you did not tell me   וְלֹא הִגַּדְתָּ לִּי
    for I would have sent you off   וָאֲשַׁלֵּחֲךָ

with joy	בְּשִׂמְחָה
and with songs	וּבְשִׁרִים
with drums and with harps.	בְּתֹף וּבְכִנּוֹר׃
28. You did not [even] allow me	28. וְלֹא נְטַשְׁתַּנִי
to kiss my [grand]sons and my daughters,	לְנַשֵּׁק לְבָנַי וְלִבְנֹתָי
now	עַתָּה
you have acted foolishly.	הִסְכַּלְתָּ עֲשׂוֹ׃
29. There is power in my hand	29. יֶשׁ לְאֵל יָדִי
to do evil with you	לַעֲשׂוֹת עִמָּכֶם רָע
but the G-d of your father	וֵאלֹהֵי אֲבִיכֶם
last night	אֶמֶשׁ
said to me	אָמַר אֵלַי
saying,	לֵאמֹר
'Beware	הִשָּׁמֶר לְךָ
of speaking with Yaakov	מִדַּבֵּר עִם יַעֲקֹב
either good or bad.'	מִטּוֹב עַד רָע׃
30. Now that you have gone	30. וְעַתָּה הָלֹךְ הָלַכְתָּ
because you longed very much	כִּי נִכְסֹף נִכְסַפְתָּה
for the house of your father,	לְבֵית אָבִיךָ
why have you stolen my gods?"	לָמָּה גָנַבְתָּ אֶת אֱלֹהָי׃
31. Yaakov answered	31. וַיַּעַן יַעֲקֹב
and he said to Lovon,	וַיֹּאמֶר לְלָבָן
"Because I was frightened	כִּי יָרֵאתִי
because I said (thought)	כִּי אָמַרְתִּי
lest you take away by force	פֶּן תִּגְזֹל
your daughters	אֶת בְּנוֹתֶיךָ
from me.	מֵעִמִּי׃
32. With whomever you will find	32. עִם אֲשֶׁר תִּמְצָא
your gods	אֶת אֱלֹהֶיךָ
will not live	לֹא יִחְיֶה
in the presence of our relatives	נֶגֶד אַחֵינוּ

recognize for yourself	הַכֵּר לְךָ
what [of your belongings] is with me	מָה עִמָּדִי
and take [it] for yourself,"	וְקַח לָךְ
Yaakov did not know	וְלֹא יָדַע יַעֲקֹב
that Rochel had stolen them.	כִּי רָחֵל גְּנָבָתַם׃
33. Lovon [then] came (went)	33. וַיָּבֹא לָבָן
into the tent of Yaakov	בְּאֹהֶל יַעֲקֹב
and into the tent of Le'oh	וּבְאֹהֶל לֵאָה
and into the tent of the two maidservants	וּבְאֹהֶל שְׁתֵּי הָאֲמָהֹת
but he did not find [his gods]	וְלֹא מָצָא
when he came out of the tent of Le'oh	וַיֵּצֵא מֵאֹהֶל לֵאָה
he came (went) into the tent of Rochel.	וַיָּבֹא בְּאֹהֶל רָחֵל׃
34. Rochel had taken the Terofim	34. וְרָחֵל לָקְחָה אֶת הַתְּרָפִים
and she had put them	וַתְּשִׂמֵם
into the saddle cushion of the camel	בְּכַר הַגָּמָל
and she sat on them	וַתֵּשֶׁב עֲלֵיהֶם
and Lovon searched	וַיְמַשֵּׁשׁ לָבָן
the whole tent	אֶת כָּל הָאֹהֶל
but he did not find [them].	וְלֹא מָצָא׃
35. She said to her father,	35. וַתֹּאמֶר אֶל אָבִיהָ
"Let it not be annoying	אַל יִחַר
in the eyes of my lord	בְּעֵינֵי אֲדֹנִי
that I am not able	כִּי לוֹא אוּכַל
to get up before you	לָקוּם מִפָּנֶיךָ
because I have the way of the women,"	כִּי דֶרֶךְ נָשִׁים לִי
He searched	וַיְחַפֵּשׂ
but he did not find	וְלֹא מָצָא
the Terofim.	אֶת הַתְּרָפִים׃
36. Yaakov was annoyed	36. וַיִּחַר לְיַעֲקֹב
and he argued with Lovon	וַיָּרֶב בְּלָבָן
Yaakov spoke up	וַיַּעַן יַעֲקֹב
and he said to Lovon,	וַיֹּאמֶר לְלָבָן

VAYETZE Chapter 31

"What is my crime
what is my sin
that you have chased
after me?

מַה פִּשְׁעִי
מַה חַטָּאתִי
כִּי דָלַקְתָּ
אַחֲרָי:

37. Now that you have searched (inspected)
all my vessels (belongings)
what have you found
of all the vessels of your house?
Put [it] here
in front of my relatives
and your relatives
and let them decide
between the two of us.

37. כִּי מִשַּׁשְׁתָּ
אֶת כָּל כֵּלַי
מַה מָּצָאתָ
מִכֹּל כְּלֵי בֵיתֶךָ
שִׂים כֹּה
נֶגֶד אַחַי
וְאַחֶיךָ
וְיוֹכִיחוּ
בֵּין שְׁנֵינוּ:

38. These twenty years
[that] I have been with you
your ewes (mother sheep)
and your she-goats
have never lost their young ones
and the rams of your flock
I have not eaten.

38. זֶה עֶשְׂרִים שָׁנָה
אָנֹכִי עִמָּךְ
רְחֵלֶיךָ
וְעִזֶּיךָ
לֹא שִׁכֵּלוּ
וְאֵילֵי צֹאנְךָ
לֹא אָכָלְתִּי:

39. Those torn by a wild beast
I did not bring to you
I would bear the loss
from my hand
you would demand it,
those stolen by day
and those stolen by night.

39. טְרֵפָה
לֹא הֵבֵאתִי אֵלֶיךָ
אָנֹכִי אֲחַטֶּנָּה
מִיָּדִי
תְּבַקְשֶׁנָּה
גְּנֻבְתִי יוֹם
וּגְנֻבְתִי לָיְלָה:

40. [Where] I was by day
heat consumed me
and frost
by night

40. הָיִיתִי בַיּוֹם
אֲכָלַנִי חֹרֶב
וְקֶרַח
בַּלָּיְלָה

and my sleep moved away	וַתִּדַּד שְׁנָתִי
from my eyes.	מֵעֵינָי׃
41. These twenty years have I been	41. זֶה לִּי עֶשְׂרִים שָׁנָה
in your house	בְּבֵיתֶךָ
I served you	עֲבַדְתִּיךָ
fourteen years	אַרְבַּע עֶשְׂרֵה שָׁנָה
for your two daughters	בִּשְׁתֵּי בְנֹתֶיךָ
and six years	וְשֵׁשׁ שָׁנִים
for your flock	בְּצֹאנֶךָ
and you changed my wage	וַתַּחֲלֵף אֶת מַשְׂכֻּרְתִּי
ten times ten (a hundred times).	עֲשֶׂרֶת מֹנִים׃
42. If not for the G-d of my father	42. לוּלֵי אֱלֹהֵי אָבִי
the G-d of Avrohom	אֱלֹהֵי אַבְרָהָם
the One Whom Yitzchok feared	וּפַחַד יִצְחָק
Who had been with me	הָיָה לִי
then now	כִּי עַתָּה
empty [handed]	רֵיקָם
would you have sent me away	שִׁלַּחְתָּנִי
my trouble	אֶת עָנְיִי
and the toil of my hands	וְאֶת יְגִיעַ כַּפַּי
G-d has seen	רָאָה אֱלֹהִים
and he reprimanded [you] (told you off)	וַיּוֹכַח
last night."	אָמֶשׁ׃
43. Lovon answered	43. וַיַּעַן לָבָן
and he said to Yaakov,	וַיֹּאמֶר אֶל יַעֲקֹב
"The daughters (your wives)	הַבָּנוֹת
[are] my daughters	בְּנֹתַי
and the sons	וְהַבָּנִים
[are] my sons	בָּנַי
and the flocks	וְהַצֹּאן
[are] my flocks	צֹאנִי
and all that you see	וְכֹל אֲשֶׁר אַתָּה רֹאֶה
is mine	לִי הוּא

and as for my daughters	וְלִבְנֹתַי
what [evil] would I do to these (them)	מָה אֶעֱשֶׂה לָאֵלֶּה
today	הַיּוֹם
or to their sons	אוֹ לִבְנֵיהֶן
whom they have born?	אֲשֶׁר יָלָדוּ׃
44. So now	44. וְעַתָּה
come	לְכָה
let us make a covenant (agreement)	נִכְרְתָה בְרִית
I and you	אֲנִי וָאָתָּה
and He shall be the witness	וְהָיָה לְעֵד
between me and you."	בֵּינִי וּבֵינֶךָ׃
45. So Yaakov took a stone	45. וַיִּקַּח יַעֲקֹב אָבֶן
and he set it up	וַיְרִימֶהָ
[as] a pillar.	מַצֵּבָה׃
46. Then Yaakov said	46. וַיֹּאמֶר יַעֲקֹב
to his brothers (his sons),	לְאֶחָיו
"Gather stones,"	לִקְטוּ אֲבָנִים
they took stones	וַיִּקְחוּ אֲבָנִים
and they made a heap	וַיַּעֲשׂוּ גָל
and they ate there	וַיֹּאכְלוּ שָׁם
by the heap.	עַל הַגָּל׃
47. Lovon called it	47. וַיִּקְרָא לוֹ לָבָן
Yegar Sahaduso	יְגַר שָׂהֲדוּתָא
(meaning "witness heap" in Aramaic)	
and Yaakov called it	וְיַעֲקֹב קָרָא לוֹ
Gal'ed (the same meaning in Hebrew).	גַּלְעֵד׃
48. Lovon said,	48. וַיֹּאמֶר לָבָן
"This heap	הַגַּל הַזֶּה
[is] a witness	עֵד
between me and you	בֵּינִי וּבֵינְךָ
today,"	הַיּוֹם

therefore	עַל כֵּן
he called its name Gal'ed.	קָרָא שְׁמוֹ גַּלְעֵד:
49. [As for] the Mitzpoh	49. וְהַמִּצְפָּה
(why was Mount Gil'od called Mitzpoh?)	
because he said (each of them),	אֲשֶׁר אָמַר
"Hashem will watch	יִצֶף יְהֹוָה
between me and you	בֵּינִי וּבֵינֶךָ
when we are hidden	כִּי נִסָּתֵר
one from the other.	אִישׁ מֵרֵעֵהוּ:
50. If you will treat badly	50. אִם תְּעַנֶּה
my daughters	אֶת בְּנֹתַי
and if you will take wives	וְאִם תִּקַּח נָשִׁים
in addition to my daughters	עַל בְּנֹתַי
there is no man with us	אֵין אִישׁ עִמָּנוּ
(who will reprimand you)	
See (realize)	רְאֵה
G-d is a witness	אֱלֹהִים עֵד
between me and you."	בֵּינִי וּבֵינֶךָ:
51. And Lovon said to Yaakov,	51. וַיֹּאמֶר לָבָן לְיַעֲקֹב
"Behold [here is] this heap	הִנֵּה הַגַּל הַזֶּה
and behold [here is] the pillar	וְהִנֵּה הַמַּצֵּבָה
which I have cast	אֲשֶׁר יָרִיתִי
between me and you.	בֵּינִי וּבֵינֶךָ:
52. This heap is a witness	52. עֵד הַגַּל הַזֶּה
and this pillar is a witness	וְעֵדָה הַמַּצֵּבָה
that I	אִם אָנִי
will not cross over to you	לֹא אֶעֱבֹר אֵלֶיךָ
this heap	אֶת הַגַּל הַזֶּה
and that you	וְאִם אַתָּה
will not cross over to me	לֹא תַעֲבֹר אֵלַי
this heap	אֶת הַגַּל הַזֶּה

and this pillar	וְאֶת הַמַּצֵּבָה הַזֹּאת
for evil.	לְרָעָה׃
53. The G-d of Avrohom	53. אֱלֹהֵי אַבְרָהָם
and the gods of Nochor	וֵאלֹהֵי נָחוֹר
will judge between us	יִשְׁפְּטוּ בֵינֵינוּ
the gods of their father,"	אֱלֹהֵי אֲבִיהֶם
then Yaakov swore	וַיִּשָּׁבַע יַעֲקֹב
by the One Whom his father Yitzchok feared.	בְּפַחַד אָבִיו יִצְחָק׃
54. Yaakov then slaughtered animals	54. וַיִּזְבַּח יַעֲקֹב זֶבַח
on the mountain	בָּהָר
he called his friends (among Lovon's people)	וַיִּקְרָא לְאֶחָיו
to eat a meal	לֶאֱכָל לָחֶם
they ate a meal	וַיֹּאכְלוּ לֶחֶם
and they spent the night on the mountain.	וַיָּלִינוּ בָּהָר׃

Chapter 32 — פרק ל״ב

1. Lovon got up early in the morning	1. וַיַּשְׁכֵּם לָבָן בַּבֹּקֶר
he kissed his [grand]sons and his daughters	וַיְנַשֵּׁק לְבָנָיו וְלִבְנוֹתָיו
and he blessed them	וַיְבָרֶךְ אֶתְהֶם
then Lovon went and returned	וַיֵּלֶךְ וַיָּשָׁב לָבָן
to his place.	לִמְקֹמוֹ׃
2. Yaakov went on his way	2. וְיַעֲקֹב הָלַךְ לְדַרְכּוֹ
and angels of G-d met him.	וַיִּפְגְּעוּ בוֹ מַלְאֲכֵי אֱלֹהִים׃
3. Yaakov said	3. וַיֹּאמֶר יַעֲקֹב
when he saw them,	כַּאֲשֶׁר רָאָם
"This is a camp of G-d,"	מַחֲנֵה אֱלֹהִים זֶה
so he called the name of that place	וַיִּקְרָא שֵׁם הַמָּקוֹם הַהוּא
Machanayim.	מַחֲנָיִם׃

VAYISHLACH

וַיִּשְׁלַח

4. Yaakov sent
   angels
   before him.
   to Esov, his brother,
   to the land of Se'ir
   the field of Edom.

   .4 וַיִּשְׁלַח יַעֲקֹב
   מַלְאָכִים
   לְפָנָיו
   אֶל עֵשָׂו אָחִיו
   אַרְצָה שֵׂעִיר
   שְׂדֵה אֱדוֹם:

5. And he commanded them
   saying,
   "So shall you say
   to my lord Esov:
   So said
   your servant Yaakov,
   'With Lovon I sojourned (lived)
   and I delayed
   till now.

   .5 וַיְצַו אֹתָם
   לֵאמֹר
   כֹּה תֹאמְרוּן
   לַאדֹנִי לְעֵשָׂו
   כֹּה אָמַר
   עַבְדְּךָ יַעֲקֹב
   עִם לָבָן גַּרְתִּי
   וָאֵחַר
   עַד עָתָּה:

6. I have acquired
   oxen
   and donkeys
   sheep
   male slaves
   and female slaves
   and I am now sending
   to tell my lord
   to find favor
   in your eyes.'"

   .6 וַיְהִי לִי
   שׁוֹר
   וַחֲמוֹר
   צֹאן
   וְעֶבֶד
   וְשִׁפְחָה
   וָאֶשְׁלְחָה
   לְהַגִּיד לַאדֹנִי
   לִמְצֹא חֵן
   בְּעֵינֶיךָ:

7. The angels returned
   to Yaakov
   saying,
   "We came
   to your brother Esov
   also

   .7 וַיָּשֻׁבוּ הַמַּלְאָכִים
   אֶל יַעֲקֹב
   לֵאמֹר
   בָּאנוּ
   אֶל אָחִיךָ אֶל עֵשָׂו
   וְגַם

he is going towards you	הֹלֵךְ לִקְרָאתְךָ
and four hundred men	וְאַרְבַּע מֵאוֹת אִישׁ
[are] with him."	עִמּוֹ:
8. Yaakov was very frightened	.8 וַיִּירָא יַעֲקֹב מְאֹד
and it upset (distressed) him	וַיֵּצֶר לוֹ
so he divided	וַיַּחַץ
the people	אֶת הָעָם
who were with him	אֲשֶׁר אִתּוֹ
the flocks	וְאֶת הַצֹּאן
the herds	וְאֶת הַבָּקָר
and the camels	וְהַגְּמַלִּים
into two camps.	לִשְׁנֵי מַחֲנוֹת:
9. And he said,	.9 וַיֹּאמֶר
"If Esov comes	אִם יָבוֹא עֵשָׂו
to the one camp	אֶל הַמַּחֲנֶה הָאַחַת
and he strikes it [down]	וְהִכָּהוּ
then the remaining camp will be	וְהָיָה הַמַּחֲנֶה הַנִּשְׁאָר
for escape."	לִפְלֵיטָה:
10. And Yaakov said,	.10 וַיֹּאמֶר יַעֲקֹב
"O G-d of my father Avrohom	אֱלֹהֵי אָבִי אַבְרָהָם
and G-d of my father Yitzchok,	וֵאלֹהֵי אָבִי יִצְחָק
Hashem Who said to me,	יְהוָֹה הָאֹמֵר אֵלַי
'Return to your land	שׁוּב לְאַרְצְךָ
and to your family	וּלְמוֹלַדְתְּךָ
and I will do good	וְאֵיטִיבָה
with you.'	עִמָּךְ:
11. I have become small	.11 קָטֹנְתִּי
(i.e., my merits have been diminished)	
through all the kindness	מִכֹּל הַחֲסָדִים
and through all the truth	וּמִכָּל הָאֱמֶת
which you have done	אֲשֶׁר עָשִׂיתָ
with your servant	אֶת עַבְדֶּךָ

because with my stick	כִּי בְמַקְלִי
have I crossed	עָבַרְתִּי
this Yarden	אֶת הַיַּרְדֵּן הַזֶּה
and now I have become	וְעַתָּה הָיִיתִי
two camps.	לִשְׁנֵי מַחֲנוֹת׃
12. Save me please	12. הַצִּילֵנִי נָא
from the hand of my brother	מִיַּד אָחִי
from the hand of Esov	מִיַּד עֵשָׂו
because I fear him	כִּי יָרֵא אָנֹכִי אֹתוֹ
lest he come	פֶּן יָבוֹא
and strike me [down]	וְהִכַּנִי
mothers together with the children.	אֵם עַל בָּנִים׃
13. And You said,	13. וְאַתָּה אָמַרְתָּ
'I will surely do good with you	הֵיטֵב אֵיטִיב עִמָּךְ
and I will make your descendants	וְשַׂמְתִּי אֶת זַרְעֲךָ
like the sand of the sea	כְּחוֹל הַיָּם
which cannot be counted	אֲשֶׁר לֹא יִסָּפֵר
because it is so much.'"	מֵרֹב׃
14. He stayed there	14. וַיָּלֶן שָׁם
in that night	בַּלַּיְלָה הַהוּא
and he took	וַיִּקַּח
from what had come	מִן הַבָּא
into his possession	בְיָדוֹ
a present	מִנְחָה
for Esov, his brother.	לְעֵשָׂו אָחִיו׃
15. She-goats	15. עִזִּים
two hundred	מָאתַיִם
and he-goats	וּתְיָשִׁים
twenty	עֶשְׂרִים
ewes (mother sheep)	רְחֵלִים
two hundred	מָאתַיִם

VAYISHLACH Chapter 32

and rams	וְאֵילִים
twenty.	עֶשְׂרִים:

16. Nursing camels   16. גְּמַלִּים מֵינִיקוֹת
    and their young ones   וּבְנֵיהֶם
    thirty   שְׁלֹשִׁים
    cows   פָּרוֹת
    forty   אַרְבָּעִים
    and bulls   וּפָרִים
    ten   עֲשָׂרָה
    she-donkeys   אֲתֹנֹת
    twenty   עֶשְׂרִים
    and he-donkeys   וַעְיָרִם
    ten.   עֲשָׂרָה:

17. He gave [them]   17. וַיִּתֵּן
    into the hands of his servants   בְּיַד עֲבָדָיו
    each herd separately   עֵדֶר עֵדֶר לְבַדּוֹ
    and he said to his servants,   וַיֹּאמֶר אֶל עֲבָדָיו
    "Pass on ahead of me   עִבְרוּ לְפָנַי
    and a space   וְרֶוַח
    you shall leave (put)   תָּשִׂימוּ
    between herd and herd."   בֵּין עֵדֶר וּבֵין עֵדֶר:

18. He commanded the first one   18. וַיְצַו אֶת הָרִאשׁוֹן
    saying,   לֵאמֹר
    "When Esov, my brother, meets you   כִּי יִפְגָּשְׁךָ עֵשָׂו אָחִי
    and he asks you   וּשְׁאֵלְךָ
    saying,   לֵאמֹר
    'To whom do you belong   לְמִי אַתָּה
    and where are you going   וְאָנָה תֵלֵךְ
    and for whom   וּלְמִי
    [are] these [animals]   אֵלֶּה
    before you?'   לְפָנֶיךָ:

19. Then you shall say,   19. וְאָמַרְתָּ

VAYISHLACH Chapter 32

'[I belong] to your servant, Yaakov
it is a present sent
to my lord, Esov,
and behold
also he (Yaakov)
[is] behind us.'"

20. He commanded
also the second one
also the third one
also all [those] who were going
after the herds
saying,
"In this manner
shall you speak to Esov
when you find him.

21. And you will say
also,
'Behold, your servant Yaakov
[is] behind us
because he said (thought to himself),
I will remove his anger
with the present
which is going ahead of me
and after that
I will see his face
perhaps
he will forgive me.'"

22. So the present passed on
before him
and he spent that night
in the camp.

23. He got up
in that night

לְעַבְדְּךָ לְיַעֲקֹב
מִנְחָה הִיא שְׁלוּחָה
לַאדֹנִי לְעֵשָׂו
וְהִנֵּה
גַם הוּא
אַחֲרֵינוּ:

20. וַיְצַו
גַּם אֶת הַשֵּׁנִי
גַּם אֶת הַשְּׁלִישִׁי
גַּם אֶת כָּל הַהֹלְכִים
אַחֲרֵי הָעֲדָרִים
לֵאמֹר
כַּדָּבָר הַזֶּה
תְּדַבְּרוּן אֶל עֵשָׂו
בְּמֹצַאֲכֶם אֹתוֹ:

21. וַאֲמַרְתֶּם
גַּם
הִנֵּה עַבְדְּךָ יַעֲקֹב
אַחֲרֵינוּ
כִּי אָמַר
אֲכַפְּרָה פָנָיו
בַּמִּנְחָה
הַהֹלֶכֶת לְפָנָי
וְאַחֲרֵי כֵן
אֶרְאֶה פָנָיו
אוּלַי
יִשָּׂא פָנָי:

22. וַתַּעֲבֹר הַמִּנְחָה
עַל פָּנָיו
וְהוּא לָן בַּלַּיְלָה הַהוּא
בַּמַּחֲנֶה:

23. וַיָּקָם
בַּלַּיְלָה הוּא

and he took	וַיִּקַּח
his two wives	אֶת שְׁתֵּי נָשָׁיו
his two maidservants	וְאֶת שְׁתֵּי שִׁפְחֹתָיו
and his eleven sons	וְאֶת אַחַד עָשָׂר יְלָדָיו
and he crossed over	וַיַּעֲבֹר
the crossing of the Yabok.	אֶת מַעֲבַר יַבֹּק׃
24. He took them	24. וַיִּקָּחֵם
and he got them across	וַיַּעֲבִרֵם
the stream	אֶת הַנָּחַל
and he took across	וַיַּעֲבֵר
[all] that he had.	אֶת אֲשֶׁר לוֹ׃
25. Yaakov was left by himself	25. וַיִּוָּתֵר יַעֲקֹב לְבַדּוֹ
and a man wrestled with him	וַיֵּאָבֵק אִישׁ עִמּוֹ
until the rise of dawn.	עַד עֲלוֹת הַשָּׁחַר׃
26. When he saw	26. וַיַּרְא
that he was not able [to overcome] him	כִּי לֹא יָכֹל לוֹ
he touched the socket of his hip	וַיִּגַּע בְּכַף יְרֵכוֹ
and the socket of Yaakov's hip was dislocated	וַתֵּקַע כַּף יֶרֶךְ יַעֲקֹב
as he wrestled with him.	בְּהֵאָבְקוֹ עִמּוֹ׃
27. And he said,	27. וַיֹּאמֶר
"Let me go	שַׁלְּחֵנִי
because dawn has risen,"	כִּי עָלָה הַשָּׁחַר
and he said,	וַיֹּאמֶר
"I will not let you go	לֹא אֲשַׁלֵּחֲךָ
unless you bless me	כִּי אִם בֵּרַכְתָּנִי׃
(confirm that the blessing I received from my father is mine by right)."	
28. He said to him,	28. וַיֹּאמֶר אֵלָיו
"What is your name?"	מַה שְּׁמֶךָ
And he said,	וַיֹּאמֶר
"Yaakov."	יַעֲקֹב׃

29. And he said, "It will not be said anymore that your name is Yaakov, but Yisroel because you have fought with [an angel of] G-d and with men and you have overcome [them]."	29. וַיֹּאמֶר לֹא יַעֲקֹב יֵאָמֵר עוֹד שִׁמְךָ כִּי אִם יִשְׂרָאֵל כִּי שָׂרִיתָ עִם אֱלֹהִים וְעִם אֲנָשִׁים וַתּוּכָל:
30. Then Yaakov asked and he said, "Please tell [me] your name," and he said, "Why do you ask for my name?" and he blessed him there.	30. וַיִּשְׁאַל יַעֲקֹב וַיֹּאמֶר הַגִּידָה נָּא שְׁמֶךָ וַיֹּאמֶר לָמָּה זֶּה תִּשְׁאַל לִשְׁמִי וַיְבָרֶךְ אֹתוֹ שָׁם:
31. So Yaakov called the name of the place Peniel, "Because I have seen [an angel of] G-d face to face and my soul was saved."	31. וַיִּקְרָא יַעֲקֹב שֵׁם הַמָּקוֹם פְּנִיאֵל כִּי רָאִיתִי אֱלֹהִים פָּנִים אֶל פָּנִים וַתִּנָּצֵל נַפְשִׁי:
32. The sun shone (rose) for him when he passed through Penuel and he was limping on his hip.	32. וַיִּזְרַח לוֹ הַשֶּׁמֶשׁ כַּאֲשֶׁר עָבַר אֶת פְּנוּאֵל וְהוּא צֹלֵעַ עַל יְרֵכוֹ:
33. Therefore the children of Yisroel are not to eat the sinew that jumped [out of place] which [is]	33. עַל כֵּן לֹא יֹאכְלוּ בְנֵי יִשְׂרָאֵל אֶת גִּיד הַנָּשֶׁה אֲשֶׁר

on the socket of	עַל כַּף
the hip	הַיָּרֵךְ
until this day	עַד הַיּוֹם הַזֶּה
because he (the angel) touched	כִּי נָגַע
the socket of	בְּכַף
the hip of Yaakov	יֶרֶךְ יַעֲקֹב
at the sinew	בְּגִיד
that jumped [out of place].	הַנָּשֶׁה׃

Chapter 33 — פרק ל״ג

1. Yaakov lifted his eyes	1. וַיִּשָּׂא יַעֲקֹב עֵינָיו
and he saw	וַיַּרְא
and behold	וְהִנֵּה
Esov was coming	עֵשָׂו בָּא
and with him [were]	וְעִמּוֹ
four hundred men,	אַרְבַּע מֵאוֹת אִישׁ
so he divided	וַיַּחַץ
the children	אֶת הַיְלָדִים
among Le'oh and Rochel	עַל לֵאָה וְעַל רָחֵל
and among the two maidservants.	וְעַל שְׁתֵּי הַשְּׁפָחוֹת׃
2. He put	2. וַיָּשֶׂם
the maidservants	אֶת הַשְּׁפָחוֹת
and their children	וְאֶת יַלְדֵיהֶן
first	רִאשֹׁנָה
Le'oh and her children	וְאֶת לֵאָה וִילָדֶיהָ
after that	אַחֲרֹנִים
and Rochel and Yosef	וְאֶת רָחֵל וְאֶת יוֹסֵף
last.	אַחֲרֹנִים׃
3. Then he himself	3. וְהוּא
went ahead of them	עָבַר לִפְנֵיהֶם
and he prostrated himself	וַיִּשְׁתַּחוּ
on the ground	אַרְצָה

VAYISHLACH Chapter 33

    seven times
    until he reached his brother.

4. Esov ran towards him
    he embraced him
    and he fell on his neck
    and he kissed him,
    then they wept.

5. He lifted his eyes
    and he saw
    the women
    and the children
    and he said,
    "Who are these to you?"
    He said,
    "The children
    with whom G-d has favored
    your servant."

6. Then the maidservants came forward
    they and their children
    and they prostrated themselves.

7. Also Le'oh came forward
    and her children
    and they prostrated themselves
    and after that
    Yosef and Rochel came forward
    and they prostrated themselves.

8. And he said,
    "What was your purpose
    [in sending] all this camp
    which I met?"
    And he said,

וישלח פרק לג

שֶׁבַע פְּעָמִים
עַד גִּשְׁתּוֹ עַד אָחִיו:

4. וַיָּרָץ עֵשָׂו לִקְרָאתוֹ
וַיְחַבְּקֵהוּ
וַיִּפֹּל עַל צַוָּארָו
וַיִּשָּׁקֵהוּ
וַיִּבְכּוּ:

5. וַיִּשָּׂא אֶת עֵינָיו
וַיַּרְא
אֶת הַנָּשִׁים
וְאֶת הַיְלָדִים
וַיֹּאמֶר
מִי אֵלֶּה לָּךְ
וַיֹּאמַר
הַיְלָדִים
אֲשֶׁר חָנַן אֱלֹהִים
אֶת עַבְדֶּךָ:

6. וַתִּגַּשְׁןָ הַשְּׁפָחוֹת
הֵנָּה וְיַלְדֵיהֶן
וַתִּשְׁתַּחֲוֶיןָ:

7. וַתִּגַּשׁ גַּם לֵאָה
וִילָדֶיהָ
וַיִּשְׁתַּחֲווּ
וְאַחַר
נִגַּשׁ יוֹסֵף וְרָחֵל
וַיִּשְׁתַּחֲווּ:

8. וַיֹּאמֶר
מִי לְךָ
כָּל הַמַּחֲנֶה הַזֶּה
אֲשֶׁר פָּגָשְׁתִּי
וַיֹּאמֶר

203 VAYISHLACH Chapter 33 וישלח פרק לג

"To find favor	לִמְצֹא חֵן
in the eyes of my lord."	בְּעֵינֵי אֲדֹנִי׃
9. Esov said,	9. וַיֹּאמֶר עֵשָׂו
"I have plenty	יֶשׁ לִי רָב
my brother,	אָחִי
you keep (let it remain yours)	יְהִי לְךָ
what you have."	אֲשֶׁר לָךְ׃
10. But Yaakov said,	10. וַיֹּאמֶר יַעֲקֹב
"No, please (do not refuse)	אַל נָא
if I have now found favor	אִם נָא מָצָאתִי חֵן
in your eyes	בְּעֵינֶיךָ
then you will take (accept)	וְלָקַחְתָּ
my present	מִנְחָתִי
from my hand	מִיָּדִי
since	כִּי עַל כֵּן
I have seen your face	רָאִיתִי פָנֶיךָ
[which is] like seeing	כִּרְאֹת
the face of [an angel of] G-d	פְּנֵי אֱלֹהִים
and you were reconciled (made peace) with me.	וַתִּרְצֵנִי׃
11. Please take my greeting (gift)	11. קַח נָא אֶת בִּרְכָתִי
which was brought to you	אֲשֶׁר הֻבָאת לָךְ
because G-d has favored me	כִּי חַנַּנִי אֱלֹהִים
and I have everything."	וְכִי יֶשׁ לִי כֹל
He urged him	וַיִּפְצַר בּוֹ
and he took [it].	וַיִּקָּח׃
12. And he said,	12. וַיֹּאמַר
"Travel on	נִסְעָה
and let us go	וְנֵלֵכָה
and I will go	וְאֵלְכָה
alongside you."	לְנֶגְדֶּךָ׃
13. But he said to him,	13. וַיֹּאמֶר אֵלָיו
"My lord knows	אֲדֹנִי יֹדֵעַ

VAYISHLACH Chapter 33

    that the children are tender   כִּי הַיְלָדִים רַכִּים
    and the flocks and the herds   וְהַצֹּאן וְהַבָּקָר
    [which] are nursing young ones   עָלוֹת
    [the responsibility for them is] on me   עָלָי
    if they drive them hard   וּדְפָקוּם
    [even] one day   יוֹם אֶחָד
    then all the flocks will die.   וָמֵתוּ כָּל הַצֹּאן:

14. Let my lord pass on please   14. יַעֲבָר נָא אֲדֹנִי
    ahead of his servant   לִפְנֵי עַבְדּוֹ
    I will lead along (make my way)   וַאֲנִי אֶתְנָהֲלָה
    at my own slow pace   לְאִטִּי
    according to the pace of the work (flock)   לְרֶגֶל הַמְּלָאכָה
    which is before me   אֲשֶׁר לְפָנַי
    and according to the pace of the children   וּלְרֶגֶל הַיְלָדִים
    until I come   עַד אֲשֶׁר אָבֹא
    to my lord   אֶל אֲדֹנִי
    to Se'ir."   שֵׂעִירָה:

15. Then Esov said,   15. וַיֹּאמֶר עֵשָׂו
    "Let me leave with you now   אַצִּיגָה נָּא עִמְּךָ
    some of the people   מִן הָעָם
    who are with me."   אֲשֶׁר אִתִּי
    And he said,   וַיֹּאמֶר
    "For what purpose?   לָמָּה זֶּה
    Let me [just] find favor   אֶמְצָא חֵן
    in the eyes of my lord."   בְּעֵינֵי אֲדֹנִי:

16. Esov returned on that day   16. וַיָּשָׁב בַּיּוֹם הַהוּא עֵשָׂו
    on his way   לְדַרְכּוֹ
    to Se'ir.   שֵׂעִירָה:

17. But Yaakov journeyed to Sukos   17. וְיַעֲקֹב נָסַע סֻכֹּתָה
    and he built himself a house   וַיִּבֶן לוֹ בָּיִת
    and for his cattle   וּלְמִקְנֵהוּ
    he made huts   עָשָׂה סֻכֹּת

therefore	עַל כֵּן
he called the name of the place	קָרָא שֵׁם הַמָּקוֹם
Sukos.	סֻכּוֹת:
18. Yaakov came (arrived)	.18 וַיָּבֹא יַעֲקֹב
complete (see Rashi)	שָׁלֵם
[to] the city of Shechem	עִיר שְׁכֶם
which is in the land of Kenaan	אֲשֶׁר בְּאֶרֶץ כְּנַעַן
when he came from Padan Arom	בְּבֹאוֹ מִפַּדַּן אֲרָם
and he camped	וַיִּחַן
in front of the city.	אֶת פְּנֵי הָעִיר:
19. He bought	.19 וַיִּקֶן
the part of the field	אֶת חֶלְקַת הַשָּׂדֶה
where he had pitched his tent	אֲשֶׁר נָטָה שָׁם אָהֳלוֹ
from the hand of the sons of Chamor	מִיַּד בְּנֵי חֲמוֹר
the father of Shechem,	אֲבִי שְׁכֶם
for one hundred kesitoh.	בְּמֵאָה קְשִׂיטָה:
20. He set up there	.20 וַיַּצֶּב שָׁם
an altar	מִזְבֵּחַ
and he called it	וַיִּקְרָא לוֹ
G-d [is] the G-d of Yisroel.	אֵל אֱלֹהֵי יִשְׂרָאֵל:

Chapter 34 — פרק ל״ד

1. And there went out	.1 וַתֵּצֵא
Dinoh the daughter of Le'oh	דִינָה בַּת לֵאָה
whom she had borne to Yaakov	אֲשֶׁר יָלְדָה לְיַעֲקֹב
to see the daughters of the land.	לִרְאוֹת בִּבְנוֹת הָאָרֶץ:
2. And there saw her	.2 וַיַּרְא אֹתָהּ
Shechem the son of Chamor the Chivi	שְׁכֶם בֶּן חֲמוֹר הַחִוִּי
the prince of the land (that region),	נְשִׂיא הָאָרֶץ
he took her	וַיִּקַּח אֹתָהּ

English	Hebrew
he lay with her	וַיִּשְׁכַּב אֹתָהּ
and he afflicted her (unnaturally).	וַיְעַנֶּהָ׃
3. His soul became attached	.3 וַתִּדְבַּק נַפְשׁוֹ
to Dinoh, the daughter of Yaakov	בְּדִינָה בַּת יַעֲקֹב
he loved the girl	וַיֶּאֱהַב אֶת הַנַּעֲרָ
and he spoke to the heart of the girl	וַיְדַבֵּר עַל לֵב הַנַּעֲרָ׃
(words that would appeal to her).	
4. Shechem said	.4 וַיֹּאמֶר שְׁכֶם
to Chamor, his father	אֶל חֲמוֹר אָבִיו
saying,	לֵאמֹר
"Take for me	קַח לִי
this girl	אֶת הַיַּלְדָּה הַזֹּאת
as a wife."	לְאִשָּׁה׃
5. Yaakov heard	.5 וְיַעֲקֹב שָׁמַע
that he had defiled	כִּי טִמֵּא
Dinoh his daughter	אֶת דִּינָה בִתּוֹ
when his sons were	וּבָנָיו הָיוּ
with his cattle	אֶת מִקְנֵהוּ
in the field	בַּשָּׂדֶה
so Yaakov kept silent	וְהֶחֱרִשׁ יַעֲקֹב
until their coming (arrival).	עַד בֹּאָם׃
6. Chamor, the father of Shechem, went out	.6 וַיֵּצֵא חֲמוֹר אֲבִי שְׁכֶם
to Yaakov	אֶל יַעֲקֹב
to speak with him.	לְדַבֵּר אִתּוֹ׃
7. The sons of Yaakov	.7 וּבְנֵי יַעֲקֹב
came from the field	בָּאוּ מִן הַשָּׂדֶה
when they heard [it]	כְּשָׁמְעָם
the men were saddened (distressed)	וַיִּתְעַצְּבוּ הָאֲנָשִׁים
and it made them very angry	וַיִּחַר לָהֶם מְאֹד
because a disgraceful thing	כִּי נְבָלָה
he had done in Yisroel	עָשָׂה בְיִשְׂרָאֵל

VAYISHLACH Chapter 34

וישלח פרק לד

    by lying with the daughter of Yaakov
    and so (such a thing)
    may not be done (even among others).

לִשְׁכַּב אֶת בַּת יַעֲקֹב
וְכֵן
לֹא יֵעָשֶׂה:

8. Chamor spoke with them
    saying,
    "Shechem, my son,
    his soul desires your daughter
    please give her to him
    as a wife.

8. וַיְדַבֵּר חֲמוֹר אִתָּם
לֵאמֹר
שְׁכֶם בְּנִי
חָשְׁקָה נַפְשׁוֹ בְּבִתְּכֶם
תְּנוּ נָא אֹתָהּ לוֹ
לְאִשָּׁה:

9. And intermarry with us,
    your daughters
    you will give to us
    and our daughters
    you will take for yourselves.

9. וְהִתְחַתְּנוּ אֹתָנוּ
בְּנֹתֵיכֶם
תִּתְּנוּ לָנוּ
וְאֶת בְּנֹתֵינוּ
תִּקְחוּ לָכֶם:

10. And with us
    shall you dwell,
    the land
    shall be [open] before you
    stay
    and trade in it
    and acquire property in it."

10. וְאִתָּנוּ
תֵּשֵׁבוּ
וְהָאָרֶץ
תִּהְיֶה לִפְנֵיכֶם
שְׁבוּ
וּסְחָרוּהָ
וְהֵאָחֲזוּ בָּהּ:

11. Then Shechem said
    to her father
    and to her brothers,
    "Let me find favor
    in your eyes
    and whatever you will say
    to me
    I will give.

11. וַיֹּאמֶר שְׁכֶם
אֶל אָבִיהָ
וְאֶל אַחֶיהָ
אֶמְצָא חֵן
בְּעֵינֵיכֶם
וַאֲשֶׁר תֹּאמְרוּ
אֵלַי
אֶתֵּן:

12. Increase upon me very [much]
    the sum [to be written] in the marriage contract

12. הַרְבּוּ עָלַי מְאֹד
מֹהַר

VAYISHLACH Chapter 34 וישלח פרק לד 208

and gifts	וּמַתָּן
and I will give	וְאֶתְּנָה
whatever you will say to me,	כַּאֲשֶׁר תֹּאמְרוּ אֵלָי
[only] give to me	וּתְנוּ לִי
the girl	אֶת הַנַּעֲרָ
as a wife."	לְאִשָּׁה׃
13. Then the sons of Yaakov answered	13. וַיַּעֲנוּ בְנֵי יַעֲקֹב
Shechem and Chamor, his father	אֶת שְׁכֶם וְאֶת חֲמוֹר אָבִיו
with wisdom (cleverly)	בְּמִרְמָה
and they spoke	וַיְדַבֵּרוּ
because he had defiled	אֲשֶׁר טִמֵּא
Dinoh their sister.	אֵת דִּינָה אֲחֹתָם׃
14. They said to them,	14. וַיֹּאמְרוּ אֲלֵיהֶם
"We are not able	לֹא נוּכַל
to do this thing	לַעֲשׂוֹת הַדָּבָר הַזֶּה
to give our sister	לָתֵת אֶת אֲחֹתֵנוּ
to a man	לְאִישׁ
who has a foreskin	אֲשֶׁר לוֹ עָרְלָה
because it is a disgrace for us.	כִּי חֶרְפָּה הִיא לָנוּ׃
15. Only in this (on this condition)	15. אַךְ בְּזֹאת
will we agree to you	נֵאוֹת לָכֶם
if you will be like us	אִם תִּהְיוּ כָמֹנוּ
by letting every male of you become circumcised.	לְהִמֹּל לָכֶם כָּל זָכָר׃
16. Then we will give our daughters	16. וְנָתַנּוּ אֶת בְּנֹתֵינוּ
to you	לָכֶם
and your daughters	וְאֶת בְּנֹתֵיכֶם
we will take for ourselves,	נִקַּח לָנוּ
we will dwell with you	וְיָשַׁבְנוּ אִתְּכֶם
and we will become	וְהָיִינוּ
one people (nation).	לְעַם אֶחָד׃
17. But if you will not listen to us	17. וְאִם לֹא תִשְׁמְעוּ אֵלֵינוּ

to be circumcised	לְהִמּוֹל
we will take our daughter	וְלָקַחְנוּ אֶת בִּתֵּנוּ
and we will go."	וְהָלָכְנוּ׃
18. Their words were good (pleasing)	18. וַיִּיטְבוּ דִבְרֵיהֶם
in the eyes of Chamor	בְּעֵינֵי חֲמוֹר
and in the eyes of	וּבְעֵינֵי
Shechem, the son of Chamor.	שְׁכֶם בֶּן חֲמוֹר׃
19. The youth did not delay	19. וְלֹא אֵחַר הַנַּעַר
to do the thing	לַעֲשׂוֹת הַדָּבָר
because he wanted the daughter of Yaakov	כִּי חָפֵץ בְּבַת יַעֲקֹב
and he was the most honored (respected)	וְהוּא נִכְבָּד
of all his father's household.	מִכֹּל בֵּית אָבִיו׃
20. Chamor and Shechem, his son, came	20. וַיָּבֹא חֲמוֹר וּשְׁכֶם בְּנוֹ
to the gate of their city	אֶל שַׁעַר עִירָם
and they spoke	וַיְדַבְּרוּ
to the men of their city	אֶל אַנְשֵׁי עִירָם
saying,	לֵאמֹר׃
21. "These men	21. הָאֲנָשִׁים הָאֵלֶּה
are peaceable (peaceful) with us	שְׁלֵמִים הֵם אִתָּנוּ
let them dwell in the land	וְיֵשְׁבוּ בָאָרֶץ
and let them trade in it	וְיִסְחֲרוּ אֹתָהּ
and [in] the land	וְהָאָרֶץ
behold	הִנֵּה
there is plenty of space for them,	רַחֲבַת יָדַיִם לִפְנֵיהֶם
their daughters	אֶת בְּנֹתָם
we will take for ourselves	נִקַּח לָנוּ
as wives	לְנָשִׁים
and our daughters	וְאֶת בְּנֹתֵינוּ
we will give to them.	נִתֵּן לָהֶם׃
22. Only	22. אַךְ
in this (on this condition)	בְּזֹאת

VAYISHLACH Chapter 34   וישלח פרק לד

    will the men agree to us   יֵאֹתוּ לָנוּ הָאֲנָשִׁים
    to dwell with us   לָשֶׁבֶת אִתָּנוּ
    to become one people,   לִהְיוֹת לְעַם אֶחָד
    that every male among us become circumcised   בְּהִמּוֹל לָנוּ כָּל זָכָר
    as they [themselves] are circumcised.   כַּאֲשֶׁר הֵם נִמֹּלִים:

23. Their herds   23. מִקְנֵהֶם
    their possessions   וְקִנְיָנָם
    and all their animals   וְכָל בְּהֶמְתָּם
    will they not be ours?   הֲלוֹא לָנוּ הֵם
    Only   אַךְ
    let us agree to them   נֵאוֹתָה לָהֶם
    and they will dwell with us."   וְיֵשְׁבוּ אִתָּנוּ:

24. They listened   24. וַיִּשְׁמְעוּ
    to Chamor and to Shechem, his son   אֶל חֲמוֹר וְאֶל שְׁכֶם בְּנוֹ
    all who came out of the gate of his city,   כָּל יֹצְאֵי שַׁעַר עִירוֹ
    and all males were circumcised   וַיִּמֹּלוּ כָּל זָכָר
    [of] all who came out of the gate of his city.   כָּל יֹצְאֵי שַׁעַר עִירוֹ:

25. And it was   25. וַיְהִי
    on the third day   בַיּוֹם הַשְּׁלִישִׁי
    when they were in pain   בִּהְיוֹתָם כֹּאֲבִים
    they took   וַיִּקְחוּ
    two sons of Yaakov   שְׁנֵי בְנֵי יַעֲקֹב
    Shimon and Levi,   שִׁמְעוֹן וְלֵוִי
    the brothers of Dinoh   אֲחֵי דִינָה
    each man his sword   אִישׁ חַרְבּוֹ
    they came upon the city   וַיָּבֹאוּ עַל הָעִיר
    confidently   בֶּטַח
    and they killed every male.   וַיַּהַרְגוּ כָּל זָכָר:

26. And Chamor and Shechem, his son   26. וְאֶת חֲמוֹר וְאֶת שְׁכֶם בְּנוֹ
    they killed   הָרְגוּ
    with the edge of the sword,   לְפִי חָרֶב
    then they took Dinoh   וַיִּקְחוּ אֶת דִּינָה

from the house of Shechem	מִבֵּית שְׁכֶם
and they went out.	וַיֵּצֵאוּ׃
27. The sons of Yaakov	27. בְּנֵי יַעֲקֹב
came upon the slain	בָּאוּ עַל הַחֲלָלִים
and they plundered the city	וַיָּבֹזּוּ הָעִיר
[in] which they defiled their sister.	אֲשֶׁר טִמְּאוּ אֲחוֹתָם׃
28. Their flocks and their herds	28. אֶת צֹאנָם וְאֶת בְּקָרָם
and their donkeys,	וְאֶת חֲמֹרֵיהֶם
whatever was in the city	וְאֵת אֲשֶׁר בָּעִיר
and whatever was in the field	וְאֶת אֲשֶׁר בַּשָּׂדֶה
they took.	לָקָחוּ׃
29. All their wealth	29. וְאֶת כָּל חֵילָם
all their children	וְאֶת כָּל טַפָּם
and their wives	וְאֶת נְשֵׁיהֶם
they captured	שָׁבוּ
and they plundered	וַיָּבֹזּוּ
and everything that was in the house.	וְאֵת כָּל אֲשֶׁר בַּבָּיִת׃
30. Yaakov said	30. וַיֹּאמֶר יַעֲקֹב
to Shimon and Levi,	אֶל שִׁמְעוֹן וְאֶל לֵוִי
"You made me (my mind) unclear	עֲכַרְתֶּם אֹתִי
giving me a bad name	לְהַבְאִישֵׁנִי
among the dwellers of the land	בְּיֹשֵׁב הָאָרֶץ
among the Kenaani and the Perizi,	בַּכְּנַעֲנִי וּבַפְּרִזִּי
I [have] few people	וַאֲנִי מְתֵי מִסְפָּר
and if they gather against me	וְנֶאֶסְפוּ עָלַי
and they will strike me [down]	וְהִכּוּנִי
I will be completely destroyed	וְנִשְׁמַדְתִּי
I and my household."	אֲנִי וּבֵיתִי׃
31. And they said,	31. וַיֹּאמְרוּ
"Like an immoral woman	הַכְזוֹנָה
shall he treat our sister?"	יַעֲשֶׂה אֶת אֲחוֹתֵנוּ׃

Chapter 35

פרק ל״ה

1. G-d said to Yaakov,
"Arise,
go up to Beis El
and stay there
and make there an altar
to G-d
who appeared to you
when you fled
from before Esov your brother."

1. וַיֹּאמֶר אֱלֹהִים אֶל יַעֲקֹב
קוּם
עֲלֵה בֵית אֵל
וְשֶׁב שָׁם
וַעֲשֵׂה שָׁם מִזְבֵּחַ
לָאֵל
הַנִּרְאֶה אֵלֶיךָ
בְּבָרְחֲךָ
מִפְּנֵי עֵשָׂו אָחִיךָ׃

2. So Yaakov said to his household
and to all who [were] with him,
"Remove
the strange gods
which are among you,
cleanse yourselves
and change your clothes.

2. וַיֹּאמֶר יַעֲקֹב אֶל בֵּיתוֹ
וְאֶל כָּל אֲשֶׁר עִמּוֹ
הָסִרוּ
אֶת אֱלֹהֵי הַנֵּכָר
אֲשֶׁר בְּתֹכְכֶם
וְהִטַּהֲרוּ
וְהַחֲלִיפוּ שִׂמְלֹתֵיכֶם׃

3. Let us arise
and let us go up to Beis El,
I will make there an altar
to G-d
Who answered me
on the day of my trouble (time of distress)
and Who has been with me
on the way
which I have gone."

3. וְנָקוּמָה
וְנַעֲלֶה בֵּית אֵל
וְאֶעֱשֶׂה שָּׁם מִזְבֵּחַ
לָאֵל
הָעֹנֶה אֹתִי
בְּיוֹם צָרָתִי
וַיְהִי עִמָּדִי
בַּדֶּרֶךְ
אֲשֶׁר הָלָכְתִּי׃

4. So they gave to Yaakov
all the strange gods
which were in their hand (possession)
and the rings
which were in their ears
and Yaakov buried them

4. וַיִּתְּנוּ אֶל יַעֲקֹב
אֵת כָּל אֱלֹהֵי הַנֵּכָר
אֲשֶׁר בְּיָדָם
וְאֶת הַנְּזָמִים
אֲשֶׁר בְּאָזְנֵיהֶם
וַיִּטְמֹן אֹתָם יַעֲקֹב

        under the Eloh (type of tree)   תַּחַת הָאֵלָה
        which was near Shechem.   אֲשֶׁר עִם שְׁכֶם:

5. They traveled on   וַיִּסָּעוּ 5.
    and the terror of G-d was   וַיְהִי חִתַּת אֱלֹהִים
    on the cities   עַל הֶעָרִים
    which were around them   אֲשֶׁר סְבִיבוֹתֵיהֶם
    so that they did not chase   וְלֹא רָדְפוּ
    after the sons of Yaakov.   אַחֲרֵי בְּנֵי יַעֲקֹב:

6. And Yaakov came to Luz   וַיָּבֹא יַעֲקֹב לוּזָה 6.
    which is in the land of Kenaan   אֲשֶׁר בְּאֶרֶץ כְּנַעַן
    that is Beis El,   הִיא בֵּית אֵל
    he and all the people   הוּא וְכָל הָעָם
    who [were] with him.   אֲשֶׁר עִמּוֹ:

7. And he built there an altar   וַיִּבֶן שָׁם מִזְבֵּחַ 7.
    and he called the place   וַיִּקְרָא לַמָּקוֹם
    El Beis El   אֵל בֵּית אֵל
    because there   כִּי שָׁם
    G-d revealed himself to him   נִגְלוּ אֵלָיו הָאֱלֹהִים
    when he fled   בְּבָרְחוֹ
    from his brother.   מִפְּנֵי אָחִיו:

8. And there died   וַתָּמָת 8.
    Devoroh [who had been the] nurse of Rivkoh   דְּבֹרָה מֵינֶקֶת רִבְקָה
    and she was buried   וַתִּקָּבֵר
    below Beis El   מִתַּחַת לְבֵית אֵל
    below the plain   תַּחַת הָאַלּוֹן
    and he called its name   וַיִּקְרָא שְׁמוֹ
    Alon Bochus.   אַלּוֹן בָּכוּת:

9. G-d appeared to Yaakov   וַיֵּרָא אֱלֹהִים אֶל יַעֲקֹב 9.
    again   עוֹד
    when he came from Padan Arom   בְּבֹאוֹ מִפַּדַּן אֲרָם
    and he blessed him.   וַיְבָרֶךְ אֹתוֹ:

10. And G-d said to him,	10. וַיֹּאמֶר לוֹ אֱלֹהִים
"Your name is Yaakov	שִׁמְךָ יַעֲקֹב
your name shall no longer	לֹא יִקָּרֵא שִׁמְךָ עוֹד יַעֲקֹב
be called [mainly] Yaakov	
but Yisroel	כִּי אִם יִשְׂרָאֵל
shall be your [main] name,"	יִהְיֶה שְׁמֶךָ
so he called his name Yisroel.	וַיִּקְרָא אֶת שְׁמוֹ יִשְׂרָאֵל:
11. And G-d said to him,	11. וַיֹּאמֶר לוֹ אֱלֹהִים
"I am Kel Shakai	אֲנִי אֵל שַׁדַּי
be fruitful	פְּרֵה
and multiply	וּרְבֵה
a nation	גּוֹי
and an assembly of nations	וּקְהַל גּוֹיִם
shall descend (be) from you	יִהְיֶה מִמֶּךָּ
and kings	וּמְלָכִים
shall come out from your loins.	מֵחֲלָצֶיךָ יֵצֵאוּ:
12. And the land	12. וְאֶת הָאָרֶץ
which I gave	אֲשֶׁר נָתַתִּי
to Avrohom and to Yitzchok	לְאַבְרָהָם וּלְיִצְחָק
to you will I give it	לְךָ אֶתְּנֶנָּה
and to your descendants	וּלְזַרְעֲךָ
after you	אַחֲרֶיךָ
will I give the land."	אֶתֵּן אֶת הָאָרֶץ:
13. And G-d went up from upon him	13. וַיַּעַל מֵעָלָיו אֱלֹהִים
in the place	בַּמָּקוֹם
where he had spoken with him.	אֲשֶׁר דִּבֶּר אִתּוֹ:
14. Yaakov set up	14. וַיַּצֵּב יַעֲקֹב
a pillar	מַצֵּבָה
in the place	בַּמָּקוֹם
where he had spoken with him	אֲשֶׁר דִּבֶּר אִתּוֹ
a pillar of stone	מַצֶּבֶת אָבֶן
and he poured on it	וַיַּסֵּךְ עָלֶיהָ

a drink-offering (libation)	נֶסֶךְ
and he poured on it	וַיִּצֹק עָלֶיהָ
oil.	שָׁמֶן:
15. Then Yaakov called	15. וַיִּקְרָא יַעֲקֹב
the name of the place	אֶת שֵׁם הַמָּקוֹם
where G-d had spoken with him	אֲשֶׁר דִּבֶּר אִתּוֹ שָׁם אֱלֹהִים
Beis El.	בֵּית אֵל:
16. They journeyed from Beis El	16. וַיִּסְעוּ מִבֵּית אֵל
and there was still a stretch of land	וַיְהִי עוֹד כִּבְרַת הָאָרֶץ
to come (go) to Efros	לָבוֹא אֶפְרָתָה
[when] Rochel was about to give birth	וַתֵּלֶד רָחֵל
and she had difficulty	וַתְּקַשׁ
in her childbirth.	בְּלִדְתָּהּ:
17. And it was	17. וַיְהִי
as she was having difficulty	בְהַקְשֹׁתָהּ
in her childbirth	בְּלִדְתָּהּ
[that] the midwife said to her,	וַתֹּאמֶר לָהּ הַמְיַלֶּדֶת
"Do not fear	אַל תִּירְאִי
because	כִּי
this one also is a son for you."	גַם זֶה לָךְ בֵּן:
18. And it was	18. וַיְהִי
as her soul was departing	בְּצֵאת נַפְשָׁהּ
because she died (soon after that)	כִּי מֵתָה
that she called his name Ben Oni	וַתִּקְרָא שְׁמוֹ בֶּן אוֹנִי
but his father	וְאָבִיו
called him Binyomin.	קָרָא לוֹ בִנְיָמִין:
19. Rochel died	19. וַתָּמָת רָחֵל
and she was buried	וַתִּקָּבֵר
on the way to Efros	בְּדֶרֶךְ אֶפְרָתָה
that is Beis Lechem.	הִוא בֵּית לָחֶם:

20. Yaakov set up a pillar (monument) on her grave that is the pillar of the grave of Rochel until today.	20. וַיַּצֵּב יַעֲקֹב מַצֵּבָה עַל קְבֻרָתָהּ הִיא מַצֶּבֶת קְבֻרַת רָחֵל עַד הַיּוֹם:
21. Then Yisroel journeyed on and he pitched his tent beyond Migdal Eder.	21. וַיִּסַּע יִשְׂרָאֵל וַיֵּט אָהֳלֹה מֵהָלְאָה לְמִגְדַּל עֵדֶר:
22. And it was while Yisroel dwelt in that land that Reuven went and he lay with Bilhoh the concubine of his father, and Yisroel heard, now the sons of Yaakov were twelve.	22. וַיְהִי בִּשְׁכֹּן יִשְׂרָאֵל בָּאָרֶץ הַהִוא וַיֵּלֶךְ רְאוּבֵן וַיִּשְׁכַּב אֶת בִּלְהָה פִּילֶגֶשׁ אָבִיו וַיִּשְׁמַע יִשְׂרָאֵל וַיִּהְיוּ בְנֵי יַעֲקֹב שְׁנֵים עָשָׂר:
23. The sons of Le'oh [were] Reuven, the firstborn of Yaakov, Shimon, Levi and Yehudoh Yissochor and Zevulun.	23. בְּנֵי לֵאָה בְּכוֹר יַעֲקֹב רְאוּבֵן וְשִׁמְעוֹן וְלֵוִי וִיהוּדָה וְיִשָּׂשכָר וּזְבֻלוּן:
24. The sons of Rochel [were] Yosef and Binyomin.	24. בְּנֵי רָחֵל יוֹסֵף וּבִנְיָמִן:
25. The sons of Bilhoh the maidservant of Rochel [were] Don and Naftoli.	25. וּבְנֵי בִלְהָה שִׁפְחַת רָחֵל דָּן וְנַפְתָּלִי:
26. The sons of Zilpoh the maidservant of Le'oh [were] Gad and Osher	26. וּבְנֵי זִלְפָּה שִׁפְחַת לֵאָה גָּד וְאָשֵׁר

these are the sons of Yaakov	אֵלֶּה בְּנֵי יַעֲקֹב
who were born to him	אֲשֶׁר יֻלַּד לוֹ
in Padan Arom.	בְּפַדַּן אֲרָם:

27. Yaakov came
    to Yitzchok his father
    to Mamre Kiryas Arba
    that is Chevron
    where Avrohom and Yitzchok
      had sojourned.

28. The days of Yitzchok were
    a hundred years
    and eighty years (180 years).

29. And Yitzchok expired
    and he died
    and he was gathered to his people
    old
    and fulfilled of days
    and they buried him
    Esov and Yaakov his sons.

Chapter 36

1. These [are] the descendants of Esov
   who is Edom.

2. Esov had taken his wives
   from the daughters of Kenaan,
   Odoh, the daughter of Eilon the Chitti
   and Oholivomoh
   the daughter of Anoh
   daughter of Tzivon the Chivi.

3. And Bosmas, the daughter of Yishmoel
   the sister of Nevoyos.

4.	Odoh bore to Esov Elifaz and Bosmas bore Re'uel.	וַתֵּלֶד עָדָה לְעֵשָׂו 4. אֶת אֱלִיפָז וּבָשְׂמַת יָלְדָה אֶת רְעוּאֵל:
5.	And Oholivomoh bore Yeush, Yaalom and Korach these [are] the sons of Esov who were born to him in the land of Kenaan.	וְאָהֳלִיבָמָה יָלְדָה 5. אֶת יְעוּשׁ וְאֶת יַעְלָם וְאֶת קֹרַח אֵלֶּה בְּנֵי עֵשָׂו אֲשֶׁר יֻלְּדוּ לוֹ בְּאֶרֶץ כְּנָעַן:
6.	Esov took his wives his sons and his daughters and all the people of his household his herds and all his animals and all his possessions which he had acquired in the land of Kenaan and he went to [another] land because of Yaakov his brother.	וַיִּקַּח עֵשָׂו אֶת נָשָׁיו 6. וְאֶת בָּנָיו וְאֶת בְּנֹתָיו וְאֶת כָּל נַפְשׁוֹת בֵּיתוֹ וְאֶת מִקְנֵהוּ וְאֶת כָּל בְּהֶמְתּוֹ וְאֶת כָּל קִנְיָנוֹ אֲשֶׁר רָכַשׁ בְּאֶרֶץ כְּנָעַן וַיֵּלֶךְ אֶל אֶרֶץ מִפְּנֵי יַעֲקֹב אָחִיו:
7.	Because their wealth was [too] much [for them] to dwell together and the land of their sojourns was not able to bear them (support them) because of their herds.	כִּי הָיָה רְכוּשָׁם 7. רָב מִשֶּׁבֶת יַחְדָּו וְלֹא יָכְלָה אֶרֶץ מְגוּרֵיהֶם לָשֵׂאת אֹתָם מִפְּנֵי מִקְנֵיהֶם:
8.	So Esov settled on Mount Se'ir Esov who is Edom.	וַיֵּשֶׁב עֵשָׂו 8. בְּהַר שֵׂעִיר עֵשָׂו הוּא אֱדוֹם:
9.	And these [are] the descendants of Esov ancestor of Edom on Mount Se'ir.	וְאֵלֶּה תֹּלְדוֹת עֵשָׂו 9. אֲבִי אֱדוֹם בְּהַר שֵׂעִיר:

VAYISHLACH Chapter 36

10. These [are]
    the names of the sons of Esov,
    Elifaz, the son of Odoh
    the wife of Esov
    Re'uel, the son of Bosmas
    the wife of Esov.

    10. אֵלֶּה
    שְׁמוֹת בְּנֵי עֵשָׂו
    אֱלִיפַז בֶּן עָדָה
    אֵשֶׁת עֵשָׂו
    רְעוּאֵל בֶּן בָּשְׂמַת
    אֵשֶׁת עֵשָׂו:

11. The sons of Elifaz were
    Teimon, Omor, Tzefo
    Gaatom and Kenaz.

    11. וַיִּהְיוּ בְּנֵי אֱלִיפָז
    תֵּימָן אוֹמָר צְפוֹ
    וְגַעְתָּם וּקְנַז:

12. And Timna was a concubine
    to Elifaz, the son of Esov
    and she bore Amolek to Elifaz,
    these [are] the sons of Odoh
    the wife of Esov.

    12. וְתִמְנַע הָיְתָה פִילֶגֶשׁ
    לֶאֱלִיפַז בֶּן עֵשָׂו
    וַתֵּלֶד לֶאֱלִיפַז אֶת עֲמָלֵק
    אֵלֶּה בְּנֵי עָדָה
    אֵשֶׁת עֵשָׂו:

13. And these [are] the sons of Re'uel
    Nachas, Zerach, Shamoh and Mizoh,
    these were the sons of Bosmas
    the wife of Esov.

    13. וְאֵלֶּה בְּנֵי רְעוּאֵל
    נַחַת וָזֶרַח שַׁמָּה וּמִזָּה
    אֵלֶּה הָיוּ בְּנֵי בָשְׂמַת
    אֵשֶׁת עֵשָׂו:

14. And these were the sons of Oholivomoh
    the daugher of Anoh
    the daughter of Tzivon
    the wife of Esov,
    she bore to Esov
    Yeush, Yaalom and Korach.

    14. וְאֵלֶּה הָיוּ בְּנֵי אָהֳלִיבָמָה
    בַת עֲנָה
    בַּת צִבְעוֹן
    אֵשֶׁת עֵשָׂו
    וַתֵּלֶד לְעֵשָׂו
    אֶת יְעוּשׁ וְאֶת יַעְלָם וְאֶת קֹרַח:

15. These [are] the chiefs of the sons of Esov,
    the sons of Elifaz, the firstborn of Esov
    Chief Teimon, Chief Omor
    Chief Tzefo, Chief Kenaz.

    15. אֵלֶּה אַלּוּפֵי בְנֵי עֵשָׂו
    בְּנֵי אֱלִיפַז בְּכוֹר עֵשָׂו
    אַלּוּף תֵּימָן אַלּוּף אוֹמָר
    אַלּוּף צְפוֹ אַלּוּף קְנַז:

16. Chief Korach, Chief Gaatom
    Chief Amolek;

    16. אַלּוּף קֹרַח אַלּוּף גַּעְתָּם
    אַלּוּף עֲמָלֵק

these [are] the Chiefs of Elifaz	אֵלֶּה אַלּוּפֵי אֱלִיפַז
in the land of Edom	בְּאֶרֶץ אֱדוֹם
these [are] the sons of Odoh.	אֵלֶּה בְּנֵי עָדָה:

17. And these [are] the sons of Re'uel
    the son of Esov
    Chief Nachas, Chief Zerach
    Chief Shamoh, Chief Mizoh
    these are the Chiefs of Re'uel
    in the land of Edom
    these [are] the sons of Bosmas
    the wife of Esov.

17. וְאֵלֶּה בְּנֵי רְעוּאֵל
    בֶּן עֵשָׂו
    אַלּוּף נַחַת אַלּוּף זֶרַח
    אַלּוּף שַׁמָּה אַלּוּף מִזָּה
    אֵלֶּה אַלּוּפֵי רְעוּאֵל
    בְּאֶרֶץ אֱדוֹם
    אֵלֶּה בְּנֵי בָשְׂמַת
    אֵשֶׁת עֵשָׂו:

18. And these [are] the sons of Oholivomoh
    the wife of Esov
    Chief Yeush, Chief Yaalom
    Chief Korach,
    these [are] the Chiefs of Oholivomoh
    the daughter of Anoh
    the wife of Esov.

18. וְאֵלֶּה בְּנֵי אָהֳלִיבָמָה
    אֵשֶׁת עֵשָׂו
    אַלּוּף יְעוּשׁ אַלּוּף יַעְלָם
    אַלּוּף קֹרַח
    אֵלֶּה אַלּוּפֵי אָהֳלִיבָמָה
    בַּת עֲנָה
    אֵשֶׁת עֵשָׂו:

19. These [are] the sons of Esov
    and these [are] their Chiefs
    who is Edom.

19. אֵלֶּה בְנֵי עֵשָׂו
    וְאֵלֶּה אַלּוּפֵיהֶם
    הוּא אֱדוֹם:

20. These [are] the sons of Se'ir, the Chori
    the dwellers of the land
    Loton, Shovol, Tzivon and Anoh.

20. אֵלֶּה בְנֵי שֵׂעִיר הַחֹרִי
    יֹשְׁבֵי הָאָרֶץ
    לוֹטָן וְשׁוֹבָל וְצִבְעוֹן וַעֲנָה:

21. Dishon, Etzer, and Deeshon
    these [are] the Chiefs of the Chori
    the sons of Se'ir
    in the land of Edom.

21. וְדִשׁוֹן וְאֵצֶר וְדִישָׁן
    אֵלֶּה אַלּוּפֵי הַחֹרִי
    בְּנֵי שֵׂעִיר
    בְּאֶרֶץ אֱדוֹם:

22. The sons of Loton were
    Chori and Heimom

22. וַיִּהְיוּ בְנֵי לוֹטָן
    חֹרִי וְהֵימָם

and the sister of Loton [was] Timna.	וַאֲחוֹת לוֹטָן תִּמְנָע:
23. These [are] the sons of Shovol Alvon, Monachas and Eivol, Shefo and Onom.	23. וְאֵלֶּה בְּנֵי שׁוֹבָל עַלְוָן וּמָנַחַת וְעֵיבָל שְׁפוֹ וְאוֹנָם:
24. These [are] the sons of Tzivon Ayoh and Anoh, he is the [same] Anoh who found the mules in the desert while he was pasturing the donkeys for Tzivon his father.	24. וְאֵלֶּה בְנֵי צִבְעוֹן וְאַיָּה וַעֲנָה הוּא עֲנָה אֲשֶׁר מָצָא אֶת הַיֵּמִם בַּמִּדְבָּר בִּרְעֹתוֹ אֶת הַחֲמֹרִים לְצִבְעוֹן אָבִיו:
25. These [are] the sons of Anoh Dishon, and Oholivomoh, the daughter of Anoh.	25. וְאֵלֶּה בְנֵי עֲנָה דִּשֹׁן וְאָהֳלִיבָמָה בַּת עֲנָה:
26. These [are] the sons of Deeshon Chemdon, Eshbon, Yisron and Keron.	26. וְאֵלֶּה בְּנֵי דִישָׁן חֶמְדָּן וְאֶשְׁבָּן וְיִתְרָן וּכְרָן:
27. These [are] the sons of Etzer, Bilhon, Zaavon and Akon.	27. אֵלֶּה בְּנֵי אֵצֶר בִּלְהָן וְזַעֲוָן וַעֲקָן:
28. These [are] the sons of Deeshon Utz and Aron.	28. אֵלֶּה בְנֵי דִישָׁן עוּץ וַאֲרָן:
29. These [are] the Chiefs of the Chori, Chief Loton, Chief Shovol Chief Tzivon, Chief Anoh.	29. אֵלֶּה אַלּוּפֵי הַחֹרִי אַלּוּף לוֹטָן אַלּוּף שׁוֹבָל אַלּוּף צִבְעוֹן אַלּוּף עֲנָה:
30. Chief Dishon, Chief Etzer Chief Deeshon, these are the Chiefs of the Chori	30. אַלּוּף דִּשֹׁן אַלּוּף אֵצֶר אַלּוּף דִּישָׁן אֵלֶּה אַלּוּפֵי הַחֹרִי

chief by chief
in the land of Se'ir.

לְאַלֻּפֵיהֶם
בְּאֶרֶץ שֵׂעִיר:

31. And these [are] the kings
who reigned in the land of Edom
before [there] reigned a king
over the children of Yisroel.

31. וְאֵלֶּה הַמְּלָכִים
אֲשֶׁר מָלְכוּ בְּאֶרֶץ אֱדוֹם
לִפְנֵי מְלָךְ מֶלֶךְ
לִבְנֵי יִשְׂרָאֵל:

32. There reigned in Edom
Bela the son of Be'or,
and the name of his city [was] Dinhovoh.

32. וַיִּמְלֹךְ בֶּאֱדוֹם
בֶּלַע בֶּן בְּעוֹר
וְשֵׁם עִירוֹ דִּנְהָבָה:

33. And Bela died
and there reigned in his place
Yovov the son of Zerach
from Botzroh.

33. וַיָּמָת בָּלַע
וַיִּמְלֹךְ תַּחְתָּיו
יוֹבָב בֶּן זֶרַח
מִבָּצְרָה:

34. Yovov died
and there reigned in his place
Chushom from the land of Teimon.

34. וַיָּמָת יוֹבָב
וַיִּמְלֹךְ תַּחְתָּיו
חֻשָׁם מֵאֶרֶץ הַתֵּימָנִי:

35. And Chushom died
and there reigned in his place
Hadad the son of Bedad
who defeated Midyon
in the field of Mo'ov
and the name of his city [was] Avis.

35. וַיָּמָת חֻשָׁם
וַיִּמְלֹךְ תַּחְתָּיו
הֲדַד בֶּן בְּדַד
הַמַּכֶּה אֶת מִדְיָן
בִּשְׂדֵה מוֹאָב
וְשֵׁם עִירוֹ עֲוִית:

36. Hadad died
and there reigned in his place
Samloh from Masrekoh.

36. וַיָּמָת הֲדָד
וַיִּמְלֹךְ תַּחְתָּיו
שַׂמְלָה מִמַּשְׂרֵקָה:

37. And Samloh died
and there reigned in his place
Shaul from Rechovos Hanohor.

37. וַיָּמָת שַׂמְלָה
וַיִּמְלֹךְ תַּחְתָּיו
שָׁאוּל מֵרְחֹבוֹת הַנָּהָר:

VAYISHLACH Chapter 36

38. And Shaul died
    and there reigned in his place
    Baal Chonon the son of Achbor.

    38. וַיָּמָת שָׁאוּל
    וַיִּמְלֹךְ תַּחְתָּיו
    בַּעַל חָנָן בֶּן עַכְבּוֹר:

39. And Baal Chonon the son of Achbor died
    and there reigned in his place
    Hadar
    and the name of his city [was] Po'uh
    and the name of his wife [was]
    Meheitavel the daughter of Matred
    the daughter of Mei Zohov.

    39. וַיָּמָת בַּעַל חָנָן בֶּן עַכְבּוֹר
    וַיִּמְלֹךְ תַּחְתָּיו
    הֲדַר
    וְשֵׁם עִירוֹ פָּעוּ
    וְשֵׁם אִשְׁתּוֹ
    מְהֵיטַבְאֵל בַּת מַטְרֵד
    בַּת מֵי זָהָב:

40. And these [are] the names of
    the Chiefs of Esov
    by their families
    by their places
    by their names
    Chief Timno, Chief Alvoh
    Chief Yeses.

    40. וְאֵלֶּה שְׁמוֹת
    אַלּוּפֵי עֵשָׂו
    לְמִשְׁפְּחֹתָם
    לִמְקֹמֹתָם
    בִּשְׁמֹתָם
    אַלּוּף תִּמְנָע אַלּוּף עַלְוָה
    אַלּוּף יְתֵת:

41. Chief Oholivomoh
    Chief Eloh, Chief Pinon.

    41. אַלּוּף אָהֳלִיבָמָה
    אַלּוּף אֵלָה אַלּוּף פִּינֹן:

42. Chief Kenaz, Chief Teimon
    Chief Mivtzor.

    42. אַלּוּף קְנַז אַלּוּף תֵּימָן
    אַלּוּף מִבְצָר:

43. Chief Magdiel, Chief Irom
    these are the Chiefs of Edom
    by their settlements
    in the land of their possession
    that is Esov
    the father of Edom.

    43. אַלּוּף מַגְדִּיאֵל אַלּוּף עִירָם
    אֵלֶּה אַלּוּפֵי אֱדוֹם
    לְמֹשְׁבֹתָם
    בְּאֶרֶץ אֲחֻזָּתָם
    הוּא עֵשָׂו
    אֲבִי אֱדוֹם:

VAYESHEV Chapter 37 — וַיֵּשֶׁב פרק ל״ז

1. Yaakov dwelt	1. וַיֵּשֶׁב יַעֲקֹב
in the land of	בְּאֶרֶץ
the sojourns of his father	מְגוּרֵי אָבִיו
in the land of Kenaan.	בְּאֶרֶץ כְּנָעַן׃
2. These are [an account of]	2. אֵלֶּה
the descendants of Yaakov	תֹּלְדוֹת יַעֲקֹב
[when] Yosef was seventeen years old	יוֹסֵף בֶּן שְׁבַע עֶשְׂרֵה שָׁנָה
he was a shepherd	הָיָה רֹעֶה
with his brothers	אֶת אֶחָיו
by the flock	בַּצֹּאן
he was a youth	וְהוּא נַעַר
[associating] with the sons of Bilhoh	אֶת בְּנֵי בִלְהָה
and with the sons of Zilpoh	וְאֶת בְּנֵי זִלְפָּה
the wives of his father,	נְשֵׁי אָבִיו
and Yosef would bring	וַיָּבֵא יוֹסֵף
bad reports about them	אֶת דִּבָּתָם רָעָה
to their father.	אֶל אֲבִיהֶם׃
3. Now Yisroel loved Yosef	3. וְיִשְׂרָאֵל אָהַב אֶת יוֹסֵף
more than all his sons	מִכָּל בָּנָיו
because he was a son of his old age	כִּי בֶן זְקֻנִים הוּא לוֹ
and he made for him	וְעָשָׂה לוֹ
a coat of fine wool.	כְּתֹנֶת פַּסִּים׃
4. When his brothers saw	4. וַיִּרְאוּ אֶחָיו
that their father loved him	כִּי אֹתוֹ אָהַב אֲבִיהֶם
more than all his brothers,	מִכָּל אֶחָיו
they hated him	וַיִּשְׂנְאוּ אֹתוֹ
and they were not able	וְלֹא יָכְלוּ
to speak to him	דַּבְּרוֹ
peaceably.	לְשָׁלֹם׃
5. Yosef dreamt	5. וַיַּחֲלֹם יוֹסֵף

a dream	חֲלוֹם
and he told [it] to his brothers	וַיַּגֵּד לְאֶחָיו
and they hated him even more.	וַיּוֹסִפוּ עוֹד שְׂנֹא אֹתוֹ׃
6. He said to them,	6. וַיֹּאמֶר אֲלֵיהֶם
"Please hear	שִׁמְעוּ נָא
this dream	הַחֲלוֹם הַזֶּה
which I have dreamt.	אֲשֶׁר חָלָמְתִּי׃
7. Behold	7. וְהִנֵּה
we were binding sheaves	אֲנַחְנוּ מְאַלְּמִים אֲלֻמִּים
in the middle of the field	בְּתוֹךְ הַשָּׂדֶה
and behold	וְהִנֵּה
my sheaf arose	קָמָה אֲלֻמָּתִי
and also it remained standing	וְגַם נִצָּבָה
behold	וְהִנֵּה
your sheaves gathered round	תְסֻבֶּינָה אֲלֻמֹּתֵיכֶם
they bowed down	וַתִּשְׁתַּחֲוֶיןָ
to my sheaf."	לַאֲלֻמָּתִי׃
8. His brothers said to him,	8. וַיֹּאמְרוּ לוֹ אֶחָיו
"Do you indeed want to reign over us?	הֲמָלֹךְ תִּמְלֹךְ עָלֵינוּ
or do you indeed want to rule over us?"	אִם מָשׁוֹל תִּמְשֹׁל בָּנוּ
And they hated him even more	וַיּוֹסִפוּ עוֹד שְׂנֹא אֹתוֹ
because of his dreams	עַל חֲלֹמֹתָיו
and because of his words.	וְעַל דְּבָרָיו׃
9. He dreamt again	9. וַיַּחֲלֹם עוֹד
another dream	חֲלוֹם אַחֵר
and he told it to his brothers	וַיְסַפֵּר אֹתוֹ לְאֶחָיו
and he said,	וַיֹּאמֶר
"Behold, I dreamt another dream	הִנֵּה חָלַמְתִּי חֲלוֹם עוֹד
and behold	וְהִנֵּה
the sun and the moon	הַשֶּׁמֶשׁ וְהַיָּרֵחַ
and eleven stars	וְאַחַד עָשָׂר כּוֹכָבִים
prostrated themselves to me."	מִשְׁתַּחֲוִים לִי׃

VAYESHEV Chapter 37

10. He told [it] to his father
    and to his brothers,
    his father told him off
    and he said to him,
    "What is this dream
    which you have dreamt?
    Shall we really come
    I and your mother
    and your brothers
    to prostrate [ourselves] to you
    to the ground?"

11. So his brothers were jealous of him
    but his father
    awaited [the fulfillment of] the matter.

12. Now his brothers went
    to pasture
    the flock of their father
    in Shechem.

13. Yisroel said to Yosef,
    "Are not your brothers
    pasturing in Shechem?
    Come
    and I will send you
    to them,"
    so he said to him,
    "Here I am [ready to do as you say]."

14. And he said to him,
    "Go now
    look into
    the well-being of your brothers
    and the well-being of the flock
    and bring me back

10. וַיְסַפֵּר אֶל אָבִיו
    וְאֶל אֶחָיו
    וַיִּגְעַר בּוֹ אָבִיו
    וַיֹּאמֶר לוֹ
    מָה הַחֲלוֹם הַזֶּה
    אֲשֶׁר חָלָמְתָּ
    הֲבוֹא נָבוֹא
    אֲנִי וְאִמְּךָ
    וְאַחֶיךָ
    לְהִשְׁתַּחֲוֹת לְךָ
    אָרְצָה:

11. וַיְקַנְאוּ בוֹ אֶחָיו
    וְאָבִיו
    שָׁמַר אֶת הַדָּבָר:

12. וַיֵּלְכוּ אֶחָיו
    לִרְעוֹת
    אֶת צֹאן אֲבִיהֶם
    בִּשְׁכֶם:

13. וַיֹּאמֶר יִשְׂרָאֵל אֶל יוֹסֵף
    הֲלוֹא אַחֶיךָ
    רֹעִים בִּשְׁכֶם
    לְכָה
    וְאֶשְׁלָחֲךָ
    אֲלֵיהֶם
    וַיֹּאמֶר לוֹ
    הִנֵּנִי:

14. וַיֹּאמֶר לוֹ
    לֶךְ נָא
    רְאֵה
    אֶת שְׁלוֹם אַחֶיךָ
    וְאֶת שְׁלוֹם הַצֹּאן
    וַהֲשִׁבֵנִי

word,"	דָּבָר
so he sent him	וַיִּשְׁלָחֵהוּ
from the valley of Chevron	מֵעֵמֶק חֶבְרוֹן
and he came to Shechem.	וַיָּבֹא שְׁכֶמָה:

15. A man found him
    and behold
    he was wandering about
    in the field,
    the man asked him
    saying,
    "What are you seeking?"

15. וַיִּמְצָאֵהוּ אִישׁ
    וְהִנֵּה
    תֹעֶה
    בַּשָּׂדֶה
    וַיִּשְׁאָלֵהוּ הָאִישׁ
    לֵאמֹר
    מַה תְּבַקֵּשׁ:

16. And he said,
    "My brothers
    am I seeking,
    tell me please
    where they are pasturing."

16. וַיֹּאמֶר
    אֶת אַחַי
    אָנֹכִי מְבַקֵּשׁ
    הַגִּידָה נָּא לִי
    אֵיפֹה הֵם רֹעִים:

17. The man said,
    "They have journeyed on
    from here
    because I heard them say,
    'Let us go to Doson,'"
    so Yosef went
    after his brothers
    and he found them
    in Doson.

17. וַיֹּאמֶר הָאִישׁ
    נָסְעוּ
    מִזֶּה
    כִּי שָׁמַעְתִּי אֹמְרִים
    נֵלְכָה דֹּתָיְנָה
    וַיֵּלֶךְ יוֹסֵף
    אַחַר אֶחָיו
    וַיִּמְצָאֵם
    בְּדֹתָן:

18. They saw him
    from far away,
    he had not yet got near them
    and they [already] plotted against him
    to kill him.

18. וַיִּרְאוּ אֹתוֹ
    מֵרָחֹק
    וּבְטֶרֶם יִקְרַב אֲלֵיהֶם
    וַיִּתְנַכְּלוּ אֹתוֹ
    לַהֲמִיתוֹ:

19. And they said

19. וַיֹּאמְרוּ

a man to his brother (to one another),	אִישׁ אֶל אָחִיו
"Behold	הִנֵּה
this dreamer	בַּעַל הַחֲלֹמוֹת הַלָּזֶה
is coming.	בָּא:
20. Now	20. וְעַתָּה
come	לְכוּ
and let us kill him	וְנַהַרְגֵהוּ
and let us throw him	וְנַשְׁלִכֵהוּ
into one of the pits	בְּאַחַד הַבֹּרוֹת
and we will say	וְאָמַרְנוּ
a wild beast	חַיָּה רָעָה
has eaten him	אֲכָלָתְהוּ
then we shall see	וְנִרְאֶה
what will become of his dreams."	מַה יִּהְיוּ חֲלֹמֹתָיו:
21. Reuven heard	21. וַיִּשְׁמַע רְאוּבֵן
and he saved him	וַיַּצִּלֵהוּ
from their hand	מִיָּדָם
and he said,	וַיֹּאמֶר
"Let us not kill him."	לֹא נַכֶּנּוּ נָפֶשׁ:
22. And Reuven said to them,	22. וַיֹּאמֶר אֲלֵהֶם רְאוּבֵן
"Do not shed blood	אַל תִּשְׁפְּכוּ דָם
throw him	הַשְׁלִיכוּ אֹתוֹ
into this pit	אֶל הַבּוֹר הַזֶּה
which is in the desert	אֲשֶׁר בַּמִּדְבָּר
but do not stretch out a hand against him,"	וְיָד אַל תִּשְׁלְחוּ בוֹ
in order to save him	לְמַעַן הַצִּיל אֹתוֹ
from their hand	מִיָּדָם
to return him	לַהֲשִׁיבוֹ
to his father.	אֶל אָבִיו:
23. And it was	23. וַיְהִי
when Yosef came	כַּאֲשֶׁר בָּא יוֹסֵף
to his brothers	אֶל אֶחָיו

they stripped Yosef
of his under-coat
[and] of the coat of fine wool
which [was] on him.

24. Then they took him
and they threw him
into the pit,
and the pit was empty
there was no water in it.

25. They sat down
to eat a meal,
they lifted their eyes
and they saw
behold
a caravan of Yishmoelim
was coming from Gil'od
and their camels were carrying
spices
and balsam
and lotus
they were going
to take [them] down to Egypt.

26. Then Yehudoh said
to his brothers,
"What gain [will there be]
if we kill our brother
and we cover up his blood?

27. Come
and let us sell him
to the Yishmoelim
and let our hand not be on him
because he is our brother, our [own] flesh,"

וַיַּפְשִׁיטוּ אֶת יוֹסֵף
אֶת כֻּתָּנְתּוֹ
אֶת כְּתֹנֶת הַפַּסִּים
אֲשֶׁר עָלָיו:

24. וַיִּקָּחֻהוּ
וַיַּשְׁלִכוּ אֹתוֹ
הַבֹּרָה
וְהַבּוֹר רֵק
אֵין בּוֹ מָיִם:

25. וַיֵּשְׁבוּ
לֶאֱכָל לֶחֶם
וַיִּשְׂאוּ עֵינֵיהֶם
וַיִּרְאוּ
וְהִנֵּה
אֹרְחַת יִשְׁמְעֵאלִים
בָּאָה מִגִּלְעָד
וּגְמַלֵּיהֶם נֹשְׂאִים
נְכֹאת
וּצְרִי
וָלֹט
הוֹלְכִים
לְהוֹרִיד מִצְרָיְמָה:

26. וַיֹּאמֶר יְהוּדָה
אֶל אֶחָיו
מַה בֶּצַע
כִּי נַהֲרֹג אֶת אָחִינוּ
וְכִסִּינוּ אֶת דָּמוֹ:

27. לְכוּ
וְנִמְכְּרֶנּוּ
לַיִּשְׁמְעֵאלִים
וְיָדֵנוּ אַל תְּהִי בוֹ
כִּי אָחִינוּ בְשָׂרֵנוּ הוּא

and his brothers listened (agreed).	וַיִּשְׁמְעוּ אֶחָיו׃
28. And there passed by	28. וַיַּעַבְרוּ
Midyonite men	אֲנָשִׁים מִדְיָנִים
[who were] merchants	סֹחֲרִים
they pulled	וַיִּמְשְׁכוּ
and they brought Yosef up	וַיַּעֲלוּ אֶת יוֹסֵף
from the pit	מִן הַבּוֹר
and they sold Yosef	וַיִּמְכְּרוּ אֶת יוֹסֵף
to the Yishmoelim	לַיִּשְׁמְעֵלִים
for twenty [pieces of] silver	בְּעֶשְׂרִים כָּסֶף
and they brought Yosef to Egypt.	וַיָּבִיאוּ אֶת יוֹסֵף מִצְרָיְמָה׃
29. Reuven returned to the pit	29. וַיָּשָׁב רְאוּבֵן אֶל הַבּוֹר
and behold	וְהִנֵּה
Yosef [was] not in the pit	אֵין יוֹסֵף בַּבּוֹר
so he tore	וַיִּקְרַע
his clothes.	אֶת בְּגָדָיו׃
30. He returned to his brothers	30. וַיָּשָׁב אֶל אֶחָיו
and he said,	וַיֹּאמַר
"The boy is not [there]	הַיֶּלֶד אֵינֶנּוּ
and I	וַאֲנִי
where can I go?"	אָנָה אֲנִי בָא׃
31. They took	31. וַיִּקְחוּ
the coat of Yosef	אֶת כְּתֹנֶת יוֹסֵף
and they slaughtered	וַיִּשְׁחֲטוּ
a he-goat	שְׂעִיר עִזִּים
and they dipped the coat	וַיִּטְבְּלוּ אֶת הַכֻּתֹּנֶת
in the blood.	בַּדָּם׃
32. They sent	32. וַיְשַׁלְּחוּ
the coat of fine wool	אֶת כְּתֹנֶת הַפַּסִּים
and they brought [it] to their father	וַיָּבִיאוּ אֶל אֲבִיהֶם
and they said,	וַיֹּאמְרוּ

"We found this,
please recognize
whether this is the coat of your son
or not."

33. He recognized it
and he said,
"[It is] the coat of my son
a wild beast
has eaten him,
Yosef has surely been torn to pieces."

34. Then Yaakov tore his clothes
and he put sackcloth
on his loins,
he mourned for his son
many days.

35. All his sons and his daughters arose
to console him
but he refused to be consoled
and he said,
"Because I will go down
for my son
mourning (mourning for my son)
to the grave,"
and his father wept for him.

36. And the Midyonites
sold him
to Egypt
to Potifar, an official of Paroh
the chief of the butchers.

זֹאת מָצָאנוּ
הַכֶּר נָא
הַכְּתֹנֶת בִּנְךָ הִיא
אִם לֹא:

33. וַיַּכִּירָהּ
וַיֹּאמֶר
כְּתֹנֶת בְּנִי
חַיָּה רָעָה
אֲכָלָתְהוּ
טָרֹף טֹרַף יוֹסֵף:

34. וַיִּקְרַע יַעֲקֹב שִׂמְלֹתָיו
וַיָּשֶׂם שַׂק
בְּמָתְנָיו
וַיִּתְאַבֵּל עַל בְּנוֹ
יָמִים רַבִּים:

35. וַיָּקֻמוּ כָל בָּנָיו וְכָל בְּנֹתָיו
לְנַחֲמוֹ
וַיְמָאֵן לְהִתְנַחֵם
וַיֹּאמֶר
כִּי אֵרֵד
אֶל בְּנִי
אָבֵל
שְׁאֹלָה
וַיֵּבְךְּ אֹתוֹ אָבִיו:

36. וְהַמְּדָנִים
מָכְרוּ אֹתוֹ
אֶל מִצְרָיִם
לְפוֹטִיפַר סְרִיס פַּרְעֹה
שַׂר הַטַּבָּחִים:

VAYESHEV Chapter 38   וישב פרק לח   232

Chapter 38   פרק ל"ח

1. And it was   1. וַיְהִי
    at that time   בָּעֵת הַהִיא
    that Yehudoh went down   וַיֵּרֶד יְהוּדָה
    from his brothers   מֵאֵת אֶחָיו
    and he turned away (from his brothers)   וַיֵּט
    towards an Adulomite man   עַד אִישׁ עֲדֻלָּמִי
    whose name was Chiroh   וּשְׁמוֹ חִירָה:
    (i.e., he became his business partner).

2. Yehudoh saw there   2. וַיַּרְא שָׁם יְהוּדָה
    the daughter of a merchant   בַּת אִישׁ כְּנַעֲנִי
    whose name [was] Shua,   וּשְׁמוֹ שׁוּעַ
    he took her   וַיִּקָּחֶהָ
    and he married her.   וַיָּבֹא אֵלֶיהָ:

3. She conceived   3. וַתַּהַר
    and she bore a son   וַתֵּלֶד בֵּן
    and he called his name Er.   וַיִּקְרָא אֶת שְׁמוֹ עֵר:

4. She conceived again   4. וַתַּהַר עוֹד
    and she bore a son   וַתֵּלֶד בֵּן
    and she called his name Onon.   וַתִּקְרָא אֶת שְׁמוֹ אוֹנָן:

5. She continued further   5. וַתֹּסֶף עוֹד
    and she bore a son   וַתֵּלֶד בֵּן
    and she called his name Sheloh   וַתִּקְרָא אֶת שְׁמוֹ שֵׁלָה
    and he was in Cheziv   וְהָיָה בִכְזִיב
    when she bore him.   בְּלִדְתָּהּ אֹתוֹ:

6. Yehudoh took a wife   6. וַיִּקַּח יְהוּדָה אִשָּׁה
    for Er his firstborn,   לְעֵר בְּכוֹרוֹ
    her name [was] Tomor.   וּשְׁמָהּ תָּמָר:

7. But Er, the firstborn of Yehudoh, was   7. וַיְהִי עֵר בְּכוֹר יְהוּדָה

      evil in the eyes of Hashem
      and Hashem made him die.

8. So Yehudoh said to Onon,
    "Come to the wife of your brother
    and marry her*
    and establish descendants
    for your brother.

9. But Onon knew
    that the descendants would not be his,
    so it was
    whenever he came
    to the wife of his brother
    he let it (the semen) go waste on the ground
    so as not to provide descendants
    for his brother.

10. What he did was evil
    in the eyes of Hashem
    and he made him die also.

11. Then Yehudoh said
    to Tomor, his daughter-in-law,
    "Remain a widow
    in the house of your father
    until Sheloh, my son, grows up,"
    because he said (thought),
    "Lest he also die
    like his brothers,"
    so Tomor went
    and she lived
    in the house of her father.

---

*Yibum means marrying the wife of a brother who died without leaving descendants

VAYESHEV Chapter 38

12. Many days passed
    and the daughter of Shua,
       the wife of Yehudoh, died;
    when Yehudoh was consoled
    he went up
    to supervise his sheep-shearers
    he and Chiroh, his Adulomite friend
    to Timnoh.

13. And Tomor was told
    saying,
    "Behold, your father-in-law
    is coming up to Timnoh
    to shear his sheep."

14. So she removed
    her widow's clothes
    from upon herself
    she covered herself with a veil
    and she wrapped herself (her face) up
    she then sat
    by the crossroad
    which was on the way (road) to Timnoh
    because she saw
    that Sheloh had grown up
    and she had not been given to him
    as a wife.

15. When Yehudoh saw her
    he thought her to be an immoral woman
    because she had covered her face.

16. So he turned aside to her
    to the road (where she was sitting)
    and he said,
    "Get ready please

וישב פרק לח

12. וַיִּרְבּוּ הַיָּמִים
    וַתָּמָת בַּת שׁוּעַ אֵשֶׁת יְהוּדָה
    וַיִּנָּחֶם יְהוּדָה
    וַיַּעַל
    עַל גֹּזְזֵי צֹאנוֹ
    הוּא וְחִירָה רֵעֵהוּ הָעֲדֻלָּמִי
    תִּמְנָתָה:

13. וַיֻּגַּד לְתָמָר
    לֵאמֹר
    הִנֵּה חָמִיךְ
    עֹלֶה תִמְנָתָה
    לָגֹז צֹאנוֹ:

14. וַתָּסַר
    בִּגְדֵי אַלְמְנוּתָהּ
    מֵעָלֶיהָ
    וַתְּכַס בַּצָּעִיף
    וַתִּתְעַלָּף
    וַתֵּשֶׁב
    בְּפֶתַח עֵינַיִם
    אֲשֶׁר עַל דֶּרֶךְ תִּמְנָתָה
    כִּי רָאֲתָה
    כִּי גָדַל שֵׁלָה
    וְהִיא לֹא נִתְּנָה לוֹ
    לְאִשָּׁה:

15. וַיִּרְאֶהָ יְהוּדָה
    וַיַּחְשְׁבֶהָ לְזוֹנָה
    כִּי כִסְּתָה פָּנֶיהָ:

16. וַיֵּט אֵלֶיהָ
    אֶל הַדֶּרֶךְ
    וַיֹּאמֶר
    הָבָה נָּא

let me come to you,"	אָבוֹא אֵלַיִךְ
because he did not know	כִּי לֹא יָדַע
that she was his daughter-in-law	כִּי כַלָּתוֹ הִיא
and she said,	וַתֹּאמֶר
"What will you give me	מַה תִּתֶּן לִי
if you come to me?"	כִּי תָבוֹא אֵלָי׃
17. And he said,	17. וַיֹּאמֶר
"I will send [you]	אָנֹכִי אֲשַׁלַּח
a young goat	גְּדִי עִזִּים
from the flock,"	מִן הַצֹּאן
and she said,	וַתֹּאמֶר
"[Only] if you give	אִם תִּתֵּן
a pledge	עֵרָבוֹן
until you send [it]."	עַד שָׁלְחֶךָ׃
18. And he said,	18. וַיֹּאמֶר
"What is the pledge	מָה הָעֵרָבוֹן
that I should give you?"	אֲשֶׁר אֶתֶּן לָּךְ
So she said,	וַתֹּאמֶר
"Your signet ring	חֹתָמְךָ
your cloak	וּפְתִילֶךָ
and your stick which [is] in your hand,"	וּמַטְּךָ אֲשֶׁר בְּיָדֶךָ
he gave [them] to her	וַיִּתֶּן לָהּ
and he came to her	וַיָּבֹא אֵלֶיהָ
and she conceived by him.	וַתַּהַר לוֹ׃
19. Then she rose	19. וַתָּקָם
and she went	וַתֵּלֶךְ
and she removed her veil	וַתָּסַר צְעִיפָהּ
from upon herself	מֵעָלֶיהָ
and she put on	וַתִּלְבַּשׁ
her widow's clothes.	בִּגְדֵי אַלְמְנוּתָהּ׃
20. Yehudoh sent	20. וַיִּשְׁלַח יְהוּדָה
the young goat	אֶת גְּדִי הָעִזִּים

by the hand of his friend, the Adulomite	בְּיַד רֵעֵהוּ הָעֲדֻלָּמִי
to take [back] the pledge	לָקַחַת הָעֵרָבוֹן
from the hand of the woman	מִיַּד הָאִשָּׁה
but he did not find her.	וְלֹא מְצָאָהּ:

21. He asked the men of her place
    saying,
    "Where is the immoral woman
    the one at the crossroad
    by the road?"
    And they said,
    "There was no immoral woman here."

21. וַיִּשְׁאַל אֶת אַנְשֵׁי מְקֹמָהּ
    לֵאמֹר
    אַיֵּה הַקְּדֵשָׁה
    הִיא בָעֵינַיִם
    עַל הַדָּרֶךְ
    וַיֹּאמְרוּ
    לֹא הָיְתָה בָזֶה קְדֵשָׁה:

22. So he returned to Yehudoh
    and he said,
    "I did not find her,
    also the men of the place said,
    'There was no immoral woman here.'"

22. וַיָּשָׁב אֶל יְהוּדָה
    וַיֹּאמֶר
    לֹא מְצָאתִיהָ
    וְגַם אַנְשֵׁי הַמָּקוֹם אָמְרוּ
    לֹא הָיְתָה בָזֶה קְדֵשָׁה:

23. So Yehudoh said,
    "Let her take [them] for herself
    lest we become
    a laughingstock
    behold
    I sent [her]
    this young goat
    but you did not find her."

23. וַיֹּאמֶר יְהוּדָה
    תִּקַּח לָהּ
    פֶּן נִהְיֶה
    לָבוּז
    הִנֵּה
    שָׁלַחְתִּי
    הַגְּדִי הַזֶּה
    וְאַתָּה לֹא מְצָאתָהּ:

24. And it was
    when about three months had passed
    Yehudoh was told
    saying,
    "Tomor, your daughter-in-law, has been immoral
    and also
    behold she has conceived
    by [her] immoral act,"

24. וַיְהִי
    כְּמִשְׁלֹשׁ חֳדָשִׁים
    וַיֻּגַּד לִיהוּדָה
    לֵאמֹר
    זָנְתָה תָּמָר כַּלָּתֶךָ
    וְגַם
    הִנֵּה הָרָה
    לִזְנוּנִים

Yehudoh said,	וַיֹּאמֶר יְהוּדָה
"Take her out	הוֹצִיאוּהָ
and let her be burnt."	וְתִשָּׂרֵף:

25. As she was taken out
    she sent [a message]
    to her father-in-law
    saying,
    "By the man to whom these belong
    I am expecting [a child],"
    and she said,
    "Recognize please
    whose are
    this signet ring, cloak and stick."

25. הִיא מוּצֵאת
    וְהִיא שָׁלְחָה
    אֶל חָמִיהָ
    לֵאמֹר
    לְאִישׁ אֲשֶׁר אֵלֶּה לּוֹ
    אָנֹכִי הָרָה
    וַתֹּאמֶר
    הַכֶּר נָא
    לְמִי
    הַחֹתֶמֶת וְהַפְּתִילִים וְהַמַּטֶּה הָאֵלֶּה:

26. Yehudoh recognized [them]
    and he said,
    "She is right.
    From me [she is expecting]
    (she did this) since
    I did not give her [as a wife]
    to Sheloh, my son,"
    and he did not continue anymore
    to know her (to be intimate with her).

26. וַיַּכֵּר יְהוּדָה
    וַיֹּאמֶר
    צָדְקָה
    מִמֶּנִּי
    כִּי עַל כֵּן
    לֹא נְתַתִּיהָ
    לְשֵׁלָה בְנִי
    וְלֹא יָסַף עוֹד
    לְדַעְתָּהּ:

27. And it was
    at the time she gave birth
    and behold
    [there were] twins
    in her womb.

27. וַיְהִי
    בְּעֵת לִדְתָּהּ
    וְהִנֵּה
    תְאוֹמִים
    בְּבִטְנָהּ:

28. And it was
    as she gave birth
    one put out a hand
    so the midwife took
    and she tied on his hand

28. וַיְהִי
    בְלִדְתָּהּ
    וַיִּתֶּן יָד
    וַתִּקַּח הַמְיַלֶּדֶת
    וַתִּקְשֹׁר עַל יָדוֹ

a scarlet thread	שָׁנִי
saying,	לֵאמֹר
"This one came out first."	זֶה יָצָא רִאשֹׁנָה׃
29. And it was	.29 וַיְהִי
as he pulled back his hand	כְּמֵשִׁיב יָדוֹ
and behold	וְהִנֵּה
his brother came out	יָצָא אָחִיו
and she said,	וַתֹּאמֶר
"With what strength have you strengthened yourself?"	מַה פָּרַצְתָּ עָלֶיךָ פָּרֶץ
And he called his name Peretz.	וַיִּקְרָא שְׁמוֹ פָּרֶץ׃
30. After that	.30 וְאַחַר
his brother came out	יָצָא אָחִיו
on whose hand was	אֲשֶׁר עַל יָדוֹ
the scarlet thread	הַשָּׁנִי
and he called his name Zerach.	וַיִּקְרָא שְׁמוֹ זָרַח׃

Chapter 39 — פרק ל"ט

1. And Yosef had been brought down to Egypt	.1 וְיוֹסֵף הוּרַד מִצְרָיְמָה
and there bought him	וַיִּקְנֵהוּ
Potifar an official of Paroh,	פּוֹטִיפַר סְרִיס פַּרְעֹה
the chief of the butchers,	שַׂר הַטַּבָּחִים
an Egyptian man	אִישׁ מִצְרִי
from the hand (possession) of the Yishmoelim	מִיַּד הַיִּשְׁמְעֵאלִים
who had brought him down there.	אֲשֶׁר הוֹרִדֻהוּ שָׁמָּה׃
2. Hashem was with Yosef	.2 וַיְהִי יְהֹוָה אֶת יוֹסֵף
and he was (became) a successful man	וַיְהִי אִישׁ מַצְלִיחַ
and he was (remained)	וַיְהִי
in the house of his Egyptian master.	בְּבֵית אֲדֹנָיו הַמִּצְרִי׃
3. His master saw	.3 וַיַּרְא אֲדֹנָיו
that Hashem was with him	כִּי יְהֹוָה אִתּוֹ

VAYESHEV Chapter 39

    and all that he did
    Hashem made successful
    in his hand.

4. So Yosef found favor
    in his eyes
    and he served him (as his personal attendant)
    and he appointed him
    over his household
    and all that he had
    he put in his hand (charge).

5. And it was
    from the time
    that he appointed him
    in his house
    and over all that he had
    Hashem blessed
    the house of the Egyptian
    because of Yosef
    and the blessing of Hashem was
    in all that he had
    in the house and in the field.

6. He left all that he had
    in the hand (charge) of Yosef
    and he did not concern himself
    with him (Yosef) [there]
    [about] anything
    except the bread
    which he ate
    Yosef was
    handsome of form
    and handsome of appearance.

7. And it was
    after these things

וישב פרק לט

וְכֹל אֲשֶׁר הוּא עֹשֶׂה
יְהוָה מַצְלִיחַ
בְּיָדוֹ:

4. וַיִּמְצָא יוֹסֵף חֵן
בְּעֵינָיו
וַיְשָׁרֶת אֹתוֹ
וַיַּפְקִדֵהוּ
עַל בֵּיתוֹ
וְכָל יֶשׁ לוֹ
נָתַן בְּיָדוֹ:

5. וַיְהִי
מֵאָז
הִפְקִיד אֹתוֹ
בְּבֵיתוֹ
וְעַל כָּל אֲשֶׁר יֶשׁ לוֹ
וַיְבָרֶךְ יְהוָה
אֶת בֵּית הַמִּצְרִי
בִּגְלַל יוֹסֵף
וַיְהִי בִּרְכַּת יְהוָה
בְּכָל אֲשֶׁר יֶשׁ לוֹ
בַּבַּיִת וּבַשָּׂדֶה:

6. וַיַּעֲזֹב כָּל אֲשֶׁר לוֹ
בְּיַד יוֹסֵף
וְלֹא יָדַע
אִתּוֹ
מְאוּמָה
כִּי אִם הַלֶּחֶם
אֲשֶׁר הוּא אוֹכֵל
וַיְהִי יוֹסֵף
יְפֵה תֹאַר
וִיפֵה מַרְאֶה:

7. וַיְהִי
אַחַר הַדְּבָרִים הָאֵלֶּה

[that] the wife of his master lifted	וַתִּשָּׂא אֵשֶׁת אֲדֹנָיו
her eyes	אֶת עֵינֶיהָ
to Yosef	אֶל יוֹסֵף
and she said,	וַתֹּאמֶר
"Lie with me."	שִׁכְבָה עִמִּי׃
8. But he refused	8. וַיְמָאֵן
and he said to the wife of his master,	וַיֹּאמֶר אֶל אֵשֶׁת אֲדֹנָיו
"Behold	הֵן
my master does not concern himself	אֲדֹנִי לֹא יָדַע
with me [here]	אִתִּי
with anything in the house	מַה בַּבָּיִת
and everything that he has	וְכֹל אֲשֶׁר יֶשׁ לוֹ
he has given into my hand (charge).	נָתַן בְּיָדִי׃
9. There is no one greater	9. אֵינֶנּוּ גָדוֹל
in this house	בַּבַּיִת הַזֶּה
than I	מִמֶּנִּי
and he has not kept back from me	וְלֹא חָשַׂךְ מִמֶּנִּי
anything	מְאוּמָה
except you	כִּי אִם אוֹתָךְ
because you are his wife	בַּאֲשֶׁר אַתְּ אִשְׁתּוֹ
and how can I do	וְאֵיךְ אֶעֱשֶׂה
this great evil	הָרָעָה הַגְּדֹלָה הַזֹּאת
and I will have sinned against G-d?"	וְחָטָאתִי לֵאלֹהִים׃
10. And it was	10. וַיְהִי
when she spoke to Yosef	כְּדַבְּרָהּ אֶל יוֹסֵף
(trying to persuade him)	
day [after] day	יוֹם יוֹם
he would not listen to her	וְלֹא שָׁמַע אֵלֶיהָ
to lie beside her	לִשְׁכַּב אֶצְלָהּ
to be with her.	לִהְיוֹת עִמָּהּ׃
11. And it was	11. וַיְהִי
on this particular day	כְּהַיּוֹם הַזֶּה

[that] when he came into the house	וַיָּבֹא הַבַּיְתָה
to do his work	לַעֲשׂוֹת מְלַאכְתּוֹ
there was no man	וְאֵין אִישׁ
of the men of the household	מֵאַנְשֵׁי הַבַּיִת
there in the house.	שָׁם בַּבָּיִת:
12. So she took hold of him	12. וַתִּתְפְּשֵׂהוּ
by his garment	בְּבִגְדוֹ
saying,	לֵאמֹר
"Lie with me,"	שִׁכְבָה עִמִּי
but he left his garment	וַיַּעֲזֹב בִּגְדוֹ
in her hand	בְּיָדָהּ
and he fled	וַיָּנָס
and he went outside.	וַיֵּצֵא הַחוּצָה:
13. And it was	13. וַיְהִי
when she saw	כִּרְאוֹתָהּ
that he left his garment	כִּי עָזַב בִּגְדוֹ
in her hand	בְּיָדָהּ
and fled outside.	וַיָּנָס הַחוּצָה:
14. She called out	14. וַתִּקְרָא
to the men of her household	לְאַנְשֵׁי בֵיתָהּ
and she said to them	וַתֹּאמֶר לָהֶם
saying,	לֵאמֹר
"Look,	רְאוּ
he brought us	הֵבִיא לָנוּ
a Hebrew man	אִישׁ עִבְרִי
to sport with us,	לְצַחֶק בָּנוּ
he came to me	בָּא אֵלַי
to lie with me	לִשְׁכַּב עִמִּי
and I called out	וָאֶקְרָא
with a loud voice (shout).	בְּקוֹל גָּדוֹל:
15. And it was	15. וַיְהִי
when he heard	כְשָׁמְעוֹ

VAYESHEV Chapter 39   וישב פרק לט

    that I raised my voice   כִּי הֲרִימֹתִי קוֹלִי
    and I called out,   וָאֶקְרָא
    he left his garment   וַיַּעֲזֹב בִּגְדוֹ
    beside me   אֶצְלִי
    he fled   וַיָּנָס
    and he went outside."   וַיֵּצֵא הַחוּצָה:

16. She put down his garment   16. וַתַּנַּח בִּגְדוֹ
    beside her   אֶצְלָהּ
    until his master came   עַד בּוֹא אֲדֹנָיו
    to his house.   אֶל בֵּיתוֹ:

17. Then she spoke to him   17. וַתְּדַבֵּר אֵלָיו
    words like these   כַּדְּבָרִים הָאֵלֶּה
    (similar to those she told the servants)
    saying,   לֵאמֹר
    "There came to me   בָּא אֵלַי
    the Hebrew slave   הָעֶבֶד הָעִבְרִי
    whom you brought to to us   אֲשֶׁר הֵבֵאתָ לָּנוּ
    to sport with me.   לְצַחֶק בִּי:

18. And it was   18. וַיְהִי
    when I raised my voice   כַּהֲרִימִי קוֹלִי
    and I called out   וָאֶקְרָא
    he left his garment   וַיַּעֲזֹב בִּגְדוֹ
    beside me   אֶצְלִי
    and he fled outside."   וַיָּנָס הַחוּצָה:

19. And it was   19. וַיְהִי
    when his master heard   כִשְׁמֹעַ אֲדֹנָיו
    the words of his wife   אֶת דִּבְרֵי אִשְׁתּוֹ
    which she had spoken to him   אֲשֶׁר דִּבְּרָה אֵלָיו
    saying,   לֵאמֹר
    "Things like this   כַּדְּבָרִים הָאֵלֶּה
    your slave did to me,"   עָשָׂה לִי עַבְדֶּךָ
    his anger was kindled.   וַיִּחַר אַפּוֹ:

20. Then the master of Yosef took him
and he put him
into the prison
the place
where the prisoners of the king
[were] imprisoned
and he remained there
in the prison.

20. וַיִּקַּח אֲדֹנֵי יוֹסֵף אֹתוֹ
וַיִּתְּנֵהוּ
אֶל בֵּית הַסֹּהַר
מְקוֹם
אֲשֶׁר אֲסִירֵי הַמֶּלֶךְ
אֲסוּרִים
וַיְהִי שָׁם
בְּבֵית הַסֹּהַר:

21. Hashem was with Yosef
and he granted him charm,
he gave him favor
in the eyes of
the chief of the prison.

21. וַיְהִי יְהוָֹה אֶת יוֹסֵף
וַיֵּט אֵלָיו חָסֶד
וַיִּתֵּן חִנּוֹ
בְּעֵינֵי
שַׂר בֵּית הַסֹּהַר:

22. The chief of the prison put
into the hand (charge) of Yosef
all the prisoners
who were in the prison
and all that they [were] doing there
it was he who did [it]
(it was done by his command).

22. וַיִּתֵּן שַׂר בֵּית הַסֹּהַר
בְּיַד יוֹסֵף
אֵת כָּל הָאֲסִירִם
אֲשֶׁר בְּבֵית הַסֹּהַר
וְאֵת כָּל אֲשֶׁר עֹשִׂים שָׁם
הוּא הָיָה עֹשֶׂה:

23. The chief of the prison did not see
anything at all [wrong]
[that was] in his hand (charge)
because Hashem was with him
and whatever he did
Hashem made successful.

23. אֵין שַׂר בֵּית הַסֹּהַר רֹאֶה
אֶת כָּל מְאוּמָה
בְּיָדוֹ
בַּאֲשֶׁר יְהוָֹה אִתּוֹ
וַאֲשֶׁר הוּא עֹשֶׂה
יְהוָֹה מַצְלִיחַ:

Chapter 40

פרק מ׳

1. And it was
after these things
there sinned
the wine butler of the king of Egypt

1. וַיְהִי
אַחַר הַדְּבָרִים הָאֵלֶּה
חָטְאוּ
מַשְׁקֵה מֶלֶךְ מִצְרַיִם

and the baker	וְהָאֹפֶה
against their master	לַאֲדֹנֵיהֶם
against the king of Egypt.	לְמֶלֶךְ מִצְרָיִם׃
2. Paroh was angry	.2 וַיִּקְצֹף פַּרְעֹה
with his two officials,	עַל שְׁנֵי סָרִיסָיו
at the chief of the wine butlers	עַל שַׂר הַמַּשְׁקִים
and at the chief of the bakers.	וְעַל שַׂר הָאוֹפִים׃
3. And he put them	.3 וַיִּתֵּן אֹתָם
in custody of	בְּמִשְׁמַר
the house of the chief of the butchers	בֵּית שַׂר הַטַּבָּחִים
into the prison,	אֶל בֵּית הַסֹּהַר
the place	מְקוֹם
where Yosef was imprisoned.	אֲשֶׁר יוֹסֵף אָסוּר שָׁם׃
4. The chief of the butchers appointed	.4 וַיִּפְקֹד שַׂר הַטַּבָּחִים
Yosef	אֶת יוֹסֵף
[to be] with them	אִתָּם
and he served (attended) them	וַיְשָׁרֶת אֹתָם
and they were one year	וַיִּהְיוּ יָמִים
in custody.	בְּמִשְׁמָר׃
5. The two of them dreamt a dream	.5 וַיַּחַלְמוּ חֲלוֹם שְׁנֵיהֶם
each man his dream	אִישׁ חֲלֹמוֹ
in one night	בְּלַיְלָה אֶחָד
each man	אִישׁ
according to the explanation of his dream,	כְּפִתְרוֹן חֲלֹמוֹ
the wine butler and the baker	הַמַּשְׁקֶה וְהָאֹפֶה
of the king of Egypt	אֲשֶׁר לְמֶלֶךְ מִצְרַיִם
who were imprisoned	אֲשֶׁר אֲסוּרִים
in the prison.	בְּבֵית הַסֹּהַר׃
6. Yosef came to them	.6 וַיָּבֹא אֲלֵיהֶם יוֹסֵף
in the morning	בַּבֹּקֶר

he saw them	וַיַּרְא אֹתָם
and behold they were sad.	וְהִנָּם זֹעֲפִים:

7. And he asked
   the officials of Paroh
   who [were] with him
   in the custody of
   the house of his master
   saying,
   "Why [do] your faces [look so] bad today?"

8. And they said to him,
   "We dreamt a dream
   and there is no one to explain it,"
   so Yosef said to them,
   "Do not explanations belong to G-d?
   Please tell me [the dreams]."

9. So the chief of the wine butlers told
   his dream
   to Yosef
   and he said to him,
   "In my dream
   behold
   a grapevine [was] in front of me.

10. And on the grapevine
    [were] three long branches
    and it [was]
    as if it were budding
    its blossom came up
    [and] its clusters ripened
    [into] grapes.

11. And the cup of Paroh

[was] in my hand	בְּיָדִי
and I took the grapes	וָאֶקַּח אֶת הָעֲנָבִים
and I pressed them	וָאֶשְׂחַט אֹתָם
into the cup of Paroh	אֶל כּוֹס פַּרְעֹה
and I put the cup	וָאֶתֵּן אֶת הַכּוֹס
on the palm of Paroh."	עַל כַּף פַּרְעֹה׃
12. Yosef said to him,	12. וַיֹּאמֶר לוֹ יוֹסֵף
"This is its explanation:	זֶה פִּתְרֹנוֹ
the three long branches	שְׁלֹשֶׁת הַשָּׂרִגִים
they are three days.	שְׁלֹשֶׁת יָמִים הֵם׃
13. In another three days	13. בְּעוֹד שְׁלֹשֶׁת יָמִים
Paroh will lift up	יִשָּׂא פַרְעֹה
your head	אֶת רֹאשֶׁךָ
(i.e., he will count you among those who will serve him at his party)	
and he will put you back	וַהֲשִׁיבְךָ
into your post	עַל כַּנֶּךָ
and you will put the cup of Paroh	וְנָתַתָּ כוֹס פַּרְעֹה
into his hand	בְּיָדוֹ
as in the former manner	כַּמִּשְׁפָּט הָרִאשׁוֹן
when you were	אֲשֶׁר הָיִיתָ
his wine butler.	מַשְׁקֵהוּ׃
14. If you would only have me in mind	14. כִּי אִם זְכַרְתַּנִי
with yourself	אִתְּךָ
when it will go well with you	כַּאֲשֶׁר יִיטַב לָךְ
and you will please do a kindness with me	וְעָשִׂיתָ נָּא עִמָּדִי חָסֶד
and you will mention me	וְהִזְכַּרְתַּנִי
to Paroh	אֶל פַּרְעֹה
then you would get me out	וְהוֹצֵאתַנִי
from this house.	מִן הַבַּיִת הַזֶּה׃
15. Because I was indeed stolen (kidnapped)	15. כִּי גֻנֹּב גֻּנַּבְתִּי
from the land of the Hebrews	מֵאֶרֶץ הָעִבְרִים

and also here	וְגַם פֹּה
I have not done anything [wrong]	לֹא עָשִׂיתִי מְאוּמָה
that they [should have] put me	כִּי שָׂמוּ אֹתִי
into the pit (dungeon)."	בַּבּוֹר:

16. When the chief of the bakers saw   16. וַיַּרְא שַׂר הָאֹפִים
    that he had explained well   כִּי טוֹב פָּתָר
    he said to Yosef,   וַיֹּאמֶר אֶל יוֹסֵף
    "Also I   אַף אֲנִי
    in my dream   בַּחֲלוֹמִי
    behold   וְהִנֵּה
    three wicker baskets   שְׁלֹשָׁה סַלֵּי חֹרִי
    [were] on my head.   עַל רֹאשִׁי:

17. And in the uppermost basket [were]   17. וּבַסַּל הָעֶלְיוֹן
    of all [kinds of] food of Paroh   מִכֹּל מַאֲכַל פַּרְעֹה
    the handiwork of a baker   מַעֲשֵׂה אֹפֶה
    and the birds   וְהָעוֹף
    were eating them   אֹכֵל אֹתָם
    from the basket   מִן הַסַּל
    on top of my head."   מֵעַל רֹאשִׁי:

18. Yosef answered   18. וַיַּעַן יוֹסֵף
    and he said,   וַיֹּאמֶר
    "This is its explanation: זֶה פִּתְרֹנוֹ
    the three baskets   שְׁלֹשֶׁת הַסַּלִּים
    they are three days.   שְׁלֹשֶׁת יָמִים הֵם:

19. In another three days   19. בְּעוֹד שְׁלֹשֶׁת יָמִים
    Paroh will lift your head   יִשָּׂא פַרְעֹה אֶת רֹאשְׁךָ
    from upon you   מֵעָלֶיךָ
    and he will hang you   וְתָלָה אוֹתְךָ
    on a tree   עַל עֵץ
    and the birds will eat   וְאָכַל הָעוֹף
    your flesh   אֶת בְּשָׂרְךָ
    from upon you."   מֵעָלֶיךָ:

20. And it was
    on the third day
    [which was] Paroh's birthday
    he made a feast
    for all his servants
    and he counted the chief of the wine butlers
    and the chief of the bakers
    among his servants
    (who might possibly serve at the feast).

21. He put back
    the chief of the wine butlers
    to his post of wine butler
    and he put the cup
    on the palm of Paroh.

22. But the chief of the bakers
    he hanged
    just as
    Yosef explained to them.

23. The chief of the wine butlers did not remember
    Yosef
    and he forgot him.

MIKETZ Chapter 41

1. And it was
    at the end of
    two full years
    Paroh was dreaming
    behold, he was standing
    by the river.

MIKETZ Chapter 41

2. And behold | וְהִנֵּה .2
from the river | מִן הַיְאֹר
were coming up | עֹלֹת
seven cows | שֶׁבַע פָּרוֹת
beautiful of appearance | יְפוֹת מַרְאֶה
and healthy of flesh | וּבְרִיאֹת בָּשָׂר
and they were grazing | וַתִּרְעֶינָה
in the marshland. | בָּאָחוּ:

3. And behold | וְהִנֵּה .3
seven other cows | שֶׁבַע פָּרוֹת אֲחֵרוֹת
were coming up | עֹלוֹת
after them | אַחֲרֵיהֶן
from the river | מִן הַיְאֹר
of bad appearance | רָעוֹת מַרְאֶה
and of thin flesh | וְדַקּוֹת בָּשָׂר
and they stood | וַתַּעֲמֹדְנָה
beside the cows | אֵצֶל הַפָּרוֹת
on the bank of the river. | עַל שְׂפַת הַיְאֹר:

4. The cows of bad appearance | וַתֹּאכַלְנָה הַפָּרוֹת רָעוֹת הַמַּרְאֶה .4
and thin flesh, then ate up | וְדַקֹּת הַבָּשָׂר
the seven cows | אֵת שֶׁבַע הַפָּרוֹת
[which were] of beautiful appearance and healthy | יְפֹת הַמַּרְאֶה וְהַבְּרִיאֹת
and Paroh woke up. | וַיִּיקַץ פַּרְעֹה:

5. He fell asleep | וַיִּישָׁן .5
and he dreamt a second time | וַיַּחֲלֹם שֵׁנִית
and behold | וְהִנֵּה
seven ears of grain | שֶׁבַע שִׁבֳּלִים
were coming up | עֹלוֹת
on one stalk | בְּקָנֶה אֶחָד
healthy and good. | בְּרִיאוֹת וְטֹבוֹת:

MIKETZ Chapter 41

6. And behold
 seven ears of grain
 thin
 and scorched by the east wind
 were growing after them.

וְהִנֵּה .6
שֶׁבַע שִׁבֳּלִים
דַּקּוֹת
וּשְׁדוּפֹת קָדִים
צֹמְחוֹת אַחֲרֵיהֶן:

7. Then the thin ears of grain swallowed up
 the seven ears of grain
 [which were] healthy and full,
 Paroh woke up
 and behold [it had been] a dream.

וַתִּבְלַעְנָה הַשִּׁבֳּלִים הַדַּקּוֹת .7
אֵת שֶׁבַע הַשִּׁבֳּלִים
הַבְּרִיאוֹת וְהַמְּלֵאוֹת
וַיִּיקַץ פַּרְעֹה
וְהִנֵּה חֲלוֹם:

8. And it was in the morning
 his spirit was agitated (troubled)
 so he sent
 and he called
 all the necromancers* of Egypt
 and all its wise men,
 Paroh told them
 his dream
 but none could explain them for Paroh.

וַיְהִי בַבֹּקֶר .8
וַתִּפָּעֶם רוּחוֹ
וַיִּשְׁלַח
וַיִּקְרָא
אֶת כָּל חַרְטֻמֵּי מִצְרַיִם
וְאֶת כָּל חֲכָמֶיהָ
וַיְסַפֵּר פַּרְעֹה לָהֶם
אֶת חֲלֹמוֹ
וְאֵין פּוֹתֵר אוֹתָם לְפַרְעֹה:

9. Then the chief of the wine butlers spoke
 to Paroh
 saying,
 "My sins (wrongdoings)
 I [have to] mention today.

וַיְדַבֵּר שַׂר הַמַּשְׁקִים .9
אֶת פַּרְעֹה
לֵאמֹר
אֶת חֲטָאַי
אֲנִי מַזְכִּיר הַיּוֹם:

10. Paroh had been angry
 with his servants
 and he put me
 in custody of
 the house of the chief of the butchers

פַּרְעֹה קָצַף .10
עַל עֲבָדָיו
וַיִּתֵּן אֹתִי
בְּמִשְׁמַר
בֵּית שַׂר הַטַּבָּחִים

*those who enquire of the dead

MIKETZ Chapter 41

me	אֹתִי
and the chief of the bakers.	וְאֵת שַׂר הָאֹפִים:

11. We dreamt a dream
    in one night
    I and he
    each man
    according to the explanation of his dream
    did we dream.

11. וַנַּחַלְמָה חֲלוֹם
בְּלַיְלָה אֶחָד
אֲנִי וָהוּא
אִישׁ
כְּפִתְרוֹן חֲלֹמוֹ
חָלָמְנוּ:

12. And there [was] with us
    a Hebrew youth
    a slave
    to the chief of the butchers
    we told him
    and he explained for us
    our dreams
    each man
    according to his dream
    did he explain.

12. וְשָׁם אִתָּנוּ
נַעַר עִבְרִי
עֶבֶד
לְשַׂר הַטַּבָּחִים
וַנְּסַפֶּר לוֹ
וַיִּפְתָּר לָנוּ
אֶת חֲלֹמֹתֵינוּ
אִישׁ
כַּחֲלֹמוֹ
פָּתָר:

13. And it was
    just as he explained for us
    so it was,
    me
    he (Paroh) put back
    into my post
    and him
    he hanged."

13. וַיְהִי
כַּאֲשֶׁר פָּתַר לָנוּ
כֵּן הָיָה
אֹתִי
הֵשִׁיב
עַל כַּנִּי
וְאֹתוֹ
תָלָה:

14. So Paroh sent
    and he called Yosef
    and they rushed him
    from the pit (dungeon),
    he shaved (had a haircut)

14. וַיִּשְׁלַח פַּרְעֹה
וַיִּקְרָא אֶת יוֹסֵף
וַיְרִיצֻהוּ
מִן הַבּוֹר
וַיְגַלַּח

MIKETZ Chapter 41

    and he changed his clothes   וַיְחַלֵּף שִׂמְלֹתָיו
    and he came to Paroh.   וַיָּבֹא אֶל פַּרְעֹה:

15. Paroh said to Yosef,   15. וַיֹּאמֶר פַּרְעֹה אֶל יוֹסֵף
    "I dreamt a dream   חֲלוֹם חָלַמְתִּי
    but no one can explain it   וּפֹתֵר אֵין אֹתוֹ
    and I heard   וַאֲנִי שָׁמַעְתִּי
    about you   עָלֶיךָ
    saying   לֵאמֹר
    [that] you understand a dream   תִּשְׁמַע חֲלוֹם
    to explain it."   לִפְתֹּר אֹתוֹ:

16. Yosef answered Paroh   16. וַיַּעַן יוֹסֵף אֶת פַּרְעֹה
    saying,   לֵאמֹר
    "[The wisdom] is not mine,   בִּלְעָדָי
    [it is] G-d Who will answer   אֱלֹהִים יַעֲנֶה
    [concerning] the well-being of Paroh."   אֶת שְׁלוֹם פַּרְעֹה:

17. Then Paroh spoke to Yosef,   17. וַיְדַבֵּר פַּרְעֹה אֶל יוֹסֵף
    "In my dream   בַּחֲלֹמִי
    behold I was standing   הִנְנִי עֹמֵד
    on the bank of the river.   עַל שְׂפַת הַיְאֹר:

18. And behold   18. וְהִנֵּה
    from the river   מִן הַיְאֹר
    were coming up   עֹלֹת
    seven cows   שֶׁבַע פָּרוֹת
    of healthy flesh   בְּרִיאוֹת בָּשָׂר
    and of beautiful form   וִיפֹת תֹּאַר
    and they were grazing   וַתִּרְעֶינָה
    in the marshland.   בָּאָחוּ:

19. And behold   19. וְהִנֵּה
    seven other cows   שֶׁבַע פָּרוֹת אֲחֵרוֹת
    were coming up   עֹלוֹת
    after them   אַחֲרֵיהֶן

thin	דַּלּוֹת
and of very bad form	וְרָעוֹת תֹּאַר מְאֹד
and lacking in flesh,	וְרַקּוֹת בָּשָׂר
I have never seen	לֹא רָאִיתִי
[anything] like them	כָהֵנָּה
in all the land of Egypt	בְּכָל אֶרֶץ מִצְרַיִם
for badness.	לָרֹעַ׃
20. Then the cows [which were] lacking [in flesh] and bad, ate up	20. וַתֹּאכַלְנָה הַפָּרוֹת הָרַקּוֹת וְהָרָעוֹת
the first seven cows	אֵת שֶׁבַע הַפָּרוֹת הָרִאשֹׁנוֹת
which were healthy.	הַבְּרִיאֹת׃
21. They came inside them	21. וַתָּבֹאנָה אֶל קִרְבֶּנָה
but it was not noticeable	וְלֹא נוֹדַע
that they had come inside them	כִּי בָאוּ אֶל קִרְבֶּנָה
[because] their appearance [remained] bad	וּמַרְאֵיהֶן רַע
just as at first,	כַּאֲשֶׁר בַּתְּחִלָּה
then I woke up.	וָאִיקָץ׃
22. And I saw in my dream	22. וָאֵרֶא בַּחֲלֹמִי
behold	וְהִנֵּה
seven ears of grain	שֶׁבַע שִׁבֳּלִים
were coming up	עֹלֹת
on one stalk	בְּקָנֶה אֶחָד
full and good.	מְלֵאֹת וְטֹבוֹת׃
23. And behold	23. וְהִנֵּה
seven ears of grain	שֶׁבַע שִׁבֳּלִים
hard as rock	צְנֻמוֹת
thin	דַּקּוֹת
scorched by the east wind,	שְׁדֻפוֹת קָדִים
were growing after them.	צֹמְחוֹת אַחֲרֵיהֶם׃
24. Then the thin ears of grain swallowed	24. וַתִּבְלַעְןָ הַשִּׁבֳּלִים הַדַּקֹּת
the seven good ears of grain	אֵת שֶׁבַע הַשִּׁבֳּלִים הַטֹּבוֹת

and I said [this]	וְאֹמַר
to the necromancers	אֶל הַחַרְטֻמִּים
but no one could tell me [the meaning]."	וְאֵין מַגִּיד לִי׃
25. Yosef said to Paroh,	25. וַיֹּאמֶר יוֹסֵף אֶל פַּרְעֹה
"The dream of Paroh	חֲלוֹם פַּרְעֹה
is one,	אֶחָד הוּא
that which G-d is about to do	אֵת אֲשֶׁר הָאֱלֹהִים עֹשֶׂה
He has told Paroh.	הִגִּיד לְפַרְעֹה׃
26. The seven good cows	26. שֶׁבַע פָּרֹת הַטֹּבֹת
they are seven years	שֶׁבַע שָׁנִים הֵנָּה
and the seven good ears of grain	וְשֶׁבַע הַשִּׁבֳּלִים הַטֹּבֹת
they are seven years,	שֶׁבַע שָׁנִים הֵנָּה
it is one dream.	חֲלוֹם אֶחָד הוּא׃
27. And the seven cows	27. וְשֶׁבַע הַפָּרוֹת
[which were] lacking [in flesh] and bad	הָרַקּוֹת וְהָרָעֹת
which came up	הָעֹלֹת
after them	אַחֲרֵיהֶן
they are seven years	שֶׁבַע שָׁנִים הֵנָּה
and the seven ears of grain	וְשֶׁבַע הַשִּׁבֳּלִים
which were empty	הָרֵקוֹת
scorched by the east wind,	שְׁדֻפוֹת הַקָּדִים
they shall be	יִהְיוּ
seven years of famine.	שֶׁבַע שְׁנֵי רָעָב׃
28. That is the thing	28. הוּא הַדָּבָר
which I have spoken to Paroh	אֲשֶׁר דִּבַּרְתִּי אֶל פַּרְעֹה
that which G-d is about to do	אֲשֶׁר הָאֱלֹהִים עֹשֶׂה
He has shown Paroh.	הֶרְאָה אֶת פַּרְעֹה׃
29. Behold	29. הִנֵּה
seven years	שֶׁבַע שָׁנִים
are coming,	בָּאוֹת

a great abundance (plenty) [will be]	שָׂבָע גָּדוֹל
in all the land of Egypt.	בְּכָל אֶרֶץ מִצְרָיִם׃
30. Then there will arise	30. וְקָמוּ
seven years of famine	שֶׁבַע שְׁנֵי רָעָב
after them	אַחֲרֵיהֶן
and there will be forgotten	וְנִשְׁכַּח
all the abundance	כָּל הַשָּׂבָע
in the land of Egypt	בְּאֶרֶץ מִצְרָיִם
and the famine will destroy	וְכִלָּה הָרָעָב
the land.	אֶת הָאָרֶץ׃
31. And the abundance will not be known	31 וְלֹא יִוָּדַע הַשָּׂבָע
in the land	בָּאָרֶץ
because of that famine	מִפְּנֵי הָרָעָב הַהוּא
afterwards	אַחֲרֵי כֵן
because it will be very heavy (severe).	כִּי כָבֵד הוּא מְאֹד׃
32. As for the repetition of the dream	32. וְעַל הִשָּׁנוֹת הַחֲלוֹם
to Paroh	אֶל פַּרְעֹה
twice	פַּעֲמָיִם
because the matter is ready	כִּי נָכוֹן הַדָּבָר
before G-d	מֵעִם הָאֱלֹהִים
and G-d is hurrying	וּמְמַהֵר הָאֱלֹהִים
to do it.	לַעֲשֹׂתוֹ׃
33. And now	33. וְעַתָּה
let Paroh look for	יֵרֶא פַרְעֹה
a man	אִישׁ
[who is] understanding and wise	נָבוֹן וְחָכָם
and let him appoint him	וִישִׁיתֵהוּ
over the land of Egypt.	עַל אֶרֶץ מִצְרָיִם׃
34. Let Paroh act	34. יַעֲשֶׂה פַרְעֹה
and let him appoint officials	וְיַפְקֵד פְּקִדִים
over the land	עַל הָאָרֶץ

MIKETZ Chapter 41

      and let him prepare
      the land of Egypt
      in the seven years of abundance.
      וְחִמֵּשׁ
      אֶת אֶרֶץ מִצְרָיִם
      בְּשֶׁבַע שְׁנֵי הַשָּׂבָע:

35. And let them gather
    all the food of
    these coming good years
    and let them heap up grain
    under the control of Paroh
    [as] food for the cities
    and let them guard [it].
35. וְיִקְבְּצוּ
    אֶת כָּל אֹכֶל
    הַשָּׁנִים הַטֹּבוֹת הַבָּאֹת הָאֵלֶּה
    וְיִצְבְּרוּ בָר
    תַּחַת יַד פַּרְעֹה
    אֹכֶל בֶּעָרִים
    וְשָׁמָרוּ:

36. The food will be
    as a reserve
    for the land
    for the seven years of famine
    which will be
    in the land of Egypt
    so that the land will not perish
    in the famine."
36. וְהָיָה הָאֹכֶל
    לְפִקָּדוֹן
    לָאָרֶץ
    לְשֶׁבַע שְׁנֵי הָרָעָב
    אֲשֶׁר תִּהְיֶיןָ
    בְּאֶרֶץ מִצְרָיִם
    וְלֹא תִכָּרֵת הָאָרֶץ
    בָּרָעָב:

37. The matter was good
    in the eyes of Paroh
    and in the eyes of all his servants.
37. וַיִּיטַב הַדָּבָר
    בְּעֵינֵי פַרְעֹה
    וּבְעֵינֵי כָּל עֲבָדָיו:

38. Paroh said
    to his servants,
    "Could we find [another one] like him?
    a man
    in whom there is the spirit of G-d?"
38. וַיֹּאמֶר פַּרְעֹה
    אֶל עֲבָדָיו
    הֲנִמְצָא כָזֶה
    אִישׁ
    אֲשֶׁר רוּחַ אֱלֹהִים בּוֹ:

39. Then Paroh said to Yosef,
    "Since G-d has made known to you
    all this
    there is no one as understanding and wise
    as you.
39. וַיֹּאמֶר פַּרְעֹה אֶל יוֹסֵף
    אַחֲרֵי הוֹדִיעַ אֱלֹהִים אוֹתְךָ
    אֶת כָּל זֹאת
    אֵין נָבוֹן וְחָכָם
    כָּמוֹךָ:

MIKETZ Chapter 41 — מקץ פרק מא

40. You will be
   over my house
   and by your command
   shall all my people be provided for,
   only [by] the throne
   shall I be greater than you (outrank you)."

   אַתָּה תִּהְיֶה
   עַל בֵּיתִי
   וְעַל פִּיךָ
   יִשַּׁק כָּל עַמִּי
   רַק הַכִּסֵּא
   אֶגְדַּל מִמֶּךָּ:

41. Then Paroh said to Yosef,
   "Look
   I have put you
   over all the land of Egypt."

   וַיֹּאמֶר פַּרְעֹה אֶל יוֹסֵף
   רְאֵה
   נָתַתִּי אֹתְךָ
   עַל כָּל אֶרֶץ מִצְרָיִם:

42. Then Paroh removed
   his ring
   from his hand
   and he put it
   on the hand of Yosef
   and he dressed him
   in garments of fine linen
   and he put
   the golden chain (chain of office)
   on his neck.

   וַיָּסַר פַּרְעֹה
   אֶת טַבַּעְתּוֹ
   מֵעַל יָדוֹ
   וַיִּתֵּן אֹתָהּ
   עַל יַד יוֹסֵף
   וַיַּלְבֵּשׁ אֹתוֹ
   בִּגְדֵי שֵׁשׁ
   וַיָּשֶׂם
   רְבִד הַזָּהָב
   עַל צַוָּארוֹ:

43. And he made him ride
   in the second [royal] chariot
   which he had
   and they called before him
   Avrech (advisor to the king)
   and he put him
   over all the land of Egypt.

   וַיַּרְכֵּב אֹתוֹ
   בְּמִרְכֶּבֶת הַמִּשְׁנֶה
   אֲשֶׁר לוֹ
   וַיִּקְרְאוּ לְפָנָיו
   אַבְרֵךְ
   וְנָתוֹן אֹתוֹ
   עַל כָּל אֶרֶץ מִצְרָיִם:

44. Paroh said to Yosef,
   "I am Paroh
   and without your permission
   no man may lift up
   his hand [to carry a sword]

   וַיֹּאמֶר פַּרְעֹה אֶל יוֹסֵף
   אֲנִי פַרְעֹה
   וּבִלְעָדֶיךָ
   לֹא יָרִים אִישׁ
   אֶת יָדוֹ

or his foot [to mount a horse]	וְאֶת רַגְלוֹ
in all the land of Egypt."	בְּכָל אֶרֶץ מִצְרָיִם׃
45. Paroh called the name of Yosef	45. וַיִּקְרָא פַרְעֹה שֵׁם יוֹסֵף
Tzofnas Pane'ach	צָפְנַת פַּעְנֵחַ
(i.e., the explainer of hidden things)	
and he gave him	וַיִּתֶּן לוֹ
Osnas, the daughter of Poti Fera	אֶת אָסְנַת בַּת פּוֹטִי פֶרַע
the Chief of On	כֹּהֵן אֹן
as a wife	לְאִשָּׁה
and so Yosef came out (from Paroh)	וַיֵּצֵא יוֹסֵף
[as the ruler] over the land of Egypt.	עַל אֶרֶץ מִצְרָיִם׃
46. Yosef was thirty years old	46. וְיוֹסֵף בֶּן שְׁלֹשִׁים שָׁנָה
when he stood	בְּעָמְדוֹ
before Paroh the king of Egypt	לִפְנֵי פַּרְעֹה מֶלֶךְ מִצְרָיִם
and Yosef came out	וַיֵּצֵא יוֹסֵף
from before Paroh	מִלִּפְנֵי פַרְעֹה
and he passed through	וַיַּעֲבֹר
in all the land of Egypt.	בְּכָל אֶרֶץ מִצְרָיִם׃
47. And the earth produced	47. וַתַּעַשׂ הָאָרֶץ
in the seven years of abundance	בְּשֶׁבַע שְׁנֵי הַשָּׂבָע
by the handfuls.	לִקְמָצִים׃
48. He gathered	48. וַיִּקְבֹּץ
all the food of the seven [good] years	אֶת כָּל אֹכֶל שֶׁבַע שָׁנִים
which were in the land of Egypt	אֲשֶׁר הָיוּ בְּאֶרֶץ מִצְרַיִם
and he put food in the cities,	וַיִּתֶּן אֹכֶל בֶּעָרִים
the food of the field around each city	אֹכֶל שְׂדֵה הָעִיר אֲשֶׁר סְבִיבֹתֶיהָ
he put into it (the city).	נָתַן בְּתוֹכָהּ׃
49. Yosef heaped up grain	49. וַיִּצְבֹּר יוֹסֵף בָּר
like the sand of the sea	כְּחוֹל הַיָּם
very much,	הַרְבֵּה מְאֹד

MIKETZ Chapter 41

until he stopped counting	עַד כִּי חָדַל לִסְפֹּר
because there was no number.	כִּי אֵין מִסְפָּר:

50. And to Yosef were born
    two sons
    when there had not yet come
    the (first) year of famine
    whom Osnas, the daughter of
        Poti Fera the Chief of
        On, had borne to him.

50. וּלְיוֹסֵף יֻלַּד
שְׁנֵי בָנִים
בְּטֶרֶם תָּבוֹא
שְׁנַת הָרָעָב
אֲשֶׁר יָלְדָה לּוֹ אָסְנַת בַּת
פּוֹטִי פֶרַע כֹּהֵן אוֹן:

51. Yosef called
    the name of the firstborn
    Menasheh
    "because G-d has made me forget
    all my toil (hardship)
    and all the house of my father."

51. וַיִּקְרָא יוֹסֵף
אֶת שֵׁם הַבְּכוֹר
מְנַשֶּׁה
כִּי נַשַּׁנִי אֱלֹהִים
אֶת כָּל עֲמָלִי
וְאֵת כָּל בֵּית אָבִי:

52. And the name of the second one
    he called Efrayim
    "because G-d has made me fruitful
    in the land of my suffering."

52. וְאֵת שֵׁם הַשֵּׁנִי
קָרָא אֶפְרָיִם
כִּי הִפְרַנִי אֱלֹהִים
בְּאֶרֶץ עָנְיִי:

53. Now there ended
    the seven years of abundance
    which had been
    in the land of Egypt.

53. וַתִּכְלֶינָה
שֶׁבַע שְׁנֵי הַשָּׂבָע
אֲשֶׁר הָיָה
בְּאֶרֶץ מִצְרָיִם:

54. And the seven years of famine began
    to come
    just as Yosef had said
    and there was famine
    in all the lands
    but in all the land of Egypt
    there was bread.

54. וַתְּחִלֶּינָה שֶׁבַע שְׁנֵי הָרָעָב
לָבוֹא
כַּאֲשֶׁר אָמַר יוֹסֵף
וַיְהִי רָעָב
בְּכָל הָאֲרָצוֹת
וּבְכָל אֶרֶץ מִצְרַיִם
הָיָה לָחֶם:

55. When all the land of Egypt was starving
    the people cried to Paroh
    for bread
    so Paroh said
    to all Egypt,
    "Go to Yosef
    whatever he will say to you
    do."

56. When the famine was
    over the face of the whole earth
    Yosef opened
    all the [storehouses]
      in which there was [grain]
    and he sold [grain] to Egypt
    and the famine became strong (severe)
    in the land of Egypt.

57. All the earth
    came to Egypt to Yosef, to buy [grain]
    because the famine had become
      strong (severe)
    on all the earth.

Chapter 42

1. Yaakov saw
   that there was a sale [of grain] in Egypt
   so Yaakov said to his sons,
   "Why do you make yourselves noticeable?"

2. And he said,
   "Behold, I have heard
   that there is a sale [of grain] in Egypt
   go down, there
   and buy [grain] for us from there

so that we may live	וְנִחְיֶה
and we will not die."	וְלֹא נָמוּת:

3. So the brothers of Yosef went down
   ten [of them]
   to buy grain
   from Egypt.

   3. וַיֵּרְדוּ אֲחֵי יוֹסֵף
   עֲשָׂרָה
   לִשְׁבֹּר בָּר
   מִמִּצְרָיִם:

4. But Binyomin the brother of Yosef
   Yaakov did not send
   with his brothers
   because he said,
   "Lest there happen to (befall) him
     a disaster."

   4. וְאֶת בִּנְיָמִין אֲחִי יוֹסֵף
   לֹא שָׁלַח יַעֲקֹב
   אֶת אֶחָיו
   כִּי אָמַר
   פֶּן יִקְרָאֶנּוּ אָסוֹן:

5. So the children of Yisroel came
   to buy [grain]
   among those who came
   because the famine was
   in the land of Kenaan.

   5. וַיָּבֹאוּ בְּנֵי יִשְׂרָאֵל
   לִשְׁבֹּר
   בְּתוֹךְ הַבָּאִים
   כִּי הָיָה הָרָעָב
   בְּאֶרֶץ כְּנָעַן:

6. And Yosef
   he was the ruler
   over the land
   [it was] he who sold [grain]
   to all the people of the land
   the brothers of Yosef came
   and they prostrated themselves to him
   [with their] faces
   to the ground.

   6. וְיוֹסֵף
   הוּא הַשַּׁלִּיט
   עַל הָאָרֶץ
   הוּא הַמַּשְׁבִּיר
   לְכָל עַם הָאָרֶץ
   וַיָּבֹאוּ אֲחֵי יוֹסֵף
   וַיִּשְׁתַּחֲווּ לוֹ
   אַפַּיִם
   אָרְצָה:

7. Yosef saw his brothers
   and he recognized them
   he made himself [like] a stranger to them
   and he spoke with them
   harshly

   7. וַיַּרְא יוֹסֵף אֶת אֶחָיו
   וַיַּכִּרֵם
   וַיִּתְנַכֵּר אֲלֵיהֶם
   וַיְדַבֵּר אִתָּם
   קָשׁוֹת

and he said to them,	וַיֹּאמֶר אֲלֵהֶם
"From where have you come?"	מֵאַיִן בָּאתֶם
and they said,	וַיֹּאמְרוּ
"From the land of Kenaan	מֵאֶרֶץ כְּנַעַן
to buy food."	לִשְׁבָּר אֹכֶל:

8. Yosef recognized his brothers
    but they
    did not recognize him.

וַיַּכֵּר יוֹסֵף אֶת אֶחָיו
וְהֵם
לֹא הִכִּרֻהוּ:

9. Yosef remembered
    the dreams
    which he had dreamt about them
    so he said to them,
    "You are spies
    to see
    the nakedness of the land
        (i.e., weakness — from where it
        can easily be conquered)
    have you come."

וַיִּזְכֹּר יוֹסֵף
אֵת הַחֲלֹמוֹת
אֲשֶׁר חָלַם לָהֶם
וַיֹּאמֶר אֲלֵהֶם
מְרַגְּלִים אַתֶּם
לִרְאוֹת
אֶת עֶרְוַת הָאָרֶץ

בָּאתֶם:

10. They said to him,
    "Not so
    my lord
    but your servants have come
    to buy food.

וַיֹּאמְרוּ אֵלָיו
לֹא
אֲדֹנִי
וַעֲבָדֶיךָ בָּאוּ
לִשְׁבָּר אֹכֶל:

11. All of us
    the sons of one man
    are we
    we are truthful [people]
    your servants have never been
    spies."

כֻּלָּנוּ
בְּנֵי אִישׁ אֶחָד
נָחְנוּ
כֵּנִים אֲנַחְנוּ
לֹא הָיוּ עֲבָדֶיךָ
מְרַגְּלִים:

12. And he said to them,
    "No

וַיֹּאמֶר אֲלֵהֶם
לֹא

MIKETZ Chapter 42 — מקץ פרק מב

    but the nakedness of the land   כִּי עֶרְוַת הָאָרֶץ
    have you come to see."   בָּאתֶם לִרְאוֹת:

13. And they said,   13. וַיֹּאמְרוּ
    "We, your servants, are twelve brothers   שְׁנֵים עָשָׂר עֲבָדֶיךָ אַחִים אֲנַחְנוּ
    the sons of one man   בְּנֵי אִישׁ אֶחָד
    in the land of Kenaan   בְּאֶרֶץ כְּנָעַן
    and behold   וְהִנֵּה
    the youngest   הַקָּטֹן
    [is] with our father today   אֶת אָבִינוּ הַיּוֹם
    and the one   וְהָאֶחָד
    is not there (has gone)."   אֵינֶנּוּ:

14. But Yosef said to them,   14. וַיֹּאמֶר אֲלֵהֶם יוֹסֵף
    "It is just as I have spoken   הוּא אֲשֶׁר דִּבַּרְתִּי
    to you   אֲלֵכֶם
    saying   לֵאמֹר
    you are spies.   מְרַגְּלִים אַתֶּם:

15. By this   15. בְּזֹאת
    shall you be tested   תִּבָּחֵנוּ
    by the life of Paroh   חֵי פַרְעֹה
    you will not go out from here   אִם תֵּצְאוּ מִזֶּה
    unless   כִּי אִם
    your youngest brother comes   בְּבוֹא אֲחִיכֶם הַקָּטֹן
    here.   הֵנָּה:

16. Send one of you   16. שִׁלְחוּ מִכֶּם אֶחָד
    and let him take (bring) your brother   וְיִקַּח אֶת אֲחִיכֶם
    while you will remain imprisoned   וְאַתֶּם הֵאָסְרוּ
    so that your words may be tested   וְיִבָּחֲנוּ דִּבְרֵיכֶם
    whether truth is with you   הַאֱמֶת אִתְּכֶם
    but if not   וְאִם לֹא
    by the life of Paroh   חֵי פַרְעֹה
    then you are spies."   כִּי מְרַגְּלִים אַתֶּם:

17. Then he gathered them into custody for three days.	17. וַיֶּאֱסֹף אֹתָם אֶל מִשְׁמָר שְׁלֹשֶׁת יָמִים:
18. Yosef said to them on the third day, "Do this and live I fear G-d.	18. וַיֹּאמֶר אֲלֵהֶם יוֹסֵף בַּיּוֹם הַשְּׁלִישִׁי זֹאת עֲשׂוּ וִחְיוּ אֶת הָאֱלֹהִים אֲנִי יָרֵא:
19. If you are truthful [people] one of your brothers will remain imprisoned in your place of custody and you go bring the purchase [of grain] [for] the hunger of your households.	19. אִם כֵּנִים אַתֶּם אֲחִיכֶם אֶחָד יֵאָסֵר בְּבֵית מִשְׁמַרְכֶם וְאַתֶּם לְכוּ הָבִיאוּ שֶׁבֶר רַעֲבוֹן בָּתֵּיכֶם:
20. And your youngest brother bring to me so that your words will be proved to be true and you will not die," and they did so.	20. וְאֶת אֲחִיכֶם הַקָּטֹן תָּבִיאוּ אֵלַי וְיֵאָמְנוּ דִבְרֵיכֶם וְלֹא תָמוּתוּ וַיַּעֲשׂוּ כֵן:
21. They then said to one another, "Truly we are guilty about our brother in that we saw the distress of his soul when he pleaded with us but we did not listen therefore this distress has come to us."	21. וַיֹּאמְרוּ אִישׁ אֶל אָחִיו אֲבָל אֲשֵׁמִים אֲנַחְנוּ עַל אָחִינוּ אֲשֶׁר רָאִינוּ צָרַת נַפְשׁוֹ בְּהִתְחַנְנוֹ אֵלֵינוּ וְלֹא שָׁמָעְנוּ עַל כֵּן בָּאָה אֵלֵינוּ הַצָּרָה הַזֹּאת:

22. Reuven answered them saying, "Did I not say to you saying, 'Do not sin against the boy'? But you did not listen [now] also his blood (see Rashi) behold is being demanded (we are being punished for it)."	22. וַיַּעַן רְאוּבֵן אֹתָם לֵאמֹר הֲלוֹא אָמַרְתִּי אֲלֵיכֶם לֵאמֹר אַל תֶּחֶטְאוּ בַיֶּלֶד וְלֹא שְׁמַעְתֶּם וְגַם דָּמוֹ הִנֵּה נִדְרָשׁ:
23. They did not know that Yosef understood because the interpreter was between them.	23. וְהֵם לֹא יָדְעוּ כִּי שֹׁמֵעַ יוֹסֵף כִּי הַמֵּלִיץ בֵּינֹתָם:
24. He turned away from them and he wept he then returned to them and he spoke to them he took Shimon away from them and he imprisoned him before their eyes.	24. וַיִּסֹּב מֵעֲלֵיהֶם וַיֵּבְךְּ וַיָּשָׁב אֲלֵהֶם וַיְדַבֵּר אֲלֵהֶם וַיִּקַּח מֵאִתָּם אֶת שִׁמְעוֹן וַיֶּאֱסֹר אֹתוֹ לְעֵינֵיהֶם:
25. Then Yosef commanded and they filled their vessels [with] grain and to return their money each man into his sack and to give them provision for the journey and so he did for them.	25. וַיְצַו יוֹסֵף וַיְמַלְאוּ אֶת כְּלֵיהֶם בָּר וּלְהָשִׁיב כַּסְפֵּיהֶם אִישׁ אֶל שַׂקּוֹ וְלָתֵת לָהֶם צֵדָה לַדָּרֶךְ וַיַּעַשׂ לָהֶם כֵּן:
26. They [then] lifted their purchase [of grain]	26. וַיִּשְׂאוּ אֶת שִׁבְרָם

MIKETZ Chapter 42   מקץ פרק מב

    onto their donkeys
    and they went away from there.

עַל חֲמֹרֵיהֶם
וַיֵּלְכוּ מִשָּׁם:

27. When the one of them opened
    his sack
    to give fodder
    to his donkey
    at the inn
    he saw his money
    and behold it [was]
    in the mouth of his sack.

27. וַיִּפְתַּח הָאֶחָד
אֶת שַׂקּוֹ
לָתֵת מִסְפּוֹא
לַחֲמֹרוֹ
בַּמָּלוֹן
וַיַּרְא אֶת כַּסְפּוֹ
וְהִנֵּה הוּא
בְּפִי אַמְתַּחְתּוֹ:

28. He said to his brothers,
    "My money has been returned
    and behold it also is in my sack,"
    their heart sank
    and they [turned] trembling
    to one another
    saying,
    "What is this
    [that] G-d has done to us?"

28. וַיֹּאמֶר אֶל אֶחָיו
הוּשַׁב כַּסְפִּי
וְגַם הִנֵּה בְאַמְתַּחְתִּי
וַיֵּצֵא לִבָּם
וַיֶּחֶרְדוּ
אִישׁ אֶל אָחִיו
לֵאמֹר
מַה זֹּאת
עָשָׂה אֱלֹהִים לָנוּ:

29. They came to Yaakov their father
    to the land of Kenaan
    and they told him
    all that had happened to them
    saying.

29. וַיָּבֹאוּ אֶל יַעֲקֹב אֲבִיהֶם
אַרְצָה כְּנָעַן
וַיַּגִּידוּ לוֹ
אֵת כָּל הַקֹּרֹת אֹתָם
לֵאמֹר:

30. "The man, the lord of the land, spoke
    with us
    harshly
    and he considered us
    as if [we were] spying out the land.

30. דִּבֶּר הָאִישׁ אֲדֹנֵי הָאָרֶץ
אִתָּנוּ
קָשׁוֹת
וַיִּתֵּן אֹתָנוּ
כִּמְרַגְּלִים אֶת הָאָרֶץ:

31. But we said to him,

31. וַנֹּאמֶר אֵלָיו

'We are truthful [people]	כֵּנִים אֲנָחְנוּ
we have never been spies.	לֹא הָיִינוּ מְרַגְּלִים:
32. We are twelve brothers	32. שְׁנֵים עָשָׂר אֲנַחְנוּ אַחִים
the sons of our father,	בְּנֵי אָבִינוּ
the one is not there	הָאֶחָד אֵינֶנּוּ
and the youngest one	וְהַקָּטֹן
[is] today	הַיּוֹם
with our father	אֶת אָבִינוּ
in the land of Kenaan.'	בְּאֶרֶץ כְּנָעַן:
33. Then he said to us	33. וַיֹּאמֶר אֵלֵינוּ הָאִישׁ
the man, the lord of the land,	אֲדֹנֵי הָאָרֶץ
'By this will I know	בְּזֹאת אֵדַע
that you are truthful [people]	כִּי כֵנִים אַתֶּם
the one of your brothers	אֲחִיכֶם הָאֶחָד
leave with me	הַנִּיחוּ אִתִּי
and the [food needed] for the hunger	וְאֶת רַעֲבוֹן
of your households	בָּתֵּיכֶם
take	קְחוּ
and go.	וָלֵכוּ:
34. And bring	34. וְהָבִיאוּ
your youngest brother	אֶת אֲחִיכֶם הַקָּטֹן
to me	אֵלַי
so that I will know	וְאֵדְעָה
that you are not spies	כִּי לֹא מְרַגְּלִים אַתֶּם
but that you are truthful [people]	כִּי כֵנִים אַתֶּם
your brother	אֶת אֲחִיכֶם
I will give [back] to you	אֶתֵּן לָכֶם
and you may move about the land.'''	וְאֶת הָאָרֶץ תִּסְחָרוּ:
35. And it was	35. וַיְהִי
[as] they were emptying	הֵם מְרִיקִים
their sacks	שַׂקֵּיהֶם
behold	וְהִנֵּה

each man	אִישׁ
[had the] bundle of his money	צְרוֹר כַּסְפּוֹ
in his sack	בְּשַׂקּוֹ
when they saw	וַיִּרְאוּ
the bundles of their money	אֶת צְרֹרוֹת כַּסְפֵּיהֶם
they and their father	הֵמָּה וַאֲבִיהֶם
they were frightened.	וַיִּירָאוּ׃
36. Yaakov, their father, said to them,	36. וַיֹּאמֶר אֲלֵהֶם יַעֲקֹב אֲבִיהֶם
"Me have you bereaved of children	אֹתִי שִׁכַּלְתֶּם
Yosef is not there	יוֹסֵף אֵינֶנּוּ
and Shimon is not there	וְשִׁמְעוֹן אֵינֶנּוּ
and you [now want to] take Binyomin	וְאֶת בִּנְיָמִן תִּקָּחוּ
upon me	עָלַי
have all these [sufferings] come."	הָיוּ כֻלָּנָה׃
37. Then Reuven said to his father	37. וַיֹּאמֶר רְאוּבֵן אֶל אָבִיו
saying,	לֵאמֹר
"My two sons	אֶת שְׁנֵי בָנַי
you may kill	תָּמִית
if I do not bring him [back] to you	אִם לֹא אֲבִיאֶנּוּ אֵלֶיךָ
give him	תְּנָה אֹתוֹ
into my hand (care)	עַל יָדִי
and I will bring him back to you."	וַאֲנִי אֲשִׁיבֶנּוּ אֵלֶיךָ׃
38. But he said,	38. וַיֹּאמֶר
"My son will not go down with you	לֹא יֵרֵד בְּנִי עִמָּכֶם
because his brother is dead	כִּי אָחִיו מֵת
and he alone is left	וְהוּא לְבַדּוֹ נִשְׁאָר
if a disaster will happen to him	וּקְרָאָהוּ אָסוֹן
on the journey	בַּדֶּרֶךְ
on which you will go	אֲשֶׁר תֵּלְכוּ בָהּ
you will then bring down	וְהוֹרַדְתֶּם
my old age	אֶת שֵׂיבָתִי
in sorrow	בְּיָגוֹן
to the grave."	שְׁאוֹלָה׃

Chapter 43

מִקֵּץ פרק מג

פרק מ"ג

1. The famine was heavy (severe)
   in the land.

1. וְהָרָעָב כָּבֵד
   בָּאָרֶץ:

2. And it was
   when they had finished
   eating the purchase [of grain]
   which they had brought from Egypt
   their father said to them,
   "Go back
   buy for us
   a little food."

2. וַיְהִי
   כַּאֲשֶׁר כִּלּוּ
   לֶאֱכֹל אֶת הַשֶּׁבֶר
   אֲשֶׁר הֵבִיאוּ מִמִּצְרָיִם
   וַיֹּאמֶר אֲלֵיהֶם אֲבִיהֶם
   שֻׁבוּ
   שִׁבְרוּ לָנוּ
   מְעַט אֹכֶל:

3. But Yehudoh said to him
   saying,
   "The man has repeatedly warned us
   saying,
   'Do not [dare] see my face
   unless your brother is with you.'

3. וַיֹּאמֶר אֵלָיו יְהוּדָה
   לֵאמֹר
   הָעֵד הֵעִד בָּנוּ הָאִישׁ
   לֵאמֹר
   לֹא תִרְאוּ פָנַי
   בִּלְתִּי אֲחִיכֶם אִתְּכֶם:

4. If you will send our brother
   with us
   we will go down
   and we will buy you food.

4. אִם יֶשְׁךָ מְשַׁלֵּחַ אֶת אָחִינוּ
   אִתָּנוּ
   נֵרְדָה
   וְנִשְׁבְּרָה לְךָ אֹכֶל:

5. But if you will not send
   we will not go down
   because the man said to us,
   'Do not [dare] see my face
   unless your brother is with you.'"

5. וְאִם אֵינְךָ מְשַׁלֵּחַ
   לֹא נֵרֵד
   כִּי הָאִישׁ אָמַר אֵלֵינוּ
   לֹא תִרְאוּ פָנַי
   בִּלְתִּי אֲחִיכֶם אִתְּכֶם:

6. Then Yisroel said,
   "Why have you done [this] bad thing to me
   by telling the man
   that you have another brother?"

6. וַיֹּאמֶר יִשְׂרָאֵל
   לָמָה הֲרֵעֹתֶם לִי
   לְהַגִּיד לָאִישׁ
   הַעוֹד לָכֶם אָח:

MIKETZ Chapter 43   מקץ פרק מג

7. And they said,
    "The man repeatedly asked
    about us
    and about our family
    saying,
    'Is your father still alive?
    Have you a brother?'
    So we told him
    according to these words
    could we have known
    that he would say,
    'Bring down
    your brother'?"

    7. וַיֹּאמְרוּ
    שָׁאוֹל שָׁאַל הָאִישׁ
    לָנוּ
    וּלְמוֹלַדְתֵּנוּ
    לֵאמֹר
    הַעוֹד אֲבִיכֶם חַי
    הֲיֵשׁ לָכֶם אָח
    וַנַּגֶּד לוֹ
    עַל פִּי הַדְּבָרִים הָאֵלֶּה
    הֲיָדוֹעַ נֵדַע
    כִּי יֹאמַר
    הוֹרִידוּ
    אֶת אֲחִיכֶם:

8. Then Yehudoh said
    to Yisroel, his father,
    "Send the youth with me
    and let us arise
    and let us go
    so that we will live
    and we will not die
    also we
    also you
    also our young children.

    8. וַיֹּאמֶר יְהוּדָה
    אֶל יִשְׂרָאֵל אָבִיו
    שִׁלְחָה הַנַּעַר אִתִּי
    וְנָקוּמָה
    וְנֵלֵכָה
    וְנִחְיֶה
    וְלֹא נָמוּת
    גַּם אֲנַחְנוּ
    גַּם אַתָּה
    גַּם טַפֵּנוּ:

9. I will guarantee for him
    from my hand
    will you demand him
    if I do not bring him to you
    and have him stand before you
    then I will have sinned to you
    for all time (days).

    9. אָנֹכִי אֶעֶרְבֶנּוּ
    מִיָּדִי
    תְּבַקְשֶׁנּוּ
    אִם לֹא הֲבִיאֹתִיו אֵלֶיךָ
    וְהִצַּגְתִּיו לְפָנֶיךָ
    וְחָטָאתִי לְךָ
    כָּל הַיָּמִים:

10. Because
    had we not delayed

    10. כִּי
    לוּלֵא הִתְמַהְמָהְנוּ

then [by] now	כִּי עַתָּה
we could have been back twice."	שַׁבְנוּ זֶה פַעֲמָיִם:
11. Yisroel their father said to them,	11. וַיֹּאמֶר אֲלֵהֶם יִשְׂרָאֵל אֲבִיהֶם
"If [it has to be] so	אִם כֵּן
then	אֵפוֹא
do this	זֹאת עֲשׂוּ
take	קְחוּ
some of the praise[worthy fruits] of the land	מִזִּמְרַת הָאָרֶץ
in your vessels (baggage)	בִּכְלֵיכֶם
and take down to the man	וְהוֹרִידוּ לָאִישׁ
a present	מִנְחָה
a little balsam	מְעַט צֳרִי
and a little honey	וּמְעַט דְּבַשׁ
wax	נְכֹאת
and lotus	וָלֹט
pistachios	בָּטְנִים
and almonds.	וּשְׁקֵדִים:
12. And double [the amount of] money	12. וְכֶסֶף מִשְׁנֶה
take in your hand (possession)	קְחוּ בְיֶדְכֶם
and the money	וְאֶת הַכֶּסֶף
that was returned	הַמּוּשַׁב
in the mouth of your sacks	בְּפִי אַמְתְּחֹתֵיכֶם
take back in your hand (possession)	תָּשִׁיבוּ בְיֶדְכֶם
perhaps	אוּלַי
it was an oversight.	מִשְׁגֶּה הוּא:
13. And your brother	13. וְאֶת אֲחִיכֶם
take	קָחוּ
and arise	וְקוּמוּ
go back to the man.	שׁוּבוּ אֶל הָאִישׁ:
14. And Kel Shakai	14. וְאֵל שַׁדַּי
shall give you	יִתֵּן לָכֶם
mercy	רַחֲמִים

MIKETZ Chapter 43

     before the man   לִפְנֵי הָאִישׁ
     that he may release to you   וְשִׁלַּח לָכֶם
     your other brother   אֶת אֲחִיכֶם אַחֵר
     and Binyomin   וְאֶת בִּנְיָמִין
     and as for me   וַאֲנִי
     as I have been bereaved [of Yosef and Shimon]   כַּאֲשֶׁר שָׁכֹלְתִּי
     so am I bereaved [of Binyomin until his return].''   שָׁכָלְתִּי:

15. So the men took   15. וַיִּקְחוּ הָאֲנָשִׁים
     this present   אֶת הַמִּנְחָה הַזֹּאת
     and double [the amount of] money   וּמִשְׁנֶה כֶּסֶף
     they took in their hand   לָקְחוּ בְיָדָם
     and Binyomin   וְאֶת בִּנְיָמִן
     they arose   וַיָּקֻמוּ
     and they went down to Egypt   וַיֵּרְדוּ מִצְרַיִם
     and they stood before Yosef.   וַיַּעַמְדוּ לִפְנֵי יוֹסֵף:

16. When Yosef saw Binyomin with them   16. וַיַּרְא יוֹסֵף אִתָּם אֶת בִּנְיָמִין
     he said   וַיֹּאמֶר
     to the one who was over (in charge of) his house,   לַאֲשֶׁר עַל בֵּיתוֹ
     ''Bring the men   הָבֵא אֶת הָאֲנָשִׁים
     into the house   הַבָּיְתָה
     and slaughter [animals]   וּטְבֹחַ טֶבַח
     and prepare [them]   וְהָכֵן
     because with me   כִּי אִתִּי
     will the men eat   יֹאכְלוּ הָאֲנָשִׁים
     at noon.''   בַּצָּהֳרָיִם:

17. The man did   17. וַיַּעַשׂ הָאִישׁ
     as Yosef said   כַּאֲשֶׁר אָמַר יוֹסֵף
     and the man brought   וַיָּבֵא הָאִישׁ
     the men   אֶת הָאֲנָשִׁים
     into the house of Yosef.   בֵּיתָה יוֹסֵף:

18. The men became frightened   18. וַיִּירְאוּ הָאֲנָשִׁים
     when they were brought   כִּי הוּבְאוּ

273 MIKETZ Chapter 43 מקץ פרק מג

into the house of Yosef	בֵּית יוֹסֵף
and they said,	וַיֹּאמְרוּ
"Because of the money	עַל דְּבַר הַכֶּסֶף
that was put back into our sacks	הַשָּׁב בְּאַמְתְּחֹתֵינוּ
the previous time	בַּתְּחִלָּה
are we being brought [here]	אֲנַחְנוּ מוּבָאִים
so that a false accusation can be brought	לְהִתְגֹּלֵל
against us	עָלֵינוּ
and that it should fall on us	וּלְהִתְנַפֵּל עָלֵינוּ
[in order] to take us as slaves	וְלָקַחַת אֹתָנוּ לַעֲבָדִים
[together] with our donkeys."	וְאֶת חֲמֹרֵינוּ׃
19. They approached the man	19. וַיִּגְּשׁוּ אֶל הָאִישׁ
who was over (in charge of) the house of Yosef	אֲשֶׁר עַל בֵּית יוֹסֵף
and they spoke to him	וַיְדַבְּרוּ אֵלָיו
at the entrance of the house.	פֶּתַח הַבָּיִת׃
20. And they said,	20. וַיֹּאמְרוּ
"Please my lord	בִּי אֲדֹנִי
we had indeed come down	יָרֹד יָרַדְנוּ
previously	בַּתְּחִלָּה
to buy food.	לִשְׁבָּר אֹכֶל׃
21. And it was	21. וַיְהִי
when we came to the inn	כִּי בָאנוּ אֶל הַמָּלוֹן
and we opened our sacks	וַנִּפְתְּחָה אֶת אַמְתְּחֹתֵינוּ
behold	וְהִנֵּה
the money of each man	כֶסֶף אִישׁ
[was] in the mouth of his sack	בְּפִי אַמְתַּחְתּוֹ
our money	כַּסְפֵּנוּ
in its full weight	בְּמִשְׁקָלוֹ
so we brought it back	וַנָּשֶׁב אֹתוֹ
in our hand.	בְּיָדֵנוּ׃
22. And other money	22. וְכֶסֶף אַחֵר
did we bring down	הוֹרַדְנוּ

in our hand (possession)
to buy food
we do not know
who put our money
in our sacks."

בְּיָדֵנוּ
לִשְׁבָּר אֹכֶל
לֹא יָדַעְנוּ
מִי שָׂם כַּסְפֵּנוּ
בְּאַמְתְּחֹתֵינוּ:

23. And he said,
"Peace is with you (all is well)
do not fear
your G-d
and the G-d of your father
has given you
a treasure
in your sacks
your money
has come to me."
And he brought Shimon out to them.

23. וַיֹּאמֶר
שָׁלוֹם לָכֶם
אַל תִּירָאוּ
אֱלֹהֵיכֶם
וֵאלֹהֵי אֲבִיכֶם
נָתַן לָכֶם
מַטְמוֹן
בְּאַמְתְּחֹתֵיכֶם
כַּסְפְּכֶם
בָּא אֵלָי
וַיּוֹצֵא אֲלֵהֶם אֶת שִׁמְעוֹן:

24. Then the man brought
the men
into the house of Yosef
he gave [them] water
and they washed their feet
and he gave fodder
to their donkeys.

24. וַיָּבֵא הָאִישׁ
אֶת הָאֲנָשִׁים
בֵּיתָה יוֹסֵף
וַיִּתֶּן מַיִם
וַיִּרְחֲצוּ רַגְלֵיהֶם
וַיִּתֵּן מִסְפּוֹא
לַחֲמֹרֵיהֶם:

25. They prepared the present
for when Yosef would come
at noon
because they heard
that there
they would eat a meal.

25. וַיָּכִינוּ אֶת הַמִּנְחָה
עַד בּוֹא יוֹסֵף
בַּצָּהֳרָיִם
כִּי שָׁמְעוּ
כִּי שָׁם
יֹאכְלוּ לָחֶם:

26. When Yosef came into the house
they brought him
the present

26. וַיָּבֹא יוֹסֵף הַבַּיְתָה
וַיָּבִיאוּ לוֹ
אֶת הַמִּנְחָה

which was in their hand (possession)	אֲשֶׁר בְּיָדָם
into the house	הַבָּיְתָה
and they prostrated themselves to him	וַיִּשְׁתַּחֲווּ לוֹ
on the ground.	אָרְצָה׃
27. He asked after their well-being	27. וַיִּשְׁאַל לָהֶם לְשָׁלוֹם
and he said,	וַיֹּאמֶר
"Is all well	הֲשָׁלוֹם
[with] your old father	אֲבִיכֶם הַזָּקֵן
[about] whom you have spoken?	אֲשֶׁר אֲמַרְתֶּם
Is he still alive?"	הַעוֹדֶנּוּ חָי׃
28. And they said,	28. וַיֹּאמְרוּ
"All is well [with] your servant, our father,	שָׁלוֹם לְעַבְדְּךָ לְאָבִינוּ
he is still alive,"	עוֹדֶנּוּ חָי
and they bowed low	וַיִּקְּדוּ
and they prostrated themselves.	וַיִּשְׁתַּחֲוֻ׃
29. Then he lifted his eyes	29. וַיִּשָּׂא עֵינָיו
and he saw	וַיַּרְא
Binyomin, his brother	אֶת בִּנְיָמִין אָחִיו
the son of his mother	בֶּן אִמּוֹ
and he said,	וַיֹּאמֶר
"Is this your youngest brother	הֲזֶה אֲחִיכֶם הַקָּטֹן
[about] whom you have spoken to me?"	אֲשֶׁר אֲמַרְתֶּם אֵלָי
And he said,	וַיֹּאמַר
"May G-d favor you, my son."	אֱלֹהִים יָחְנְךָ בְּנִי׃
30. Then Yosef hurried	30. וַיְמַהֵר יוֹסֵף
because his mercy had been aroused	כִּי נִכְמְרוּ רַחֲמָיו
towards his brother	אֶל אָחִיו
and he wanted to cry	וַיְבַקֵּשׁ לִבְכּוֹת
so he came (went) into the [other] room	וַיָּבֹא הַחַדְרָה
and he cried there.	וַיֵּבְךְּ שָׁמָּה׃
31. He washed his face	31. וַיִּרְחַץ פָּנָיו

and he came out	וַיֵּצֵא
he strengthened himself	וַיִּתְאַפַּק
and he said,	וַיֹּאמֶר
"Set (serve) the meal."	שִׂימוּ לָחֶם׃
32. They set for him separately	32. וַיָּשִׂימוּ לוֹ לְבַדּוֹ
and for them separately	וְלָהֶם לְבַדָּם
and for the Egyptians	וְלַמִּצְרִים
who were eating with him	הָאֹכְלִים אִתּוֹ
separately	לְבַדָּם
because the Egyptians could not [bear]	כִּי לֹא יוּכְלוּן הַמִּצְרִים
to eat with the Hebrews	לֶאֱכֹל אֶת הָעִבְרִים
a meal	לֶחֶם
because it was an abomination	כִּי תוֹעֵבָה הִיא
to Egypt.	לְמִצְרָיִם׃
33. They sat (were seated) before him	33. וַיֵּשְׁבוּ לְפָנָיו
the firstborn	הַבְּכֹר
according to his seniority (older age)	כִּבְכֹרָתוֹ
and the youngest	וְהַצָּעִיר
according to his youth (younger age)	כִּצְעִרָתוֹ
the men [looked] in astonishment	וַיִּתְמְהוּ הָאֲנָשִׁים
at one another.	אִישׁ אֶל רֵעֵהוּ׃
34. And he (the steward) carried portions [of food]	34. וַיִּשָּׂא מַשְׂאֹת
from before him	מֵאֵת פָּנָיו
(from the food that had been set before Yosef)	
to them	אֲלֵהֶם
and the portion of Binyomin was more	וַתֵּרֶב מַשְׂאַת בִּנְיָמִן
than the portions of any of them	מִמַּשְׂאֹת כֻּלָּם
five times.	חָמֵשׁ יָדוֹת
They drank	וַיִּשְׁתּוּ
and they became intoxicated (became drunk)	וַיִּשְׁכְּרוּ
with him.	עִמּוֹ׃

Chapter 44

פרק מ"ד

1. He then commanded
   the one who was over (in charge of) his house
   saying,
   "Fill
   the sacks of the men
   [with] food
   [as much] as they are able to carry
   and put the money of each man
   into the mouth of his sack.

   1. וַיְצַו
   אֶת אֲשֶׁר עַל בֵּיתוֹ
   לֵאמֹר
   מַלֵּא
   אֶת אַמְתְּחֹת הָאֲנָשִׁים
   אֹכֶל
   כַּאֲשֶׁר יוּכְלוּן שְׂאֵת
   וְשִׂים כֶּסֶף אִישׁ
   בְּפִי אַמְתַּחְתּוֹ:

2. And my goblet
   the silver goblet
   you shall put
   into the mouth of
   the sack of the youngest one
   [together] with the money of his purchase,"
   and he did
   according to the word of Yosef
   which he had spoken.

   2. וְאֶת גְּבִיעִי
   גְּבִיעַ הַכֶּסֶף
   תָּשִׂים
   בְּפִי
   אַמְתַּחַת הַקָּטֹן
   וְאֵת כֶּסֶף שִׁבְרוֹ
   וַיַּעַשׂ
   כִּדְבַר יוֹסֵף
   אֲשֶׁר דִּבֵּר:

3. [When] the morning was light (dawned)
   the men were sent off
   they and their donkeys.

   3. הַבֹּקֶר אוֹר
   וְהָאֲנָשִׁים שֻׁלְּחוּ
   הֵמָּה וַחֲמֹרֵיהֶם:

4. They had gone out of the city
   they had not gone far
   when Yosef said
   to the one who was over (in charge of) his house,
   "Get up
   chase after the men
   and when you overtake them
   you shall say to them,
   'Why have you repaid
   evil for good?

   4. הֵם יָצְאוּ אֶת הָעִיר
   לֹא הִרְחִיקוּ
   וְיוֹסֵף אָמַר
   לַאֲשֶׁר עַל בֵּיתוֹ
   קוּם
   רְדֹף אַחֲרֵי הָאֲנָשִׁים
   וְהִשַּׂגְתָּם
   וְאָמַרְתָּ אֲלֵהֶם
   לָמָּה שִׁלַּמְתֶּם
   רָעָה תַּחַת טוֹבָה:

MIKETZ Chapter 44

5. Is this not [the one]
   from which my master drinks
   and he always divines with it?
   You behaved badly
   [with] what you have done.'"

   .5 הֲלוֹא זֶה
   אֲשֶׁר יִשְׁתֶּה אֲדֹנִי בּוֹ
   וְהוּא נַחֵשׁ יְנַחֵשׁ בּוֹ
   הֲרֵעֹתֶם
   אֲשֶׁר עֲשִׂיתֶם:

6. He overtook them
   and he spoke to them
   these words.

   .6 וַיַּשִּׂגֵם
   וַיְדַבֵּר אֲלֵהֶם
   אֶת הַדְּבָרִים הָאֵלֶּה:

7. And they said to him,
   "Why should my lord speak
   words like these?
   It would be unworthy of your servants
   to do such a thing.

   .7 וַיֹּאמְרוּ אֵלָיו
   לָמָּה יְדַבֵּר אֲדֹנִי
   כַּדְּבָרִים הָאֵלֶּה
   חָלִילָה לַעֲבָדֶיךָ
   מֵעֲשׂוֹת כַּדָּבָר הַזֶּה:

8. Behold
   the money which we found
   in the mouth of our sacks
   we brought back to you
   from the land of Kenaan
   how [then] could we steal
   from the house of your master
   silver or gold?

   .8 הֵן
   כֶּסֶף אֲשֶׁר מָצָאנוּ
   בְּפִי אַמְתְּחֹתֵינוּ
   הֱשִׁיבֹנוּ אֵלֶיךָ
   מֵאֶרֶץ כְּנָעַן
   וְאֵיךְ נִגְנֹב
   מִבֵּית אֲדֹנֶיךָ
   כֶּסֶף אוֹ זָהָב:

9. Anyone of your servants with whom
   it is found
   he shall die
   and we (the rest of us) also
   shall be slaves to my lord."

   .9 אֲשֶׁר יִמָּצֵא אִתּוֹ מֵעֲבָדֶיךָ
   וָמֵת
   וְגַם אֲנַחְנוּ
   נִהְיֶה לַאדֹנִי לַעֲבָדִים:

10. And he said,
    "Although now
    what you are saying
    that is [certainly] correct
    [nevertheless only] the one with whom it is found

    .10 וַיֹּאמֶר
    גַּם עַתָּה
    כְדִבְרֵיכֶם
    כֶּן הוּא
    אֲשֶׁר יִמָּצֵא אִתּוֹ

MIKETZ Chapter 44

    shall be a slave to me
    and [the rest of] you
    shall be free."

11. They hurried
    and each man brought down his sack
    to the ground
    and each man opened
    his sack.

12. He [then] searched
    with the oldest one
    he began
    and with the youngest one
    he ended
    and the goblet was found
    in the sack of Binyomin.

13. They tore their garments
    and each man reloaded
    onto his donkey
    and they went back to the city.

14. When Yehudoh and his brothers came
    to the house of Yosef
    he was still there
    they fell before him
    to the ground.

15. Yosef said to them,
    "What is this deed
    that you have done?
    Do you not know (realize)
    that a man like myself
        knows how to divine?"

מקץ פרק מד

יִהְיֶה לִּי עָבֶד
וְאַתֶּם
תִּהְיוּ נְקִיִּם:

11. וַיְמַהֲרוּ
וַיּוֹרִדוּ אִישׁ אֶת אַמְתַּחְתּוֹ
אָרְצָה
וַיִּפְתְּחוּ אִישׁ
אַמְתַּחְתּוֹ:

12. וַיְחַפֵּשׂ
בַּגָּדוֹל
הֵחֵל
וּבַקָּטֹן
כִּלָּה
וַיִּמָּצֵא הַגָּבִיעַ
בְּאַמְתַּחַת בִּנְיָמִן:

13. וַיִּקְרְעוּ שִׂמְלֹתָם
וַיַּעֲמֹס אִישׁ
עַל חֲמֹרוֹ
וַיָּשֻׁבוּ הָעִירָה:

14. וַיָּבֹא יְהוּדָה וְאֶחָיו
בֵּיתָה יוֹסֵף
וְהוּא עוֹדֶנּוּ שָׁם
וַיִּפְּלוּ לְפָנָיו
אָרְצָה:

15. וַיֹּאמֶר לָהֶם יוֹסֵף
מָה הַמַּעֲשֶׂה הַזֶּה
אֲשֶׁר עֲשִׂיתֶם
הֲלוֹא יְדַעְתֶּם
כִּי נַחֵשׁ יְנַחֵשׁ
אִישׁ אֲשֶׁר כָּמֹנִי:

MIKETZ, VAYIGASH Chapter 44

16. וַיֹּאמֶר יְהוּדָה
    So Yehudoh said,
    מַה נֹּאמַר לַאדֹנִי
    "What can we say to my lord
    מַה נְּדַבֵּר
    what can we speak
    וּמַה נִּצְטַדָּק
    and [with] what can we justify ourselves?
    הָאֱלֹהִים מָצָא
    G-d has found
    אֶת עֲוֹן עֲבָדֶיךָ
    the sin of your servants
    הִנֶּנּוּ עֲבָדִים
    behold we are ready to be slaves
    לַאדֹנִי
    to my lord
    גַּם אֲנַחְנוּ
    also we
    גַּם אֲשֶׁר נִמְצָא הַגָּבִיעַ בְּיָדוֹ:
    also the one in whose hand
       the goblet was found."

17. וַיֹּאמֶר
    But he said,
    חָלִילָה לִּי
    "It would be unworthy of me
    מֵעֲשׂוֹת זֹאת
    to do this
    הָאִישׁ
    the man
    אֲשֶׁר נִמְצָא הַגָּבִיעַ בְּיָדוֹ
    in whose hand the goblet was found
    הוּא יִהְיֶה לִּי עָבֶד
    he will be a slave to me
    וְאַתֶּם
    and [the rest of] you
    עֲלוּ לְשָׁלוֹם
    go up in peace
    אֶל אֲבִיכֶם:
    to your father."

VAYIGASH

וַיִּגַּשׁ

18. וַיִּגַּשׁ אֵלָיו יְהוּדָה
    Then Yehudoh came near to him
    וַיֹּאמֶר
    and he said,
    בִּי אֲדֹנִי
    "Please my lord
    יְדַבֶּר נָא עַבְדְּךָ
    let your servant speak now
    דָבָר
    a word
    בְּאָזְנֵי אֲדֹנִי
    in the ears of my lord
    וְאַל יִחַר אַפְּךָ
    and let not your anger be kindled
    בְּעַבְדֶּךָ
    against your servant
    כִּי כָמוֹךָ כְּפַרְעֹה:
    because you are like Paroh.

19. אֲדֹנִי שָׁאַל אֶת עֲבָדָיו
    My lord asked his servants

VAYIGASH Chapter 44 / ויגש פרק מד

saying,   לֵאמֹר
'Have you a father   הֲיֵשׁ לָכֶם אָב
or a brother?'   אוֹ אָח:

20. And we said to my lord,   20. וַנֹּאמֶר אֶל אֲדֹנִי
    'We have   יֶשׁ לָנוּ
    an old father   אָב זָקֵן
    and a child of his old age   וְיֶלֶד זְקֻנִים
    [who is] young   קָטָן
    his brother is dead   וְאָחִיו מֵת
    and he alone is left   וַיִּוָּתֵר הוּא לְבַדּוֹ
    of his mother   לְאִמּוֹ
    and his father loves him.'   וְאָבִיו אֲהֵבוֹ:

21. Then you said to your servants,   21. וַתֹּאמֶר אֶל עֲבָדֶיךָ
    'Bring him down to me   הוֹרִדֻהוּ אֵלָי
    and I will set my eye   וְאָשִׂימָה עֵינִי
    on him.'   עָלָיו:

22. We said to my lord,   22. וַנֹּאמֶר אֶל אֲדֹנִי
    'The youth is not able   לֹא יוּכַל הַנַּעַר
    to leave his father   לַעֲזֹב אֶת אָבִיו
    [because] if he leaves his father   וְעָזַב אֶת אָבִיו
    he will die.   וָמֵת:

23. But you said to your servants,   23. וַתֹּאמֶר אֶל עֲבָדֶיךָ
    'If your youngest brother does not come down   אִם לֹא יֵרֵד אֲחִיכֶם הַקָּטֹן
    with you   אִתְּכֶם
    you will not continue   לֹא תֹסִפוּן
    to see my face.'   לִרְאוֹת פָּנָי:

24. And it was   24. וַיְהִי
    when we came up   כִּי עָלִינוּ
    to your servant, my father,   אֶל עַבְדְּךָ אָבִי
    we told him   וַנַּגֶּד לוֹ
    the words of my lord.   אֵת דִּבְרֵי אֲדֹנִי:

VAYIGASH Chapter 44

25. And our father said,
    'Go back
    buy for us
    a little food.'

    25. וַיֹּאמֶר אָבִינוּ
    שֻׁבוּ
    שִׁבְרוּ לָנוּ
    מְעַט אֹכֶל:

26. But we said,
    'We are not able
    to go down
    [only] if our youngest brother is
    with us
    will we go down
    because we are not able
    to see the face of the man
    [if] our youngest brother
    is not with us.'

    26. וַנֹּאמֶר
    לֹא נוּכַל
    לָרֶדֶת
    אִם יֵשׁ אָחִינוּ הַקָּטֹן
    אִתָּנוּ
    וְיָרַדְנוּ
    כִּי לֹא נוּכַל
    לִרְאוֹת פְּנֵי הָאִישׁ
    וְאָחִינוּ הַקָּטֹן
    אֵינֶנּוּ אִתָּנוּ:

27. Then your servant, my father, said
    to us,
    'You know
    that two [sons]
    my wife bore me.

    27. וַיֹּאמֶר עַבְדְּךָ אָבִי
    אֵלֵינוּ
    אַתֶּם יְדַעְתֶּם
    כִּי שְׁנַיִם
    יָלְדָה לִּי אִשְׁתִּי:

28. One has gone away
    from me
    and I said (assumed),
    "Surely he has been torn to pieces,
    and I have not seen him
    until now."

    28. וַיֵּצֵא הָאֶחָד
    מֵאִתִּי
    וָאֹמַר
    אַךְ טָרֹף טֹרָף
    וְלֹא רְאִיתִיו
    עַד הֵנָּה:

29. And if you take this one also
    from my presence
    and a disaster will happen to him
    you will then bring down
    my old age
    in evil
    to the grave.'

    29. וּלְקַחְתֶּם גַּם אֶת זֶה
    מֵעִם פָּנַי
    וְקָרָהוּ אָסוֹן
    וְהוֹרַדְתֶּם
    אֶת שֵׂיבָתִי
    בְּרָעָה
    שְׁאֹלָה:

30. And now
    when I come
    to your servant, my father
    and the youth is not with us
    [since] his soul
    is [so] bound up
    with his soul.

31. It will be
    when he sees
    that the youth is not [there]
    he will die
    and your servants will then bring down
    the old age of
    your servant, our father
    in sorrow
    to the grave.

32. Because your servant
    guaranteed for the youth
    from my father
    saying,
    'If I will not bring him [back] to you
    [then] I will be sinning to my father
    for all time (days).'

33. And now
    please let your servant stay
    instead of the youth
    [as] a servant
    to my lord
    and the youth
    shall go up with his brothers.

34. Because how can I go up
    to my father

וְעַתָּה .30
כְּבֹאִי
אֶל עַבְדְּךָ אָבִי
וְהַנַּעַר אֵינֶנּוּ אִתָּנוּ
וְנַפְשׁוֹ
קְשׁוּרָה
בְנַפְשׁוֹ:

וְהָיָה .31
כִּרְאוֹתוֹ
כִּי אֵין הַנַּעַר
וָמֵת
וְהוֹרִידוּ עֲבָדֶיךָ
אֶת שֵׂיבַת
עַבְדְּךָ אָבִינוּ
בְּיָגוֹן
שְׁאֹלָה:

כִּי עַבְדְּךָ .32
עָרַב אֶת הַנַּעַר
מֵעִם אָבִי
לֵאמֹר
אִם לֹא אֲבִיאֶנּוּ אֵלֶיךָ
וְחָטָאתִי לְאָבִי
כָּל הַיָּמִים:

וְעַתָּה .33
יֵשֶׁב נָא עַבְדְּךָ
תַּחַת הַנַּעַר
עֶבֶד
לַאדֹנִי
וְהַנַּעַר
יַעַל עִם אֶחָיו:

כִּי אֵיךְ אֶעֱלֶה .34
אֶל אָבִי

and the youth is not with me	וְהַנַּעַר אֵינֶנּוּ אִתִּי
lest I see the evil	פֶּן אֶרְאֶה בָרָע
which will find (befall) my father."	אֲשֶׁר יִמְצָא אֶת אָבִי׃

Chapter 45 פרק מ״ה

1. Now Yosef was not able	1. וְלֹא יָכֹל יוֹסֵף
to restrain himself	לְהִתְאַפֵּק
[in the presence of] all who were standing around him	לְכֹל הַנִּצָּבִים עָלָיו
so he called,	וַיִּקְרָא
"Send every man out	הוֹצִיאוּ כָל אִישׁ
from around me,"	מֵעָלָי
and not one man remained with him	וְלֹא עָמַד אִישׁ אִתּוֹ
when Yosef made himself known	בְּהִתְוַדַּע יוֹסֵף
to his brothers.	אֶל אֶחָיו׃
2. He let his voice [go freely]	2. וַיִּתֵּן אֶת קֹלוֹ
in weeping	בִּבְכִי
the Egyptians heard	וַיִּשְׁמְעוּ מִצְרַיִם
and the household of Paroh heard.	וַיִּשְׁמַע בֵּית פַּרְעֹה׃
3. Yosef said to his brothers,	3. וַיֹּאמֶר יוֹסֵף אֶל אֶחָיו
"I am Yosef	אֲנִי יוֹסֵף
is my father still alive?"	הַעוֹד אָבִי חָי
But his brothers were not able	וְלֹא יָכְלוּ אֶחָיו
to answer him	לַעֲנוֹת אֹתוֹ
because they were embarrassed before him.	כִּי נִבְהֲלוּ מִפָּנָיו׃
4. Then Yosef said to his brothers,	4. וַיֹּאמֶר יוֹסֵף אֶל אֶחָיו
"Please come near to me,"	גְּשׁוּ נָא אֵלַי
so they came near	וַיִּגָּשׁוּ
and he said,	וַיֹּאמֶר
"I am Yosef, your brother	אֲנִי יוֹסֵף אֲחִיכֶם
it is me whom you sold	אֲשֶׁר מְכַרְתֶּם אֹתִי
to Egypt.	מִצְרָיְמָה׃

VAYIGASH Chapter 45

5. And now
   do not be sad
   and let it not be upsetting
   in your eyes (to you)
   that you have sold me
   here
   because as a provider of sustenance (food)
   G-d has sent me
   before you.

6. Because this [period has been]
   two years of the famine
   [which are to be] in the midst of the land
   and [there will be] another five years
   [in] which there [will be] no ploughing
   or harvest.

7. Therefore G-d sent me
   before you
   to make possible for you
   survival
   in the land
   and to keep you alive
   for a great deliverance.

8. And now
   it is not you who sent me
   here
   but G-d
   He has made me a father (advisor)
   to Paroh
   and master
   of all his household
   and ruler
   of all the land of Egypt.

5. וְעַתָּה
   אַל תֵּעָצְבוּ
   וְאַל יִחַר
   בְּעֵינֵיכֶם
   כִּי מְכַרְתֶּם אֹתִי
   הֵנָּה
   כִּי לְמִחְיָה
   שְׁלָחַנִי אֱלֹהִים
   לִפְנֵיכֶם:

6. כִּי זֶה
   שְׁנָתַיִם הָרָעָב
   בְּקֶרֶב הָאָרֶץ
   וְעוֹד חָמֵשׁ שָׁנִים
   אֲשֶׁר אֵין חָרִישׁ
   וְקָצִיר:

7. וַיִּשְׁלָחֵנִי אֱלֹהִים
   לִפְנֵיכֶם
   לָשׂוּם לָכֶם
   שְׁאֵרִית
   בָּאָרֶץ
   וּלְהַחֲיוֹת לָכֶם
   לִפְלֵיטָה גְּדֹלָה:

8. וְעַתָּה
   לֹא אַתֶּם שְׁלַחְתֶּם אֹתִי
   הֵנָּה
   כִּי הָאֱלֹהִים
   וַיְשִׂימֵנִי לְאָב
   לְפַרְעֹה
   וּלְאָדוֹן
   לְכָל בֵּיתוֹ
   וּמֹשֵׁל
   בְּכָל אֶרֶץ מִצְרָיִם:

9. Hurry	9. מַהֲרוּ
go up to my father	וַעֲלוּ אֶל אָבִי
and say to him,	וַאֲמַרְתֶּם אֵלָיו
'So said	כֹּה אָמַר
your son, Yosef,	בִּנְךָ יוֹסֵף
"G-d has made me	שָׂמַנִי אֱלֹהִים
master	לְאָדוֹן
of all Egypt	לְכָל מִצְרָיִם
come down to me	רְדָה אֵלַי
do not delay.	אַל תַּעֲמֹד׃
10. You will dwell	10. וְיָשַׁבְתָּ
in the land of Goshen	בְאֶרֶץ גֹּשֶׁן
and you will be near to me	וְהָיִיתָ קָרוֹב אֵלַי
you and your sons	אַתָּה וּבָנֶיךָ
and your grandchildren	וּבְנֵי בָנֶיךָ
your flocks and your herds	וְצֹאנְךָ וּבְקָרְךָ
and all that you have.	וְכָל אֲשֶׁר לָךְ׃
11. And I will provide for you	11. וְכִלְכַּלְתִּי אֹתְךָ
there	שָׁם
because [there will be] another five years	כִּי עוֹד חָמֵשׁ שָׁנִים
[of] famine	רָעָב
lest you become poor	פֶּן תִּוָּרֵשׁ
you and your household	אַתָּה וּבֵיתְךָ
and all that you have."'	וְכָל אֲשֶׁר לָךְ׃
12. And behold	12. וְהִנֵּה
your eyes see	עֵינֵיכֶם רֹאוֹת
and the eyes of my brother, Binyomin,	וְעֵינֵי אָחִי בִנְיָמִין
that it is my mouth	כִּי פִי
that is speaking to you.	הַמְדַבֵּר אֲלֵיכֶם׃
13. And you will tell my father	13. וְהִגַּדְתֶּם לְאָבִי
[about] all my glory	אֶת כָּל כְּבוֹדִי
in Egypt	בְּמִצְרָיִם

and all that you have seen
and you will hurry
and you will bring down
my father
here."

14. Then he fell
    on the neck of Binyomin, his brother
    and he wept
    and Binyomin wept
    on his neck.

15. He then kissed all his brothers
    and he wept upon them
    and after that
    his brothers spoke
    with him.

16. The news was heard
    in the house of Paroh
    saying,
    "The brothers of Yosef have come,"
    and it was pleasing in the eyes of Paroh
    and in the eyes of his servants.

17. Paroh said to Yosef,
    "Say to your brothers,
    'Do this
    load your animals
    and go
    come to the land of Kenaan.

18. Take your father
    and your households
    and come to me
    and I will give you

וְאֵת כָּל אֲשֶׁר רְאִיתֶם
וּמִהַרְתֶּם
וְהוֹרַדְתֶּם
אֶת אָבִי
הֵנָּה:

14. וַיִּפֹּל
עַל צַוְּארֵי בִנְיָמִן אָחִיו
וַיֵּבְךְּ
וּבִנְיָמִן בָּכָה
עַל צַוָּארָיו:

15. וַיְנַשֵּׁק לְכָל אֶחָיו
וַיֵּבְךְּ עֲלֵהֶם
וְאַחֲרֵי כֵן
דִּבְּרוּ אֶחָיו
אִתּוֹ:

16. וְהַקֹּל נִשְׁמַע
בֵּית פַּרְעֹה
לֵאמֹר
בָּאוּ אֲחֵי יוֹסֵף
וַיִּיטַב בְּעֵינֵי פַרְעֹה
וּבְעֵינֵי עֲבָדָיו:

17. וַיֹּאמֶר פַּרְעֹה אֶל יוֹסֵף
אֱמֹר אֶל אַחֶיךָ
זֹאת עֲשׂוּ
טַעֲנוּ אֶת בְּעִירְכֶם
וּלְכוּ
בֹאוּ אַרְצָה כְּנָעַן:

18. וּקְחוּ אֶת אֲבִיכֶם
וְאֶת בָּתֵּיכֶם
וּבֹאוּ אֵלָי
וְאֶתְּנָה לָכֶם

the best of the land of Egypt	אֶת טוּב אֶרֶץ מִצְרַיִם
and you will eat	וְאִכְלוּ
the fat (best) of the land.'	אֶת חֵלֶב הָאָרֶץ:
19. And you are commanded [to tell them],	19. וְאַתָּה צֻוֵּיתָה
'Do this	זֹאת עֲשׂוּ
take for yourselves	קְחוּ לָכֶם
from the land of Egypt	מֵאֶרֶץ מִצְרַיִם
wagons	עֲגָלוֹת
for your children	לְטַפְּכֶם
and for your wives	וְלִנְשֵׁיכֶם
you will carry (transport) your father	וּנְשָׂאתֶם אֶת אֲבִיכֶם
and you will come.	וּבָאתֶם:
20. And let your eyes not have pity	20. וְעֵינְכֶם אַל תָּחֹס
on your vessels (belongings)	עַל כְּלֵיכֶם
because	כִּי
the best of all the land of Egypt	טוּב כָּל אֶרֶץ מִצְרַיִם
shall be yours.'"	לָכֶם הוּא:
21. The sons of Yisroel did so	21. וַיַּעֲשׂוּ כֵן בְּנֵי יִשְׂרָאֵל
and Yosef gave them	וַיִּתֵּן לָהֶם יוֹסֵף
wagons	עֲגָלוֹת
by the command of Paroh	עַל פִּי פַרְעֹה
and he gave them	וַיִּתֵּן לָהֶם
provisions for the way (journey).	צֵדָה לַדָּרֶךְ:
22. To all of them he gave	22. לְכֻלָּם נָתַן
to each man	לָאִישׁ
changes of clothes	חֲלִפוֹת שְׂמָלֹת
but to Binyomin he gave	וּלְבִנְיָמִן נָתַן
three hundred [pieces] of silver	שְׁלֹשׁ מֵאוֹת כֶּסֶף
and five changes of clothes.	וְחָמֵשׁ חֲלִפֹת שְׂמָלֹת:
23. And to his father he sent	23. וּלְאָבִיו שָׁלַח
the following	כְּזֹאת

ten he-donkeys	עֲשָׂרָה חֲמֹרִים
carrying (laden)	נֹשְׂאִים
from the best of Egypt	מִטּוּב מִצְרָיִם
and ten she-donkeys	וְעֶשֶׂר אֲתֹנֹת
carrying	נֹשְׂאֹת
grain	בָּר
and bread	וָלֶחֶם
and [other] food	וּמָזוֹן
for his father	לְאָבִיו
for the way (journey).	לַדָּרֶךְ׃
24. And he sent off his brothers	24. וַיְשַׁלַּח אֶת אֶחָיו
and they went	וַיֵּלֵכוּ
and he said to them,	וַיֹּאמֶר אֲלֵהֶם
"Do not quarrel on the way."	אַל תִּרְגְּזוּ בַּדָּרֶךְ׃
25. They went up from Egypt	25. וַיַּעֲלוּ מִמִּצְרָיִם
and they came to the land of Kenaan	וַיָּבֹאוּ אֶרֶץ כְּנַעַן
to Yaakov, their father.	אֶל יַעֲקֹב אֲבִיהֶם׃
26. And they told him	26. וַיַּגִּדוּ לוֹ
saying,	לֵאמֹר
"Yosef is still alive	עוֹד יוֹסֵף חַי
and that he is [the] ruler	וְכִי הוּא מֹשֵׁל
over all the land of Egypt,"	בְּכָל אֶרֶץ מִצְרָיִם
but his heart changed (he took no notice)	וַיָּפָג לִבּוֹ
because he did not believe them.	כִּי לֹא הֶאֱמִין לָהֶם׃
27. But when they spoke to him	27. וַיְדַבְּרוּ אֵלָיו
all the words of Yosef	אֵת כָּל דִּבְרֵי יוֹסֵף
which he had spoken to them	אֲשֶׁר דִּבֶּר אֲלֵהֶם
and he saw the wagons	וַיַּרְא אֶת הָעֲגָלוֹת
which Yosef had sent	אֲשֶׁר שָׁלַח יוֹסֵף
to carry (transport) him	לָשֵׂאת אֹתוֹ
then the spirit of Yaakov, their father, was revived.	וַתְּחִי רוּחַ יַעֲקֹב אֲבִיהֶם׃

28. And Yisroel said,
"Much [joy is still in store for me]
[since] Yosef, my son, is still alive
I will go and see him
before I die."

28. וַיֹּאמֶר יִשְׂרָאֵל
רַב
עוֹד יוֹסֵף בְּנִי חָי
אֵלְכָה וְאֶרְאֶנּוּ
בְּטֶרֶם אָמוּת׃

Chapter 46

פרק מ״ו

1. So Yisroel journeyed
and all that he had
and he came to Be'er Sheva
and he slaughtered offerings
to the G-d of his father, Yitzchok.

1. וַיִּסַּע יִשְׂרָאֵל
וְכָל אֲשֶׁר לוֹ
וַיָּבֹא בְּאֵרָה שָּׁבַע
וַיִּזְבַּח זְבָחִים
לֵאלֹהֵי אָבִיו יִצְחָק׃

2. G-d said to Yisroel
in visions of the night
and He said,
"Yaakov Yaakov,"
and he said,
"Here I am (ready to do your will)."

2. וַיֹּאמֶר אֱלֹהִים לְיִשְׂרָאֵל
בְּמַרְאֹת הַלַּיְלָה
וַיֹּאמֶר
יַעֲקֹב יַעֲקֹב
וַיֹּאמֶר
הִנֵּנִי׃

3. And He said,
"I am the G-d
G-d of your father
do not be afraid
of going down to Egypt
because into a great nation
I will make you there.

3. וַיֹּאמֶר
אָנֹכִי הָאֵל
אֱלֹהֵי אָבִיךָ
אַל תִּירָא
מֵרְדָה מִצְרַיְמָה
כִּי לְגוֹי גָּדוֹל
אֲשִׂימְךָ שָׁם׃

4. I will go down with you
to Egypt
and I will also surely bring you up
and Yosef will put his hand
on your eyes."

4. אָנֹכִי אֵרֵד עִמְּךָ
מִצְרַיְמָה
וְאָנֹכִי אַעַלְךָ גַם עָלֹה
וְיוֹסֵף יָשִׁית יָדוֹ
עַל עֵינֶיךָ׃

5. So Yaakov arose

5. וַיָּקָם יַעֲקֹב

from Be'er Sheva	מִבְּאֵר שָׁבַע
and the children of Yisroel carried (transported)	וַיִּשְׂאוּ בְנֵי יִשְׂרָאֵל
Yaakov, their father	אֶת יַעֲקֹב אֲבִיהֶם
and their young children	וְאֶת טַפָּם
and their wives	וְאֶת נְשֵׁיהֶם
in the wagons	בָּעֲגָלוֹת
which Paroh had sent	אֲשֶׁר שָׁלַח פַּרְעֹה
to carry him.	לָשֵׂאת אֹתוֹ׃
6. They took their animals	6. וַיִּקְחוּ אֶת מִקְנֵיהֶם
and their possessions	וְאֶת רְכוּשָׁם
which they had acquired	אֲשֶׁר רָכְשׁוּ
in the land of Kenaan	בְּאֶרֶץ כְּנַעַן
and they came to Egypt	וַיָּבֹאוּ מִצְרָיְמָה
Yaakov	יַעֲקֹב
and all his descendants with him.	וְכָל זַרְעוֹ אִתּוֹ׃
7. His sons	7. בָּנָיו
and his grandsons (the sons of his sons)	וּבְנֵי בָנָיו
with him	אִתּוֹ
his daughters	בְּנֹתָיו
and his granddaughters (the daughters of his sons)	וּבְנוֹת בָּנָיו
and all his descendants	וְכָל זַרְעוֹ
he brought with him	הֵבִיא אִתּוֹ
to Egypt.	מִצְרָיְמָה׃
8. These [are] the names of the children of Yisroel	8. וְאֵלֶּה שְׁמוֹת בְּנֵי יִשְׂרָאֵל
who were coming to Egypt	הַבָּאִים מִצְרַיְמָה
Yaakov and his sons	יַעֲקֹב וּבָנָיו
the firstborn of Yaakov [was] Reuven.	בְּכֹר יַעֲקֹב רְאוּבֵן׃
9. The sons of Reuven [were]	9. וּבְנֵי רְאוּבֵן
Chanoch and Palu	חֲנוֹךְ וּפַלּוּא
Chetzron and Karmi.	וְחֶצְרֹן וְכַרְמִי׃

10. The sons of Shimon [were]	10. וּבְנֵי שִׁמְעוֹן
Yemuel and Yomin	יְמוּאֵל וְיָמִין
Ohad, Yochin and Tzochar	וְאֹהַד וְיָכִין וְצֹחַר
and Shaul, the son of the Kenaani woman.	וְשָׁאוּל בֶּן הַכְּנַעֲנִית:
11. The sons of Levi [were]	11. וּבְנֵי לֵוִי
Gershon, Kehos and Merori.	גֵּרְשׁוֹן קְהָת וּמְרָרִי:
12. The sons of Yehudoh [were]	12. וּבְנֵי יְהוּדָה
Er, Onon and Sheloh	עֵר וְאוֹנָן וְשֵׁלָה
Peretz and Zerach	וָפֶרֶץ וָזָרַח
but Er and Onon had died	וַיָּמָת עֵר וְאוֹנָן
in the land of Kenaan	בְּאֶרֶץ כְּנַעַן
and the sons of Peretz were	וַיִּהְיוּ בְנֵי פֶרֶץ
Chetzron and Chomul.	חֶצְרֹן וְחָמוּל:
13. The sons of Yissochor [were]	13. וּבְנֵי יִשָּׂשכָר
Tolo and Puvoh	תּוֹלָע וּפֻוָּה
Yov and Shimron.	וְיוֹב וְשִׁמְרֹן:
14. The sons of Zevulun [were]	14. וּבְנֵי זְבֻלוּן
Sered, Elon and Yachle'el.	סֶרֶד וְאֵלוֹן וְיַחְלְאֵל:
15. These [are] the sons of Le'oh	15. אֵלֶּה בְּנֵי לֵאָה
whom she bore to Yaakov	אֲשֶׁר יָלְדָה לְיַעֲקֹב
in Padan Arom	בְּפַדַּן אֲרָם
and Dinoh his daughter	וְאֵת דִּינָה בִתּוֹ
all souls (persons)	כָּל נֶפֶשׁ
his sons and his daughters	בָּנָיו וּבְנוֹתָיו
[were] thirty-three.	שְׁלֹשִׁים וְשָׁלֹשׁ:
16. The sons of Gad [were]	16. וּבְנֵי גָד
Tzifyon and Chagi	צִפְיוֹן וְחַגִּי
Shuni and Etzbon,	שׁוּנִי וְאֶצְבֹּן
Eri, Arodi and Areli.	עֵרִי וַאֲרוֹדִי וְאַרְאֵלִי:

17. The sons of Osher [were]	17. וּבְנֵי אָשֵׁר
Yimnoh and Yishvoh	יִמְנָה וְיִשְׁוָה
Yishvi and Berioh	וְיִשְׁוִי וּבְרִיעָה
and Serach, their sister,	וְשֶׂרַח אֲחֹתָם
the sons of Berioh [were]	וּבְנֵי בְרִיעָה
Chever and Malkiel.	חֶבֶר וּמַלְכִּיאֵל:
18. These are the sons of Zilpoh	18. אֵלֶּה בְּנֵי זִלְפָּה
whom Lovon had given	אֲשֶׁר נָתַן לָבָן
to Le'oh, his daughter,	לְלֵאָה בִתּוֹ
she bore these to Yaakov	וַתֵּלֶד אֶת אֵלֶּה לְיַעֲקֹב
sixteen souls (persons).	שֵׁשׁ עֶשְׂרֵה נָפֶשׁ:
19. The sons of Rochel, the wife of Yaakov [were]	19. בְּנֵי רָחֵל אֵשֶׁת יַעֲקֹב
Yosef and Binyomin.	יוֹסֵף וּבִנְיָמִן:
20. To Yosef were born	20. וַיִּוָּלֵד לְיוֹסֵף
in the land of Egypt	בְּאֶרֶץ מִצְרַיִם
whom [there] bore to him	אֲשֶׁר יָלְדָה לּוֹ
Osnas, the daughter of Poti Fera	אָסְנַת בַּת פּוֹטִי פֶרַע
the Chief of On,	כֹּהֵן אֹן
Menasheh and Efrayim.	אֶת מְנַשֶּׁה וְאֶת אֶפְרָיִם:
21. The sons of Binyomin [were]	21. וּבְנֵי בִנְיָמִן
Bela, Becher and Ashbel	בֶּלַע וָבֶכֶר וְאַשְׁבֵּל
Gero and Naamon	גֵּרָא וְנַעֲמָן
Echi and Rosh,	אֵחִי וָרֹאשׁ
Mupim, Chupim and Ord.	מֻפִּים וְחֻפִּים וָאָרְדְּ:
22. These are the sons of Rochel	22. אֵלֶּה בְּנֵי רָחֵל
who were born to Yaakov	אֲשֶׁר יֻלַּד לְיַעֲקֹב
all souls (persons) [were]	כָּל נֶפֶשׁ
fourteen.	אַרְבָּעָה עָשָׂר:
23. The sons of Don [were] Chushim.	23. וּבְנֵי דָן חֻשִׁים:

24. The sons of Naftoli [were]
    Yachtze'el and Guni
    Yetzer and Shilem.

24. וּבְנֵי נַפְתָּלִי
    יַחְצְאֵל וְגוּנִי
    וְיֵצֶר וְשִׁלֵּם:

25. These are the sons of Bilhoh
    whom Lovon had given
    to Rochel, his daughter,
    she bore these to Yaakov
    all souls (persons) [were] seven.

25. אֵלֶּה בְּנֵי בִלְהָה
    אֲשֶׁר נָתַן לָבָן
    לְרָחֵל בִּתּוֹ
    וַתֵּלֶד אֶת אֵלֶּה לְיַעֲקֹב
    כָּל נֶפֶשׁ שִׁבְעָה:

26. Every soul (person)
    who was coming with Yaakov
    to Egypt
    his own descendants
    besides
    the wives of the sons of Yaakov
    all souls (persons) [were]
    sixty-six.

26. כָּל הַנֶּפֶשׁ
    הַבָּאָה לְיַעֲקֹב
    מִצְרַיְמָה
    יֹצְאֵי יְרֵכוֹ
    מִלְּבַד
    נְשֵׁי בְנֵי יַעֲקֹב
    כָּל נֶפֶשׁ
    שִׁשִּׁים וָשֵׁשׁ:

27. The sons of Yosef
    who were born to him in Egypt
    [were] two souls (persons)
    all the souls (persons)
    of the household of Yaakov
    who came to Egypt [were]
    seventy.

27. וּבְנֵי יוֹסֵף
    אֲשֶׁר יֻלַּד לוֹ בְמִצְרַיִם
    נֶפֶשׁ שְׁנָיִם
    כָּל הַנֶּפֶשׁ
    לְבֵית יַעֲקֹב
    הַבָּאָה מִצְרַיְמָה
    שִׁבְעִים:

28. And Yehudoh
    he sent ahead of him
    to Yosef
    to prepare [a place]
    before [his arrival]
    in Goshen
    and they arrived in the land of Goshen.

28. וְאֶת יְהוּדָה
    שָׁלַח לְפָנָיו
    אֶל יוֹסֵף
    לְהוֹרֹת
    לְפָנָיו
    גֹּשְׁנָה
    וַיָּבֹאוּ אַרְצָה גֹּשֶׁן:

29. Yosef harnessed

29. וַיֶּאְסֹר יוֹסֵף

his chariot	מֶרְכַּבְתּוֹ
and he went up	וַיַּעַל
to meet Yisroel, his father	לִקְרַאת יִשְׂרָאֵל אָבִיו
in Goshen,	גֹּשְׁנָה
he appeared before him	וַיֵּרָא אֵלָיו
and he fell on his neck	וַיִּפֹּל עַל צַוָּארָיו
and he wept on his neck	וַיֵּבְךְּ עַל צַוָּארָיו
a great deal.	עוֹד:
30. Then Yisroel said to Yosef,	30. וַיֹּאמֶר יִשְׂרָאֵל אֶל יוֹסֵף
"Now I can die	אָמוּתָה הַפָּעַם
after I have seen your face	אַחֲרֵי רְאוֹתִי אֶת פָּנֶיךָ
because you are still alive."	כִּי עוֹדְךָ חָי:
31. And Yosef said to his brothers	31. וַיֹּאמֶר יוֹסֵף אֶל אֶחָיו
and to the household of his father,	וְאֶל בֵּית אָבִיו
"I will go up	אֶעֱלֶה
and I will tell Paroh	וְאַגִּידָה לְפַרְעֹה
and I will say to him,	וְאֹמְרָה אֵלָיו
'My brothers	אַחַי
and the household of my father	וּבֵית אָבִי
who [were] in the land of Kenaan	אֲשֶׁר בְּאֶרֶץ כְּנַעַן
have come to me.	בָּאוּ אֵלָי:
32. The men [are]	32. וְהָאֲנָשִׁים
shepherds	רֹעֵי צֹאן
because they have [always] been owners of cattle	כִּי אַנְשֵׁי מִקְנֶה הָיוּ
their flocks and their herds	וְצֹאנָם וּבְקָרָם
and all that they have	וְכָל אֲשֶׁר לָהֶם
they have brought.'	הֵבִיאוּ:
33. And it will be	33. וְהָיָה
when Paroh will call you	כִּי יִקְרָא לָכֶם פַּרְעֹה
and he will say,	וְאָמַר
'What is your occupation?'	מַה מַּעֲשֵׂיכֶם:

VAYIGASH Chapter 46, 47 ויגש פרק מו, מז 296

34. Then you will say,	34. וַאֲמַרְתֶּם
'Your servants have been owners of cattle	אַנְשֵׁי מִקְנֶה הָיוּ עֲבָדֶיךָ
from our youth	מִנְּעוּרֵינוּ
until now	וְעַד עַתָּה
we and also our fathers,'	גַּם אֲנַחְנוּ גַּם אֲבֹתֵינוּ
so that you may dwell	בַּעֲבוּר תֵּשְׁבוּ
in the land of Goshen	בְּאֶרֶץ גֹּשֶׁן
because an abomination to the Egyptians	כִּי תוֹעֲבַת מִצְרַיִם
[are] all shepherds."	כָּל רֹעֵה צֹאן׃

Chapter 47 פרק מ״ז

1. Then Yosef came	1. וַיָּבֹא יוֹסֵף
and he told Paroh	וַיַּגֵּד לְפַרְעֹה
and he said,	וַיֹּאמֶר
"My father and my brothers	אָבִי וְאַחַי
their flocks and their herds	וְצֹאנָם וּבְקָרָם
and all that they have	וְכָל אֲשֶׁר לָהֶם
have come	בָּאוּ
from the land of Kenaan	מֵאֶרֶץ כְּנָעַן
and behold they are	וְהִנָּם
in the land of Goshen."	בְּאֶרֶץ גֹּשֶׁן׃
2. From the least (weakest looking) of his brothers	2. וּמִקְצֵה אֶחָיו
he took	לָקַח
five men	חֲמִשָּׁה אֲנָשִׁים
and he presented them	וַיַּצִּגֵם
before Paroh.	לִפְנֵי פַרְעֹה׃
3. Paroh said to his brothers,	3. וַיֹּאמֶר פַּרְעֹה אֶל אֶחָיו
"What is your occupation?"	מַה מַּעֲשֵׂיכֶם
And they said to Paroh,	וַיֹּאמְרוּ אֶל פַּרְעֹה
"Your servants are shepherds	רֹעֵה צֹאן עֲבָדֶיךָ
we and also our fathers."	גַּם אֲנַחְנוּ גַּם אֲבוֹתֵינוּ׃
4. And they said to Paroh,	4. וַיֹּאמְרוּ אֶל פַּרְעֹה

	"To sojourn [temporarily] in this land	לָגוּר בָּאָרֶץ
	have we come	בָּאנוּ
	because there is no pasture	כִּי אֵין מִרְעֶה
	for the flocks	לַצֹּאן
	which belong to your servants	אֲשֶׁר לַעֲבָדֶיךָ
	because the famine is heavy (severe)	כִּי כָבֵד הָרָעָב
	in the land of Kenaan	בְּאֶרֶץ כְּנָעַן
	and now	וְעַתָּה
	please let your servants stay	יֵשְׁבוּ נָא עֲבָדֶיךָ
	in the land of Goshen."	בְּאֶרֶץ גֹּשֶׁן׃
5.	And Paroh said to Yosef	.5 וַיֹּאמֶר פַּרְעֹה אֶל יוֹסֵף
	saying,	לֵאמֹר
	"Your father and your brothers	אָבִיךָ וְאַחֶיךָ
	have come to you.	בָּאוּ אֵלֶיךָ׃
6.	The land of Egypt	.6 אֶרֶץ מִצְרַיִם
	is before you	לְפָנֶיךָ הִוא
	in the best parts of the land	בְּמֵיטַב הָאָרֶץ
	settle your father	הוֹשֵׁב אֶת אָבִיךָ
	and your brothers	וְאֶת אַחֶיךָ
	let them settle	יֵשְׁבוּ
	in the land of Goshen	בְּאֶרֶץ גֹּשֶׁן
	and if you know	וְאִם יָדַעְתָּ
	that there are among them	וְיֶשׁ בָּם
	men of ability	אַנְשֵׁי חַיִל
	appoint them	וְשַׂמְתָּם
	overseers of livestock	שָׂרֵי מִקְנֶה
	over [the flocks] which I have."	עַל אֲשֶׁר לִי׃
7.	Then Yosef brought	.7 וַיָּבֵא יוֹסֵף
	Yaakov his father	אֶת יַעֲקֹב אָבִיו
	and made him stand (presented him)	וַיַּעֲמִדֵהוּ
	before Paroh	לִפְנֵי פַרְעֹה
	and Yaakov blessed (greeted) Paroh.	וַיְבָרֶךְ יַעֲקֹב אֶת פַּרְעֹה׃

VAYIGASH Chapter 47

8. Paroh said to Yaakov,
   "How many [are]
   the days of
   the years of your life
   (how long have you lived)?"

   וַיֹּאמֶר פַּרְעֹה אֶל יַעֲקֹב
   כַּמָּה
   יְמֵי
   שְׁנֵי חַיֶּיךָ:

9. Yaakov said to Paroh,
   "The days of the years of my sojourns
   [have been] a hundred and thirty years
   few and bad
   have been
   the days of the years of my life
   and they have not reached (attained)
   the days of
   the years of the lives of
   my forefathers
   in the days of their sojourns."

   וַיֹּאמֶר יַעֲקֹב אֶל פַּרְעֹה
   יְמֵי שְׁנֵי מְגוּרַי
   שְׁלֹשִׁים וּמְאַת שָׁנָה
   מְעַט וְרָעִים
   הָיוּ
   יְמֵי שְׁנֵי חַיַּי
   וְלֹא הִשִּׂיגוּ
   אֶת יְמֵי
   שְׁנֵי חַיֵּי
   אֲבֹתַי
   בִּימֵי מְגוּרֵיהֶם:

10. Then Yaakov blessed Paroh
    and he went out from before Paroh.

    וַיְבָרֶךְ יַעֲקֹב אֶת פַּרְעֹה
    וַיֵּצֵא מִלִּפְנֵי פַרְעֹה:

11. Yosef settled
    his father and his brothers
    and he gave them a possession (estate)
    in the land of Egypt
    in the best part of the land
    in the land (region) of Ramses
    as Paroh had commanded.

    וַיּוֹשֵׁב יוֹסֵף
    אֶת אָבִיו וְאֶת אֶחָיו
    וַיִּתֵּן לָהֶם אֲחֻזָּה
    בְּאֶרֶץ מִצְרַיִם
    בְּמֵיטַב הָאָרֶץ
    בְּאֶרֶץ רַעְמְסֵס
    כַּאֲשֶׁר צִוָּה פַרְעֹה:

12. Yosef provided
    his father and his brothers
    and all the household of his father
    [with] bread
    according to [the needs of]
    the young children.

    וַיְכַלְכֵּל יוֹסֵף
    אֶת אָבִיו וְאֶת אֶחָיו
    וְאֵת כָּל בֵּית אָבִיו
    לֶחֶם
    לְפִי
    הַטָּף:

13. There [now was] no bread	13. וְלֶחֶם אֵין
in all the land	בְּכָל הָאָרֶץ
because the famine was very heavy (severe)	כִּי כָבֵד הָרָעָב מְאֹד
and there became weary	וַתֵּלַהּ
the land of Egypt and the land of Kenaan	אֶרֶץ מִצְרַיִם וְאֶרֶץ כְּנַעַן
because of the hunger.	מִפְּנֵי הָרָעָב׃
14. Yosef gathered	14. וַיְלַקֵּט יוֹסֵף
all the money	אֶת כָּל הַכֶּסֶף
that was to be found	הַנִּמְצָא
in the land of Egypt	בְאֶרֶץ מִצְרַיִם
and in the land of Kenaan	וּבְאֶרֶץ כְּנַעַן
for the purchase [of grain]	בַּשֶּׁבֶר
which they were buying	אֲשֶׁר הֵם שֹׁבְרִים
and Yosef brought the money	וַיָּבֵא יוֹסֵף אֶת הַכֶּסֶף
into the house of Paroh.	בֵּיתָה פַרְעֹה׃
15. And when the money had been used up	15. וַיִּתֹּם הַכֶּסֶף
from the land of Egypt	מֵאֶרֶץ מִצְרַיִם
and from the land of Kenaan	וּמֵאֶרֶץ כְּנַעַן
all the Egyptians came	וַיָּבֹאוּ כָל מִצְרַיִם
to Yosef	אֶל יוֹסֵף
saying,	לֵאמֹר
"Give us bread	הָבָה לָּנוּ לֶחֶם
why should we die	וְלָמָּה נָמוּת
in your presence	נֶגְדֶּךָ
because the money has gone?"	כִּי אָפֵס כָּסֶף׃
16. And Yosef said,	16. וַיֹּאמֶר יוֹסֵף
"Bring your livestock	הָבוּ מִקְנֵיכֶם
and I will give you	וְאֶתְּנָה לָכֶם
[in exchange] for your livestock	בְּמִקְנֵיכֶם
if the money has gone."	אִם אָפֵס כָּסֶף׃
17. So they brought their livestock	17. וַיָּבִיאוּ אֶת מִקְנֵיהֶם
to Yosef	אֶל יוֹסֵף

VAYIGASH Chapter 47   ויגש פרק מז   300

and Yosef gave them	וַיִּתֵּן לָהֶם יוֹסֵף
bread	לֶחֶם
[in exchange] for the horses	בַּסּוּסִים
and for the flocks of sheep	וּבְמִקְנֵה הַצֹּאן
for the herds of cattle	וּבְמִקְנֵה הַבָּקָר
and for the donkeys	וּבַחֲמֹרִים
and he led them [along] (provided them)	וַיְנַהֲלֵם
with bread	בַּלֶּחֶם
[in exchange] for all their livestock	בְּכָל מִקְנֵהֶם
in that year.	בַּשָּׁנָה הַהִיא:
18. That year ended,	18. וַתִּתֹּם הַשָּׁנָה הַהִיא
then they came to him	וַיָּבֹאוּ אֵלָיו
in the second year	בַּשָּׁנָה הַשֵּׁנִית
and they said to him,	וַיֹּאמְרוּ לוֹ
"We are not holding anything back	לֹא נְכַחֵד
from my lord	מֵאֲדֹנִי
but [the truth is]	כִּי
[that] the money has been used up	אִם תַּם הַכֶּסֶף
and the livestock	וּמִקְנֵה הַבְּהֵמָה
[all has been given] to my lord	אֶל אֲדֹנִי
nothing is left before my lord	לֹא נִשְׁאַר לִפְנֵי אֲדֹנִי
except our bodies	בִּלְתִּי אִם גְּוִיָּתֵנוּ
and our land.	וְאַדְמָתֵנוּ:
19. Why should we die	19. לָמָּה נָמוּת
before your eyes	לְעֵינֶיךָ
we [and] also our land?	גַּם אֲנַחְנוּ גַּם אַדְמָתֵנוּ
Buy us and our land	קְנֵה אֹתָנוּ וְאֶת אַדְמָתֵנוּ
[in exchange] for bread	בַּלָּחֶם
and we and our land shall be	וְנִהְיֶה אֲנַחְנוּ וְאַדְמָתֵנוּ
slaves to Paroh	עֲבָדִים לְפַרְעֹה
and give [us] seed	וְתֶן זֶרַע
so that we may live	וְנִחְיֶה
and we will not die	וְלֹא נָמוּת
and the land	וְהָאֲדָמָה

VAYIGASH Chapter 47

    shall not be waste (desolate)."   לֹא תֵשָׁם:

20. So Yosef bought   20. וַיִּקֶן יוֹסֵף
    all the [farm]land of Egypt   אֶת כָּל אַדְמַת מִצְרַיִם
    for Paroh   לְפַרְעֹה
    because the Egyptians sold   כִּי מָכְרוּ מִצְרַיִם
    each man   אִישׁ
    his field   שָׂדֵהוּ
    because the famine had become too strong for them   כִּי חָזַק עֲלֵהֶם הָרָעָב
    and the land became Paroh's.   וַתְּהִי הָאָרֶץ לְפַרְעֹה:

21. And [as for] the population   21. וְאֶת הָעָם
    he moved it   הֶעֱבִיר אֹתוֹ
    into (different) cities   לֶעָרִים
    from one end of the borders of Egypt   מִקְצֵה גְבוּל מִצְרַיִם
    to the other end.   וְעַד קָצֵהוּ:

22. Only the land of the priests   22. רַק אַדְמַת הַכֹּהֲנִים
    he did not buy   לֹא קָנָה
    because   כִּי
    the priests [received] a fixed amount of food   חֹק לַכֹּהֲנִים
    from Paroh   מֵאֵת פַּרְעֹה
    and they ate   וְאָכְלוּ
    their fixed amount of food   אֶת חֻקָּם
    which Paroh gave them   אֲשֶׁר נָתַן לָהֶם פַּרְעֹה
    therefore   עַל כֵּן
    they did not sell   לֹא מָכְרוּ
    their land.   אֶת אַדְמָתָם:

23. Yosef said to the people,   23. וַיֹּאמֶר יוֹסֵף אֶל הָעָם
    "Behold   הֵן
    I have bought you today   קָנִיתִי אֶתְכֶם הַיּוֹם
    with your [farm]land   וְאֶת אַדְמַתְכֶם
    for Paroh   לְפַרְעֹה

VAYIGASH Chapter 47

    here is seed for you
    sow the land.

24. And it will be
    when bringing in the produce
    you will give a fifth to Paroh
    and the [remaining] four parts
    shall be yours
    as seed for the field
    and as food for yourselves
    and for those in your households
    and to feed your young children."

25. And they said,
    "You have saved our lives
    may we find favor
    in the eyes of my lord
    and we will be slaves to Paroh."

26. Yosef made it a law
    until this day
    about the [farm]land of Egypt
    [that] to Paroh [shall be given]
    a fifth [of the produce]
    only the land of the priests alone
    did not become Paroh's.

27. [The people of] Yisroel now settled
    in the land of Egypt
    in the land of Goshen
    they acquired property in it
    and they were fruitful
    and they increased very [much].

ויגש פרק מז

הֵא לָכֶם זֶרַע
וּזְרַעְתֶּם אֶת הָאֲדָמָה:

24. וְהָיָה
בַּתְּבוּאֹת
וּנְתַתֶּם חֲמִישִׁית לְפַרְעֹה
וְאַרְבַּע הַיָּדֹת
יִהְיֶה לָכֶם
לְזֶרַע הַשָּׂדֶה
וּלְאָכְלְכֶם
וְלַאֲשֶׁר בְּבָתֵּיכֶם
וְלֶאֱכֹל לְטַפְּכֶם:

25. וַיֹּאמְרוּ
הֶחֱיִתָנוּ
נִמְצָא חֵן
בְּעֵינֵי אֲדֹנִי
וְהָיִינוּ עֲבָדִים לְפַרְעֹה:

26. וַיָּשֶׂם אֹתָהּ יוֹסֵף לְחֹק
עַד הַיּוֹם הַזֶּה
עַל אַדְמַת מִצְרַיִם
לְפַרְעֹה
לַחֹמֶשׁ
רַק אַדְמַת הַכֹּהֲנִים לְבַדָּם
לֹא הָיְתָה לְפַרְעֹה:

27. וַיֵּשֶׁב יִשְׂרָאֵל
בְּאֶרֶץ מִצְרַיִם
בְּאֶרֶץ גֹּשֶׁן
וַיֵּאָחֲזוּ בָהּ
וַיִּפְרוּ
וַיִּרְבּוּ מְאֹד:

VAYECHI

וַיְחִי

28. Yaakov lived
    in the land of Egypt
    seventeen years
    and the days of Yaakov
    the years of his life
    [were] seven years
    and forty
    and one hundred years (147 years).

29. The days (time) for Yisroel to die came near
    so he called for his son Yosef
    and he said to him,
    "Please, if I have found favor
    in your eyes
    please put your hand
    under my thigh
    and do with me
    kindness and truth (true kindness)
    please do not bury me in Egypt.

30. For I will lie down with my forefathers (die)
    and you will carry me from Egypt
    and you will bury me
    in their burial place,"
    and he said,
    "I will do
    according to your word."

31. He said,
    "Swear to me,"
    and he swore to him
    and Yisroel prostrated himself
    towards the head of the bed.

28. וַיְחִי יַעֲקֹב
    בְּאֶרֶץ מִצְרַיִם
    שְׁבַע עֶשְׂרֵה שָׁנָה
    וַיְהִי יְמֵי יַעֲקֹב
    שְׁנֵי חַיָּיו
    שֶׁבַע שָׁנִים
    וְאַרְבָּעִים
    וּמְאַת שָׁנָה:

29. וַיִּקְרְבוּ יְמֵי יִשְׂרָאֵל לָמוּת
    וַיִּקְרָא לִבְנוֹ לְיוֹסֵף
    וַיֹּאמֶר לוֹ
    אִם נָא מָצָאתִי חֵן
    בְּעֵינֶיךָ
    שִׂים נָא יָדְךָ
    תַּחַת יְרֵכִי
    וְעָשִׂיתָ עִמָּדִי
    חֶסֶד וֶאֱמֶת
    אַל נָא תִקְבְּרֵנִי בְּמִצְרָיִם:

30. וְשָׁכַבְתִּי עִם אֲבֹתַי
    וּנְשָׂאתַנִי מִמִּצְרַיִם
    וּקְבַרְתַּנִי
    בִּקְבֻרָתָם
    וַיֹּאמַר
    אָנֹכִי אֶעֱשֶׂה
    כִדְבָרֶךָ:

31. וַיֹּאמֶר
    הִשָּׁבְעָה לִי
    וַיִּשָּׁבַע לוֹ
    וַיִּשְׁתַּחוּ יִשְׂרָאֵל
    עַל רֹאשׁ הַמִּטָּה:

Chapter 48

פרק מ"ח

1. And it was
   after these things
   [that] someone said to Yosef,
   "Behold your father is ill,"
   so he took his two sons
   with him
   Menasheh and Efrayim.

   .1 וַיְהִי
   אַחֲרֵי הַדְּבָרִים הָאֵלֶּה
   וַיֹּאמֶר לְיוֹסֵף
   הִנֵּה אָבִיךָ חֹלֶה
   וַיִּקַּח אֶת שְׁנֵי בָנָיו
   עִמּוֹ
   אֶת מְנַשֶּׁה וְאֶת אֶפְרָיִם:

2. Someone told Yaakov
   and he said,
   "Behold
   your son, Yosef
   is coming to you,"
   so Yisroel used [all] his strength
   and he sat up on the bed.

   .2 וַיַּגֵּד לְיַעֲקֹב
   וַיֹּאמֶר
   הִנֵּה
   בִּנְךָ יוֹסֵף
   בָּא אֵלֶיךָ
   וַיִּתְחַזֵּק יִשְׂרָאֵל
   וַיֵּשֶׁב עַל הַמִּטָּה:

3. And Yaakov said to Yosef,
   "Kel Shakai
   appeared to me
   in Luz
   in the land of Kenaan
   and he blessed me.

   .3 וַיֹּאמֶר יַעֲקֹב אֶל יוֹסֵף
   אֵל שַׁדַּי
   נִרְאָה אֵלַי
   בְּלוּז
   בְּאֶרֶץ כְּנָעַן
   וַיְבָרֶךְ אֹתִי:

4. He said to me,
   'Behold I will make you fruitful
   and I will increase you
   I will make you
   into an assembly of peoples
   and I will give
   this land
   to your descendants
   after you
   a possession forever.'

   .4 וַיֹּאמֶר אֵלַי
   הִנְנִי מַפְרְךָ
   וְהִרְבִּיתִךָ
   וּנְתַתִּיךָ
   לִקְהַל עַמִּים
   וְנָתַתִּי
   אֶת הָאָרֶץ הַזֹּאת
   לְזַרְעֲךָ
   אַחֲרֶיךָ
   אֲחֻזַּת עוֹלָם:

5. And now	וְעַתָּה .5
your two sons	שְׁנֵי בָנֶיךָ
who were born to you	הַנּוֹלָדִים לְךָ
in the land of Egypt	בְּאֶרֶץ מִצְרַיִם
before my coming to you	עַד בֹּאִי אֵלֶיךָ
to Egypt	מִצְרַיְמָה
they are mine	לִי הֵם
Efrayim and Menasheh	אֶפְרַיִם וּמְנַשֶּׁה
like Reuven and Shimon	כִּרְאוּבֵן וְשִׁמְעוֹן
shall they be mine.	יִהְיוּ לִי׃
6. But your children	וּמוֹלַדְתְּךָ .6
whom you beget	אֲשֶׁר הוֹלַדְתָּ
after them	אַחֲרֵיהֶם
they shall be yours	לְךָ יִהְיוּ
after the name of their brothers	עַל שֵׁם אֲחֵיהֶם
shall they be called	יִקָּרְאוּ
with regard to their inheritance.	בְּנַחֲלָתָם׃
7. But as for me	וַאֲנִי .7
when I came from Padan	בְּבֹאִי מִפַּדָּן
Rochel died on me	מֵתָה עָלַי רָחֵל
in the land of Kenaan	בְּאֶרֶץ כְּנַעַן
on the way	בַּדֶּרֶךְ
when there was still a stretch of land	בְּעוֹד כִּבְרַת אֶרֶץ
to come to Efros	לָבֹא אֶפְרָתָה
and I buried her there	וָאֶקְבְּרֶהָ שָּׁם
on the way to Efros	בְּדֶרֶךְ אֶפְרָת
that is Beis Lechem."	הִיא בֵּית לָחֶם׃
8. Then Yisroel saw	וַיַּרְא יִשְׂרָאֵל .8
the sons of Yosef	אֶת בְּנֵי יוֹסֵף
and he said,	וַיֹּאמֶר
"Who [are] these?"	מִי אֵלֶּה׃
9. And Yosef said	וַיֹּאמֶר יוֹסֵף .9

to his father,	אֶל אָבִיו
"They are my sons	בָּנַי הֵם
whom G-d has given me	אֲשֶׁר נָתַן לִי אֱלֹהִים
here,"	בָּזֶה
so he said,	וַיֹּאמַר
"Take (bring) them to me please	קָחֶם נָא אֵלַי
and I will bless them."	וַאֲבָרְכֵם:
10. And the eyes of Yisroel	10. וְעֵינֵי יִשְׂרָאֵל
were heavy	כָּבְדוּ
from (with) old age	מִזֹּקֶן
he was not able	לֹא יוּכַל
to see	לִרְאוֹת
so he brought them near	וַיַּגֵּשׁ אֹתָם
to him	אֵלָיו
and he kissed them	וַיִּשַּׁק לָהֶם
and he embraced them.	וַיְחַבֵּק לָהֶם:
11. Yisroel said to Yosef,	11. וַיֹּאמֶר יִשְׂרָאֵל אֶל יוֹסֵף
"To see your face	רְאֹה פָנֶיךָ
I dared not think	לֹא פִלָּלְתִּי
and behold	וְהִנֵּה
G-d has [now] shown me	הֶרְאָה אֹתִי אֱלֹהִים
also (even) your descendants."	גַּם אֶת זַרְעֶךָ:
12. Then Yosef took them out	12. וַיּוֹצֵא יוֹסֵף אֹתָם
from [between] his knees	מֵעִם בִּרְכָּיו
and he prostrated himself with his face	וַיִּשְׁתַּחוּ לְאַפָּיו
towards the ground.	אָרְצָה:
13. Yosef took	13. וַיִּקַּח יוֹסֵף
the two of them	אֶת שְׁנֵיהֶם
Efrayim with his right [hand]	אֶת אֶפְרַיִם בִּימִינוֹ
to the left of Yisroel	מִשְּׂמֹאל יִשְׂרָאֵל
and Menasheh with his left [hand]	וְאֶת מְנַשֶּׁה בִשְׂמֹאלוֹ

VAYECHI Chapter 48

    to the right of Yisroel
    and he brought [them] near to him.

14. But Yisroel stretched out his right [hand]
    and placed [it] on the head of Efrayim
    although he was the younger one
    and his left [hand] on
        the head of Menasheh
    he wisely directed his hands
    because Menasheh was the firstborn.

15. And he blessed Yosef
    and he said,
    "G-d
    before Whom walked my forefathers
    Avrohom and Yitzchok
    G-d who shepherds me
    from my beginning (birth)
    until this day.

16. The angel
    who redeems me
    from all evil
    he shall bless the youths
    and may there be called on them
    my name
    and the name of my forefathers
    Avrohom and Yitzchok,
    and may they increase like fish
    in abundance
    inside the land."

17. When Yosef saw
    that his father had placed
    his right hand
    on the head of Efrayim

ויחי פרק מח

מִימִין יִשְׂרָאֵל
וַיַּגֵּשׁ אֵלָיו:

14. וַיִּשְׁלַח יִשְׂרָאֵל אֶת יְמִינוֹ
וַיָּשֶׁת עַל רֹאשׁ אֶפְרַיִם
וְהוּא הַצָּעִיר
וְאֶת שְׂמֹאלוֹ עַל רֹאשׁ מְנַשֶּׁה
שִׂכֵּל אֶת יָדָיו
כִּי מְנַשֶּׁה הַבְּכוֹר:

15. וַיְבָרֶךְ אֶת יוֹסֵף
וַיֹּאמַר
הָאֱלֹהִים
אֲשֶׁר הִתְהַלְּכוּ אֲבֹתַי לְפָנָיו
אַבְרָהָם וְיִצְחָק
הָאֱלֹהִים הָרֹעֶה אֹתִי
מֵעוֹדִי
עַד הַיּוֹם הַזֶּה:

16. הַמַּלְאָךְ
הַגֹּאֵל אֹתִי
מִכָּל רָע
יְבָרֵךְ אֶת הַנְּעָרִים
וְיִקָּרֵא בָהֶם
שְׁמִי
וְשֵׁם אֲבֹתַי
אַבְרָהָם וְיִצְחָק
וְיִדְגּוּ
לָרֹב
בְּקֶרֶב הָאָרֶץ:

17. וַיַּרְא יוֹסֵף
כִּי יָשִׁית אָבִיו
יַד יְמִינוֹ
עַל רֹאשׁ אֶפְרַיִם

it was bad in his eyes (it displeased him)	וַיֵּרַע בְּעֵינָיו
so he supported	וַיִּתְמֹךְ יַד
the hand of his father	אָבִיו
to remove it	לְהָסִיר אֹתָהּ
from upon the head of Efrayim	מֵעַל רֹאשׁ אֶפְרַיִם
onto the head of Menasheh.	עַל רֹאשׁ מְנַשֶּׁה:
18. And Yosef said to his father,	18. וַיֹּאמֶר יוֹסֵף אֶל אָבִיו
"Not so my father	לֹא כֵן אָבִי
because this [one] is the firstborn	כִּי זֶה הַבְּכֹר
put your right [hand]	שִׂים יְמִינְךָ
on his head."	עַל רֹאשׁוֹ:
19. But his father refused	19. וַיְמָאֵן אָבִיו
and he said,	וַיֹּאמֶר
"I know my son	יָדַעְתִּי בְנִי
I know	יָדַעְתִּי
also he	גַּם הוּא
will become a people (nation)	יִהְיֶה לְּעָם
and also he	וְגַם הוּא
will become great	יִגְדָּל
however	וְאוּלָם
his younger brother	אָחִיו הַקָּטֹן
will become greater than he	יִגְדַּל מִמֶּנּוּ
and [the fame of] his descendants	וְזַרְעוֹ
will fill the nations."	יִהְיֶה מְלֹא הַגּוֹיִם:
20. So he blessed them	20. וַיְבָרְכֵם
on that day	בַּיּוֹם הַהוּא
saying,	לֵאמוֹר
"with you	בְּךָ
shall Yisroel bless	יְבָרֵךְ יִשְׂרָאֵל
saying,	לֵאמֹר
'May G-d make you	יְשִׂמְךָ אֱלֹהִים
like Efrayim and like Menasheh'"	כְּאֶפְרַיִם וְכִמְנַשֶּׁה

and he put Efrayim before Menasheh.	וַיָּשֶׂם אֶת אֶפְרַיִם לִפְנֵי מְנַשֶּׁה:

21. Then Yisroel said to Yosef,
    "Behold
    I am about to die
    and G-d will be
    with you
    and He will bring you back
    to the land of your fathers.

    21. וַיֹּאמֶר יִשְׂרָאֵל אֶל יוֹסֵף
        הִנֵּה
        אָנֹכִי מֵת
        וְהָיָה אֱלֹהִים
        עִמָּכֶם
        וְהֵשִׁיב אֶתְכֶם
        אֶל אֶרֶץ אֲבֹתֵיכֶם:

22. And as for me
    I have given you
    Shechem
    one [portion] more than your brothers
    which I took
    from the hand of the Emori
    with my sword
    and with my bow."

    22. וַאֲנִי
        נָתַתִּי לְךָ
        שְׁכֶם
        אַחַד עַל אַחֶיךָ
        אֲשֶׁר לָקַחְתִּי
        מִיַּד הָאֱמֹרִי
        בְּחַרְבִּי
        וּבְקַשְׁתִּי:

Chapter 49

פרק מ"ט

1. Then Yaakov called for his sons
   and he said,
   "Assemble yourselves
   and I will tell you
   what will happen to you
   at the end of days.

    1. וַיִּקְרָא יַעֲקֹב אֶל בָּנָיו
        וַיֹּאמֶר
        הֵאָסְפוּ
        וְאַגִּידָה לָכֶם
        אֵת אֲשֶׁר יִקְרָא אֶתְכֶם
        בְּאַחֲרִית הַיָּמִים:

2. Gather yourselves
   and listen
   O sons of Yaakov
   and listen
   to Yisroel, your father.

    2. הִקָּבְצוּ
        וְשִׁמְעוּ
        בְּנֵי יַעֲקֹב
        וְשִׁמְעוּ
        אֶל יִשְׂרָאֵל אֲבִיכֶם:

3. Reuven you are my firstborn

    3. רְאוּבֵן בְּכֹרִי אַתָּה

VAYECHI Chapter 49 ויחי פרק מט 310

	my strength	כֹּחִי	
	and the beginning of my vigor	וְרֵאשִׁית אוֹנִי	
	[you should have been] superior in rank (priesthood)	יֶתֶר שְׂאֵת	
	and superior in power (kingship).	וְיֶתֶר עָז:	
4.	[But because of your] haste like water	פַּחַז כַּמַּיִם	.4
	you will not be superior	אַל תּוֹתַר	
	because you went up [on]	כִּי עָלִיתָ	
	the bed of your father	מִשְׁכְּבֵי אָבִיךָ	
	then you desecrated (profaned)	אָז חִלַּלְתָּ	
	Him Who came up on my couch.	יְצוּעִי עָלָה:	
5.	Shimon and Levi are brothers	שִׁמְעוֹן וְלֵוִי אַחִים	.5
	a stolen trade	כְּלֵי חָמָס	
	[are] their weapons.	מְכֵרֹתֵיהֶם:	
6.	Into their plot	בְּסֹדָם	.6
	let my soul not come	אַל תָּבֹא נַפְשִׁי	
	in their assembly	בִּקְהָלָם	
	do not join	אַל תֵּחַד	
	O my honor	כְּבֹדִי	
	because in their anger	כִּי בְאַפָּם	
	they killed people	הָרְגוּ אִישׁ	
	and in their desire	וּבִרְצֹנָם	
	they crippled (hamstrung) an ox.	עִקְּרוּ שׁוֹר:	
7.	Cursed be their anger	אָרוּר אַפָּם	.7
	because it is powerful	כִּי עָז	
	and their wrath	וְעֶבְרָתָם	
	because it is harsh	כִּי קָשָׁתָה	
	I will divide them in Yaakov	אֲחַלְּקֵם בְּיַעֲקֹב	
	and I will scatter them in Yisroel.	וַאֲפִיצֵם בְּיִשְׂרָאֵל:	
8.	Yehudoh	יְהוּדָה	.8
	as for you	אַתָּה	

your brothers will acknowledge you (as their king)	יוֹדוּךָ אַחֶיךָ
your hand [shall be]	יָדְךָ
on the neck of your enemies	בְּעֹרֶף אֹיְבֶיךָ
the sons of your father will prostrate themselves to you.	יִשְׁתַּחֲווּ לְךָ בְּנֵי אָבִיךָ:
9. A lion cub	9. גּוּר אַרְיֵה
[is] Yehudoh	יְהוּדָה
from the [suspicion of having] torn [Yosef]	מִטֶּרֶף
you have lifted yourself, my son	בְּנִי עָלִיתָ
he kneels	כָּרַע
he lies down	רָבַץ
like a lion	כְּאַרְיֵה
and like an awesome lion	וּכְלָבִיא
who dares rouse him?	מִי יְקִימֶנּוּ:
10. The scepter shall not depart	10. לֹא יָסוּר שֵׁבֶט
from Yehudoh	מִיהוּדָה
nor Torah scholars	וּמְחֹקֵק
from among his descendants	מִבֵּין רַגְלָיו
until Shiloh (Moshiach) comes	עַד כִּי יָבֹא שִׁילֹה
and he will have	וְלוֹ
an assembly of peoples (nations).	יִקְּהַת עַמִּים:
11. He will tie to the vine	11. אֹסְרִי לַגֶּפֶן
his donkey	עִירֹה
and to a vine branch	וְלַשֹּׂרֵקָה
the son of his she-donkey (foal)	בְּנִי אֲתֹנוֹ
he will wash	כִּבֵּס
in wine	בַּיַּיִן
his garment	לְבֻשׁוֹ
and in the blood (juice) of grapes	וּבְדַם עֲנָבִים
his robe.	סוּתֹה:
12. The redness of the eyes	12. חַכְלִילִי עֵינַיִם

	[is] from wine	מִיַּיִן
	and the whiteness of the teeth	וּלְבֶן שִׁנַּיִם
	from milk.	מֵחָלָב׃
13.	Zevulun	זְבוּלֻן .13
	by the seashore	לְחוֹף יַמִּים
	will he dwell	יִשְׁכֹּן
	and he [will constantly be]	וְהוּא
	at the harbor of	לְחוֹף
	ships	אֳנִיֹּת
	and the end of his border	וְיַרְכָתוֹ
	will reach Tzidon.	עַל צִידֹן׃
14.	Yissochor	יִשָּׂשכָר .14
	[is] a strong-boned donkey	חֲמֹר גָּרֶם
	he lies down	רֹבֵץ
	between the boundaries.	בֵּין הַמִּשְׁפְּתָיִם׃
15.	He saw the resting place (i.e., his part in Eretz Yisroel)	וַיַּרְא מְנֻחָה .15
	that it was good	כִּי טוֹב
	and the land	וְאֶת הָאָרֶץ
	that it was pleasant	כִּי נָעֵמָה
	he bent his shoulder	וַיֵּט שִׁכְמוֹ
	to bear [the burden of Torah]	לִסְבֹּל
	and he became	וַיְהִי
	a tax-paying worker	לְמַס עֹבֵד׃
	(by constantly deciding matters of Halacha for all Yisroel).	
16.	Don shall avenge his people,	דָּן יָדִין עַמּוֹ .16
	like one (united)	כְּאַחַד
	[shall be] the tribes of Yisroel.	שִׁבְטֵי יִשְׂרָאֵל׃
17.	Don will be	יְהִי דָן .17
	a snake	נָחָשׁ
	on the highway	עֲלֵי דֶרֶךְ
	a viper	שְׁפִיפֹן

on the path	עֲלֵי אֹרַח
who bites	הַנֹּשֵׁךְ
the heels of the horse	עִקְּבֵי סוּס
so that its rider falls	וַיִּפֹּל רֹכְבוֹ
backwards.	אָחוֹר׃
18. For your salvation	18. לִישׁוּעָתְךָ
do I hope, Hashem.	קִוִּיתִי יְהוָֹה׃
19. Gad	19. גָּד
a troop (an army)	גְּדוּד
will troop out from him	יְגוּדֶנּוּ
and it will troop back	וְהוּא יָגֻד
on its track (they will all return safely).	עָקֵב׃
20. From Osher	20. מֵאָשֵׁר
fat (rich)	שְׁמֵנָה
[shall be] his food	לַחְמוֹ
(the food that comes from his part of the land)	
and he shall give (provide)	וְהוּא יִתֵּן
delicacies [fit] for a king.	מַעֲדַנֵּי מֶלֶךְ׃
21. Naftoli	21. נַפְתָּלִי
[is] a hind let loose (to run freely)	אַיָּלָה שְׁלֻחָה
who gives	הַנֹּתֵן
beautiful sayings (praises to Hashem).	אִמְרֵי שָׁפֶר׃
22. A charming son	22. בֵּן פֹּרָת
[is] Yosef	יוֹסֵף
a son [who is] charming	בֵּן פֹּרָת
to the eye	עֲלֵי עָיִן
each of the girls	בָּנוֹת
stepped [on heights]	צָעֲדָה
in order to gaze [at him].	עֲלֵי שׁוּר׃
23. They embittered him	23. וַיְמָרְרֻהוּ

and they became his opponents	וָרֹבּוּ
and they hated him	וַיִּשְׂטְמֻהוּ
men with [tongues like] arrows.	בַּעֲלֵי חִצִּים:
24. But there was established (emplaced)	24. וַתֵּשֶׁב
firmly	בְּאֵיתָן
his power	קַשְׁתּוֹ
(in spite of what his brothers did to him he became powerful)	
and there were covered with gold	וַיָּפֹזּוּ
his arms	זְרֹעֵי יָדָיו
[he received this] from the hands of	מִידֵי
the Mighty One of Yaakov (Hashem)	אֲבִיר יַעֲקֹב
from there [he became]	מִשָּׁם
the shepherd of (feeder of)	רֹעֶה
the [foundation] stone of Yisroel (Yaakov).	אֶבֶן יִשְׂרָאֵל:
25. [You received this] from the G-d of your father	25. מֵאֵל אָבִיךָ
and he will help you	וְיַעְזְרֶךָּ
and you [were] with Shakai	וְאֵת שַׁדַּי
and He will bless you	וִיבָרְכֶךָּ
[with] the blessings of the heavens	בִּרְכֹת שָׁמַיִם
from above	מֵעָל
[with] the blessings of the deep	בִּרְכֹת תְּהוֹם
which lies below	רֹבֶצֶת תָּחַת
blessings for fathers	בִּרְכֹת שָׁדַיִם
and for mothers (see Rashi).	וָרָחַם:
26. The blessings of your father	26. בִּרְכֹת אָבִיךָ
surpassed	גָּבְרוּ
the blessings of my parents (Avrohom and Yitzchok)	עַל בִּרְכֹת הוֹרַי
to the end of the bounds of	עַד תַּאֲוַת
the hills of the world	גִּבְעֹת עוֹלָם
let them be	תִּהְיֶיןָ
on the head of Yosef	לְרֹאשׁ יוֹסֵף

and on the crown [of the head] of
the one who had been separated from his brothers.

וּלְקָדְקֹד
נְזִיר אֶחָיו׃

27. Binyomin
[is] a wolf who tears [his prey]
in the morning
he will eat prey
and in the evening
he will divide spoil."

27. בִּנְיָמִין
זְאֵב יִטְרָף
בַּבֹּקֶר
יֹאכַל עַד
וְלָעֶרֶב
יְחַלֵּק שָׁלָל׃

28. All these [are]
the tribes of Yisroel
twelve
and this [is]
what their father spoke to them
and he blessed them
each man
according to his blessing (that fitted him)
did he bless them.

28. כָּל אֵלֶּה
שִׁבְטֵי יִשְׂרָאֵל
שְׁנֵים עָשָׂר
וְזֹאת
אֲשֶׁר דִּבֶּר לָהֶם אֲבִיהֶם
וַיְבָרֶךְ אוֹתָם
אִישׁ
אֲשֶׁר כְּבִרְכָתוֹ
בֵּרַךְ אֹתָם׃

29. Then he commanded them
and he said to them,
"I am about to be gathered
to my people
bury me
with my fathers
in the cave
which is in the field of Efron the Chitti.

29. וַיְצַו אוֹתָם
וַיֹּאמֶר אֲלֵהֶם
אֲנִי נֶאֱסָף
אֶל עַמִּי
קִבְרוּ אֹתִי
אֶל אֲבֹתָי
אֶל הַמְּעָרָה
אֲשֶׁר בִּשְׂדֵה עֶפְרוֹן הַחִתִּי׃

30. In the cave
which is in the field of Machpeloh
which is before Mamre
in the land of Kenaan
which Avrohom bought
with the field

30. בַּמְּעָרָה
אֲשֶׁר בִּשְׂדֵה הַמַּכְפֵּלָה
אֲשֶׁר עַל פְּנֵי מַמְרֵא
בְּאֶרֶץ כְּנָעַן
אֲשֶׁר קָנָה אַבְרָהָם
אֶת הַשָּׂדֶה

from Efron the Chitti as land for a burial place.	מֵאֵת עֶפְרֹן הַחִתִּי לַאֲחֻזַּת קָבֶר׃
31. There they buried Avrohom and Soroh his wife there they buried Yitzchok and Rivkoh his wife, and there I buried Le'oh.	31. שָׁמָּה קָבְרוּ אֶת אַבְרָהָם וְאֵת שָׂרָה אִשְׁתּוֹ שָׁמָּה קָבְרוּ אֶת יִצְחָק וְאֵת רִבְקָה אִשְׁתּוֹ וְשָׁמָּה קָבַרְתִּי אֶת לֵאָה׃
32. The purchase of the field and the cave which is in it [was] from the sons of Ches."	32. מִקְנֵה הַשָּׂדֶה וְהַמְּעָרָה אֲשֶׁר בּוֹ מֵאֵת בְּנֵי חֵת׃
33. When Yaakov had finished commanding his sons he gathered his feet into the bed he expired and he was gathered to his people.	33. וַיְכַל יַעֲקֹב לְצַוֹּת אֶת בָּנָיו וַיֶּאֱסֹף רַגְלָיו אֶל הַמִּטָּה וַיִּגְוַע וַיֵּאָסֶף אֶל עַמָּיו׃

Chapter 50 — פרק נ׳

1. Then Yosef fell on the face of his father he wept over him and he kissed him.	1. וַיִּפֹּל יוֹסֵף עַל פְּנֵי אָבִיו וַיֵּבְךְּ עָלָיו וַיִּשַּׁק לוֹ׃
2. Then Yosef commanded his servants the physicians to embalm his father and the physicians embalmed Yisroel.	2. וַיְצַו יוֹסֵף אֶת עֲבָדָיו אֶת הָרֹפְאִים לַחֲנֹט אֶת אָבִיו וַיַּחַנְטוּ הָרֹפְאִים אֶת יִשְׂרָאֵל׃
3. And there were completed for him forty days because thus were completed the days of those who are embalmed	3. וַיִּמְלְאוּ לוֹ אַרְבָּעִים יוֹם כִּי כֵּן יִמְלְאוּ יְמֵי הַחֲנֻטִים

VAYECHI Chapter 50 — ויחי פרק נ

    and the Egyptians wept for him   וַיִּבְכּוּ אֹתוֹ מִצְרַיִם
    [for] seventy days.   שִׁבְעִים יוֹם:

4. When the days of weeping for him had passed   4. וַיַּעַבְרוּ יְמֵי בְכִיתוֹ
   Yosef spoke   וַיְדַבֵּר יוֹסֵף
   to the household of Paroh   אֶל בֵּית פַּרְעֹה
   saying,   לֵאמֹר
   "Please if I have found favor   אִם נָא מָצָאתִי חֵן
   in your eyes   בְּעֵינֵיכֶם
   speak now   דַּבְּרוּ נָא
   in the ears of Paroh   בְּאָזְנֵי פַרְעֹה
   saying.   לֵאמֹר:

5. My father made me swear   5. אָבִי הִשְׁבִּיעַנִי
   saying,   לֵאמֹר
   'Behold I am about to die   הִנֵּה אָנֹכִי מֵת
   in my grave   בְּקִבְרִי
   which I have dug for myself   אֲשֶׁר כָּרִיתִי לִי
   in the land of Kenaan   בְּאֶרֶץ כְּנַעַן
   there   שָׁמָּה
   shall you bury me.'   תִּקְבְּרֵנִי
   And now   וְעַתָּה
   please let me go up   אֶעֱלֶה נָּא
   and I will bury my father   וְאֶקְבְּרָה אֶת אָבִי
   then I will come back."   וְאָשׁוּבָה:

6. And Paroh said,   6. וַיֹּאמֶר פַּרְעֹה
   "Go up   עֲלֵה
   and bury your father   וּקְבֹר אֶת אָבִיךָ
   as he has made you swear."   כַּאֲשֶׁר הִשְׁבִּיעֶךָ:

7. So Yosef went up   7. וַיַּעַל יוֹסֵף
   to bury his father   לִקְבֹּר אֶת אָבִיו
   and there went up with him   וַיַּעֲלוּ אִתּוֹ
   all the servants of Paroh   כָּל עַבְדֵי פַרְעֹה
   the elders of his household   זִקְנֵי בֵיתוֹ

and all the elders of
the land of Egypt.

וְכֹל זִקְנֵי
אֶרֶץ מִצְרָיִם׃

8. And all the household of Yosef
and his brothers
and the household of his father
only their young children
and their flocks and their herds
they left
in the land of Goshen.

8. וְכֹל בֵּית יוֹסֵף
וְאֶחָיו
וּבֵית אָבִיו
רַק טַפָּם
וְצֹאנָם וּבְקָרָם
עָזְבוּ
בְּאֶרֶץ גֹּשֶׁן׃

9. There went up with him
also chariots
also horsemen
and the camp was
very imposing.

9. וַיַּעַל עִמּוֹ
גַּם רֶכֶב
גַּם פָּרָשִׁים
וַיְהִי הַמַּחֲנֶה
כָּבֵד מְאֹד׃

10. They came to Goren Ho'otod
which is on the other side of the Yarden
and they eulogized there (paid tribute to him)
a great and imposing eulogy
and he observed for his father
[a period of] mourning
[for] seven days.

10. וַיָּבֹאוּ עַד גֹּרֶן הָאָטָד
אֲשֶׁר בְּעֵבֶר הַיַּרְדֵּן
וַיִּסְפְּדוּ שָׁם
מִסְפֵּד גָּדוֹל וְכָבֵד מְאֹד
וַיַּעַשׂ לְאָבִיו
אֵבֶל
שִׁבְעַת יָמִים׃

11. When the dwellers of the land
of Kenaan saw
the mourning
in Goren Ho'otod
they said,
"This is a severe mourning
for Egypt."
Therefore
its name was called
Ovel Mitzrayim
which is on the other side of the Yarden.

11. וַיַּרְא יוֹשֵׁב הָאָרֶץ הַכְּנַעֲנִי
אֶת הָאֵבֶל
בְּגֹרֶן הָאָטָד
וַיֹּאמְרוּ
אֵבֶל כָּבֵד זֶה
לְמִצְרָיִם
עַל כֵּן
קָרָא שְׁמָהּ
אָבֵל מִצְרַיִם
אֲשֶׁר בְּעֵבֶר הַיַּרְדֵּן׃

12. His sons did for him		12. וַיַּעֲשׂוּ בָנָיו לוֹ
so		כֵּן
as he had commanded them.		כַּאֲשֶׁר צִוָּם:

13. His sons carried him
    to the land of Kenaan
    and they buried him
    in the cave of the field of Machpeloh
    which Avrohom had bought
    with the field
    as land for a burial place
    from Efron the Chitti
    before Mamre.

13. וַיִּשְׂאוּ אֹתוֹ בָנָיו
אַרְצָה כְּנַעַן
וַיִּקְבְּרוּ אֹתוֹ
בִּמְעָרַת שְׂדֵה הַמַּכְפֵּלָה
אֲשֶׁר קָנָה אַבְרָהָם
אֶת הַשָּׂדֶה
לַאֲחֻזַּת קֶבֶר
מֵאֵת עֶפְרֹן הַחִתִּי
עַל פְּנֵי מַמְרֵא:

14. Then Yosef returned to Egypt
    he and his brothers
    and all who had gone up with him
    to bury his father
    after he had buried his father.

14. וַיָּשָׁב יוֹסֵף מִצְרַיְמָה
הוּא וְאֶחָיו
וְכָל הָעֹלִים אִתּוֹ
לִקְבֹּר אֶת אָבִיו
אַחֲרֵי קָבְרוֹ אֶת אָבִיו:

15. The brothers of Yosef perceived (noticed)
    that their father had died
    (Yosef's conduct towards them had changed)
    so they said,
    "Perhaps
    Yosef will harbor hatred against us
    and he will surely repay us
    all the evil
    which we did to him."

15. וַיִּרְאוּ אֲחֵי יוֹסֵף
כִּי מֵת אֲבִיהֶם

וַיֹּאמְרוּ
לוּ
יִשְׂטְמֵנוּ יוֹסֵף
וְהָשֵׁב יָשִׁיב לָנוּ
אֵת כָּל הָרָעָה
אֲשֶׁר גָּמַלְנוּ אֹתוֹ:

16. So they instructed [someone]
    to [tell] Yosef
    saying,
    "Your father commanded [us]
    before his death
    saying,

16. וַיְצַוּוּ
אֶל יוֹסֵף
לֵאמֹר
אָבִיךָ צִוָּה
לִפְנֵי מוֹתוֹ
לֵאמֹר:

VAYECHI Chapter 50

17. 'So shall you say to Yosef,   17. כֹּה תֹאמְרוּ לְיוֹסֵף
    "Please forgive now   אָנָּא שָׂא נָא
    the wrongdoing of your brothers   פֶּשַׁע אַחֶיךָ
    and their sin   וְחַטָּאתָם
    because they have done you evil,"'   כִּי רָעָה גְמָלוּךָ
    and now please forgive   וְעַתָּה שָׂא נָא
    the wrongdoing of   לְפֶשַׁע
    the servants of   עַבְדֵי
    the G-d of your father,"   אֱלֹהֵי אָבִיךָ
    and Yosef wept   וַיֵּבְךְּ יוֹסֵף
    when they spoke to him.   בְּדַבְּרָם אֵלָיו:

18. His brothers [themselves] also went   18. וַיֵּלְכוּ גַּם אֶחָיו
    and fell before him   וַיִּפְּלוּ לְפָנָיו
    and they said,   וַיֹּאמְרוּ
    "Behold we are ready to be your servants."   הִנֶּנּוּ לְךָ לַעֲבָדִים:

19. But Yosef said to them,   19. וַיֹּאמֶר אֲלֵהֶם יוֹסֵף
    "Do not fear   אַל תִּירָאוּ
    for am I in place of G-d?   כִּי הֲתַחַת אֱלֹהִים אָנִי:

20. You intended to [do] me harm   20. וְאַתֶּם חֲשַׁבְתֶּם עָלַי רָעָה
    but G-d intended it for the good   אֱלֹהִים חֲשָׁבָהּ לְטֹבָה
    in order to do   לְמַעַן עֲשֹׂה
    like this day   כַּיּוֹם הַזֶּה
    to keep alive   לְהַחֲיֹת
    a vast (numerous) people.   עַם רָב:

21. So now   21. וְעַתָּה
    do not fear   אַל תִּירָאוּ
    I will sustain you (supply your needs)   אָנֹכִי אֲכַלְכֵּל אֶתְכֶם
    and your young children,"   וְאֶת טַפְּכֶם
    he comforted them   וַיְנַחֵם אוֹתָם
    and he spoke [words]   וַיְדַבֵּר
    [that would go straight] to their heart.   עַל לִבָּם:

22. Yosef dwelled in Egypt he and the household of his father and Yosef lived one hundred and ten years.	22. וַיֵּשֶׁב יוֹסֵף בְּמִצְרַיִם הוּא וּבֵית אָבִיו וַיְחִי יוֹסֵף מֵאָה וָעֶשֶׂר שָׁנִים:
23. Yosef saw through Efrayim children of the third [generation] also the sons of Mochir the son of Menasheh were born [and raised] on the knees of Yosef.	23. וַיַּרְא יוֹסֵף לְאֶפְרַיִם בְּנֵי שִׁלֵּשִׁים גַּם בְּנֵי מָכִיר בֶּן מְנַשֶּׁה יֻלְּדוּ עַל בִּרְכֵּי יוֹסֵף:
24. Yosef said to his brothers, "I am about to die and G-d will surely remember you and He will bring you up from this land to the land which he has sworn to Avrohom to Yitzchok and to Yaakov."	24. וַיֹּאמֶר יוֹסֵף אֶל אֶחָיו אָנֹכִי מֵת וֵאלֹהִים פָּקֹד יִפְקֹד אֶתְכֶם וְהֶעֱלָה אֶתְכֶם מִן הָאָרֶץ הַזֹּאת אֶל הָאָרֶץ אֲשֶׁר נִשְׁבַּע לְאַבְרָהָם לְיִצְחָק וּלְיַעֲקֹב:
25. Then Yosef made swear the children of Yisroel saying, "G-d will surely remember you then you should bring up my bones from here."	25. וַיַּשְׁבַּע יוֹסֵף אֶת בְּנֵי יִשְׂרָאֵל לֵאמֹר פָּקֹד יִפְקֹד אֱלֹהִים אֶתְכֶם וְהַעֲלִתֶם אֶת עַצְמֹתַי מִזֶּה:
26. Yosef died [when he was] one hundred and ten years old they embalmed him and he was put in a coffin in Egypt.	26. וַיָּמָת יוֹסֵף בֶּן מֵאָה וָעֶשֶׂר שָׁנִים וַיַּחַנְטוּ אֹתוֹ וַיִּישֶׂם בָּאָרוֹן בְּמִצְרָיִם: